创新型素质教育精品教材

"互联网+"教育改革新理念教材

大学生体育与健康

DAXUESHENG TIYU YU JIANKANG

主　编◎于修涛　侯占营　侯　健

- 课程思政　与时俱进
- 真操实练　图解详细
- 资源丰富　方便教学
- 微课扫码　即学即会

江苏大学出版社
JIANGSU UNIVERSITY PRESS
镇　江

图书在版编目（CIP）数据

大学生体育与健康 / 于修涛，侯占营，侯健主编．镇江：江苏大学出版社，2024. 9. -- ISBN 978-7-5684-2286-4

Ⅰ. G807.4

中国国家版本馆 CIP 数据核字第 202488UZ70 号

大学生体育与健康

主　　编 / 于修涛　侯占营　侯　健
责任编辑 / 李菊萍
出版发行 / 江苏大学出版社
地　　址 / 江苏省镇江市京口区学府路 301 号（邮编：212013）
电　　话 / 0511-84446464（传真）
网　　址 / http://press.ujs.edu.cn
排　　版 / 北京华秦文化传媒有限公司
印　　刷 / 廊坊市颖新包装装潢有限公司
开　　本 / 889 mm × 1 194 mm　1/16
印　　张 / 12.5
字　　数 / 360 千字
版　　次 / 2024 年 9 月第 1 版
印　　次 / 2024 年 9 月第 1 次印刷
书　　号 / ISBN 978-7-5684-2286-4
定　　价 / 49.80 元

如有印装质量问题请与本社营销部联系（电话：0511-84440882）

编 委 会

前　言

PREFACE

为贯彻落实《国务院办公厅关于强化学校体育促进学生身心健康全面发展的意见》和《全国普通高等学校体育课程教学指导纲要》的要求，进一步发挥高校体育课程建设作用，实现帮助学生增强体质、增进健康、提高体育素养的高校教育目标，引导和培养学生掌握一到两项适合自身锻炼的运动项目，使学生在参与运动的过程中，享受运动带来的乐趣与磨炼，学会生存、学会锻炼，进而提高生命和生活质量，根据国务院发布的《学校体育工作条例》，教育部下发的《全国普通高等学校体育课程教学指导纲要》，教育部、国家体育总局颁发的《国家学生体质健康标准》和中共中央办公厅、国务院办公厅印发的《关于全面加强和改进新时代学校体育工作的意见》的文件精神以及《教育部办公厅关于实施全国健康学校建设计划的通知》，我们组织编写了本书。

本书从当代大学生的身心特点出发，紧密围绕提高大学生身心健康素质这一总体目标，以大量的运动技能、方法为主要内容，切实增强了本书的科学性和实用性。总体而言，本书主要有以下几个特点。

1. 思政融合，全面育人

党的二十大报告指出："育人的根本在于立德。"本书深入贯彻党的二十大精神，以提升学生身体素质、教授学生掌握运动知识为显性教育目标，以培养学生思想品德为隐性教育目标，将体育精神和传统体育文化等恰当地融入正文中，将知识、技能的讲授与素质教育融合在一起，使学生在掌握运动知识与技能的同时，形成正确的体育观、健康观，培养协作精神、竞争意识和社会适应能力。

2. 理念革新，课程优化

为积极践行"以能力为根本"的教育理念，本书提供了大量课堂训练方法，将体育、健康、娱乐融为一体，有效激发学生对体育锻炼的兴趣和热情，帮助学生提升运动技能，培养锻炼习惯，增强自身体质。

3. 体例创新，注重实践

本书设置了"学习目标""课程思政""知识拓展"等模块，体例丰富，注重实践，力求符合学生的需求和背景。同时，利用多媒体资源丰富教材内容，为学生提供更直观、生动的学习体验。

4. 线上线下，融合学习

本书提供了大量的电子资源，包括教案、课件、视频等。本书在每章插入了若干个运动项目的介绍视频。读者只需用手机扫描二维码即可获得。

本书是集体智慧的结晶，在此感谢所有编委会成员的辛苦付出。

在本书的编写过程中，我们参考了大量的文献和相关资料，在此向这些文献和资料的作者表示敬意和感谢！由于编者水平有限，书中难免存在不足之处，恳请各位专家和广大读者不吝指教。

目　录

CONTENTS

第一章　大学体育概论 / 001

第一节　大学体育概述 / 002

第二节　大学体育教学与课程 / 004

第三节　终身体育 / 005

第二章　体育健康理论 / 007

第一节　健康知识 / 008

第二节　体育锻炼与健康 / 009

第三节　大学生体质健康标准与锻炼方法 / 011

第三章　体育保健 / 017

第一节　体育卫生常识 / 018

第二节　体育运动损伤的预防与处理 / 023

第三节　疲劳程度的判断与疲劳的消除 / 030

第四章　田径运动 / 032

第一节　田径运动概述 / 033

第二节　径　赛 / 033

第三节　田　赛 / 039

第四节　田径运动竞赛规则 / 046

第五章　篮　球 / 049

第一节　篮球概述 / 050

第二节　篮球基本技术动作 / 051

第三节　篮球的基本规则 / 057

第六章　足　球 / 061

第一节　足球概述 / 062

第二节　足球基本技术动作 / 062

第三节　足球的基本规则 / 072

第七章　排　球 / 076

第一节　排球概述 / 077

第二节　排球基本技术动作 / 077

第三节　排球的基本规则 / 085

第八章　乒乓球 / 089
第一节　乒乓球概述 / 090
第二节　乒乓球基本技术动作 / 091
第三节　乒乓球的基本规则 / 101
第九章　羽毛球 / 104
第一节　羽毛球概述 / 105
第二节　羽毛球基本技术动作 / 105
第三节　羽毛球的基本规则 / 115
第十章　网　球 / 118
第一节　网球概述 / 119
第二节　网球基本技术动作 / 119
第三节　网球的基本规则 / 126
第十一章　排舞运动 / 128
第一节　排舞运动概述 / 129
第二节　排舞运动术语 / 129
第十二章　啦啦操 / 136
第一节　啦啦操概述 / 137
第二节　啦啦操运动技术 / 137
第三节　啦啦操比赛规则 / 140
第十三章　武　术 / 142
第一节　武术概述 / 143
第二节　24 式太极拳 / 143
第三节　健身八段锦 / 154
第四节　拳击与散打 / 157
第十四章　民族传统体育项目 / 166
第一节　蹴　球 / 167
第二节　陀　螺 / 169
第三节　舞龙与舞狮 / 173
第十五章　户外运动 / 182
第一节　定向越野 / 183
第二节　攀　岩 / 186
第三节　冰雪运动 / 188
参考文献 / 192

第一章 大学体育概论

学习目标

知识目标：理解大学体育的目的、任务、地位和功能；掌握大学体育教育的内容和结构；了解终身体育的内涵及其与学校体育的关系。

能力目标：熟悉大学体育的目的、任务、内容和结构。

素质目标：增强对大学体育的认识，树立终身体育的意识。

课程思政

教学内容	思政元素	教学内容与思政元素的结合
大学体育概述	健康生活 团结合作 竞争意识	通过大学体育概述的学习，形成正确的体育观念，弘扬健康生活方式，培养团结合作精神与竞争意识；培育体育能力和习惯，增强自信心和责任感，促进全面发展。
大学体育教学与课程	体育精神 健康生活 道德品质	通过大学体育教学与课程的学习，形成正确的价值观、荣誉感、责任感，培养公平竞争、团结协作、奋勇拼搏、积极进取的体育精神；养成良好的运动习惯，形成健康的生活方式，提升道德品质，增强自信心和自尊心。
终身体育	健康第一 全面素质 终身体育意识	通过终身体育的学习，形成健康的生活方式，树立“健康第一”的观念，培养参与体育活动的习惯；树立终身体育的意识，全面提升综合素质，培养领导能力、组织能力、创新能力等。

第一节　大学体育概述

体育在整个教育过程中具有不可替代性，体育是学校教育的重要组成部分，同时又具有其特性和功能，是促进学生全面发展的重要手段。大学体育通过基本的身体运动和练习，运用科学的培育方式提高大学生身体机能，使德、智、体、美在人的心理和生理潜能不断开发的过程中得到发展。

一、大学体育的相关概念

（一）体育的概念

体育的英文是 physical education，直译为身体的教育，指的是以身体运动为基本手段，以增强体质、提高运动技术水平、丰富社会文化生活为目的的综合性社会活动。

在我国，当体育活动在社会上发展起来以后，“体育”一词出现了狭义和广义两种含义。狭义的体育是指身体教育；广义的体育被称为体育运动，是身体教育、竞技运动和身体锻炼三方面内容的总称。身体教育与德育、智育、美育一起，成为整个教育的组成部分。它是一个全面发展身体，增强体质，传授锻炼身体的知识和技能，培养高尚的道德品质和坚强的意志的教育过程，这一过程是有目的、有组织、有计划地进行的。竞技运动是个人或集体为了最大限度地发挥在体格、体能、心理和运动能力等方面的潜力，取得优异的运动成绩而进行的科学的、系统的训练和竞赛活动。竞技运动项目包括田径、游泳、足球、篮球、排球、网球、乒乓球、羽毛球、棒球、垒球、曲棍球、手球、水球、跳水、体操、举重、射击、射箭、击剑、摔跤、柔道、马术、自行车、赛艇、皮艇、划艇、帆船、滑冰、滑雪等。身体锻炼是指以健身、医疗卫生、娱乐休闲为目的的身体活动。

总之，体育是指人们根据生产和生活的需要，遵循人体的生长发育规律和身体活动规律，以身体练习为基本手段，结合日光、空气、水等自然因素和卫生措施，从而达到增强体质、提高运动技术水平、丰富社会文化生活等目的的一种社会活动。它是社会文化教育的组成部分，并受一定的社会政治和经济的制约。

（二）运动的概念

“运动”译自英文 sport，源于拉丁语 disport，原义是“离开工作”，即通过一些轻松愉快的身体活动来转移对日常生活的艰难和压力的注意力。

我国对运动有两种不同的解释，而今已统一如下：运动是指从事体育活动的基本内容和方法，包括能促进身体正常发育和充分发展身体机能的各种锻炼方法以及技术动作。运动的重要特点之一，是可按照一定的计划和规章进行训练和竞赛，是锻炼思维、意志、品质和作风，增强体质，提高运动技术水平的积极有效的方法。

二、大学体育的目的和任务

目的：以习近平新时代中国特色社会主义思想为指导，全面贯彻党的教育方针，坚持社会主义办学方向，以立德树人为根本，以社会主义核心价值观为引领，以服务学生全面发展、增强综合素质为目标，坚持健康第一的教育理念，推动青少年文化学习和体育锻炼协调发展，帮助学生在体育锻炼中享受乐趣、增强体质、健全人格、锤炼意志，培养德智体美劳全面发展的社会主义建设者和接班人。

任务：增进学生身心健康；增强学生体质；使学生掌握体育基本知识，培养学生体育运动能力和习惯；提高学生运动技术水平，为国家培养体育后备人才；弘扬社会主义核心价值观，培养学生爱国主义、集体主义、社会主义精神和奋发向上、顽强拼搏的意志品质，实现以体育智、以体育心的功能。

三、大学体育的地位

我国教育的宗旨是为社会主义建设服务，为人民服务。大学体育是教育的一个组成部分，它担负着培养德、智、体、美、劳全面发展的社会主义高级人才的重任。体育既是教育目标，又是教育内容、方法和手段。因此，我国以多种法规的形式，确立了学校体育在学校教育中的地位。国家规定体育课程是学生的必修科目，是学校各科教学的基础学科之一，学生接受体育教育，参加学校各项体育活动，既是他们的权利，又是他们的义务。体育与德育、智育、美育相结合，实现学校教育的整体目标。因而，学校体育在我国越来越受到人们的重视。

四、大学体育的功能

大学体育具有以下重要功能。

（一）增强体质，增进健康，促进学生身心健康发展

根据大学阶段学生的生理和心理特点，高校有计划、有组织地进行体育教学和课外锻炼，可以帮助大学生改善人体的生理机能，提高身体素质，保持和增进自身的健康水平，使身体形态、生理机能、心理健康水平和各方面素质得到全面的、均衡的发展，增强人体对自然环境的适应能力和对疾病的抵抗能力，从而强健体魄、振奋精神，顺利完成繁重的学习任务。

（二）增进交流，提高学生的适应能力与社交能力

大学生在紧张的学习生活中，需要健康、文明、和谐的课余文化生活，以适应大学生身心全面发展的需要。体育活动能够使大学校园充满活力和生机，丰富多彩、形式多样的内容吸引广大学生参与和欣赏，大学生通过参加各种体育活动，加强了与大自然的接触和人际交往，开阔了心胸、扩展了视野、集中了精神、增长了知识、增进了友谊和交流，提高了对环境的适应能力和社交能力。

（三）培养学生良好的思想道德与意志品质

社会主义大学的培养目标，归根结底，就是培养和造就一大批政治素质过硬，品质优良，具有扎实的科学文化知识和能力，具备强健体魄的人才。大学教育始终把育人放在首位。体育是培养共产主义思想品德及完善个性的重要手段。体育活动内容丰富多彩，结合不同项目的特点和要求能够实现对大学生思想品德和个性的全面培养。

体育活动中，严密的组织和严格的纪律都蕴含着生动的道德教育因素，有助于培养学生的自律精神，使学生学会正确处理竞争和合作的关系，养成团结互助、遵守纪律、勇敢顽强的优良品质。体育教学能够培养学生良好的思想道德和坚韧的意志品质，使学生在知、情、意、行诸方面都有更高层次的追求，从而自觉确立文明、科学、健康的生活方式，促使学生在德、智、体、美诸方面得到全面发展。

（四）培养学生终身体育意识与体育能力

大学体育旨在让学生掌握体育和卫生保健的基本知识、基本技术和基本技能，养成自觉锻炼身体的习惯，培养良好的体育意识，掌握体育的基本规律，为终身体育打下良好的基础。

体育是全面教育体制内一种必要的终身教育因素。大学体育不仅是在校期间的阶段性教育活动，而且要成为生活的一部分，使在学校接受体育教育的学生受益终身。

（五）提高学生运动技术水平、培养高水平体育人才

大学体育在广泛开展群众性体育活动的基础上，应积极培养竞技体育人才。竞技运动具有重大的社会意义和政治作用，因而出现了前所未有的规模和声势。大学体育应借助优越的师资力量、科研水平和体育设施，为国家培养优秀的体育运动人才，推动我国体育事业发展。

第二节　大学体育教学与课程

一、大学体育教学的内容

在我国，实践课依然是体育教学的基本形式，是培养学生健康素质的重要环节。大学体育把发展大学生的体能体力作为主要指标，把提高大学生心理水平和道德修养作为主要任务，把育人作为最高理念，体现以人为本的教育思想，逐步提高大学生对社会、自然的适应能力。

（一）体能体力的培养

体能分为两种：健康所需的体能和运动所需的体能。前者包括心肺耐力、柔韧性、肌肉力量、肌肉耐力、身体成分；后者包括从事运动所需的速度、力量、灵敏性、协调性、平衡性、反应能力等。

（1）心肺耐力，一个人持续身体活动的能力。增强心肺功能的锻炼方式有步行、慢跑、骑自行车、进行各种球类活动和游泳等，凡是有大肌肉群参加的慢节奏运动都可以作为锻炼方式。在确定运动强度时，心率指标间接地表示运动强度，心率最好控制在最大心率的70%～90%。最大心率=220-实际年龄，如年龄为20岁的大学生最大心率=220-20=200次。

（2）柔韧性，关节的活动幅度及肌肉、韧带、皮肤和其他组织的弹性、伸展能力。锻炼身体的柔韧性对于提高身体活动能力，预防肌肉紧张及保持良好的体态有重要的作用。

（3）肌肉力量，一块肌肉或肌肉群从事抵抗阻力的活动的能力，锻炼肌肉力量有助于预防扭伤、缓解肌肉疼痛、消减身体疲劳，改善人的身体形态和形象气质。

（4）肌肉耐力，肌肉在一段时间内重复收缩的能力。锻炼肌肉耐力可使身体抗御疲劳、持续性工作的能力提高。

（5）身体成分，包括肌肉、骨骼、脂肪和其他。体能与体内脂肪比例间的关系最为密切，脂肪多者，在活动中消耗能量更多，心肺功能的负担更重，因而心脏病和高血压发病的可能性更大。

（二）体育知识、运动技术与体育生活方式的传授

在体育教学不断深入和全面推进素质教育的今天，我们应该认真思考体育教学教什么、用什么教、学生学什么的问题，而明确体育知识、运动技术与体育生活方式有助于我们解决以上问题。

学校体育是一个育人的过程，对人的发展产生重要的影响。体育运动对培养人的理性的思想方式和包容一切的远大情怀具有独到的作用。

二、大学体育课程的结构及含义

经过多年的发展，我们可以把体育课程理解为：为实现学校体育“健康第一”的目标，配合德、智、美、劳全面发展，以发展学生的体能体力，增强学生的身心健康为主的特殊课程。

大学体育课分为实践课和理论课两部分。实践课以身体锻炼作为手段，利用体育锻炼所需的运动场地设施，构成以教师为主导、学生为主体的教学过程，受教育者接受一定负荷的运动，从而达到体力与智力相互联系的作用。所以，在锻炼过程中必须遵循教育的规律、技能的形成规律、人体机能活动的规律和人体能力变化的规律。实践课又包括基础体育课、专项体育课和保健体育课（为身体较弱或有某种疾病和身体某部分器官有缺陷的学生开设的）。理论课主要在室内进行，主要通过对体育理论知识的传授，使学生从思想上对体育的意义和价值有充分的认识，激发学生的学习动机和兴趣，从而使学生将身体锻炼、运动文化的学习、体育能力的培养有机结合，只有这样，才能培养学生体育意识和能力，提高其体育文化素质。理论知识主要包括体育卫生知识、人与环境相关知识、体育保健知识、人体解剖与生理相关知识、运动营养基础知识、人体健康知识、传统养生知识、健康投资和养生保健知识等。

知识拓展

中华人民共和国成立70多年，党和国家一直非常关心和重视广大学生的身体健康，原国家教委、原国家体委等有关部门从鼓励和推动学生积极参加体育锻炼，增强学生体质的目的出发，在不同时期先后制定了《准备劳动与卫国体育制度》《国家体育锻炼标准》《大学生体育合格标准》《中学生体育合格标准》《小学生体育合格标准》及《初中毕业生升学体育考试办法》等一系列制度，并于2002年开始在全国试行《学生体质健康标准》。2007年，教育部印发《国家学生体质健康标准》，并于2014年进行了修订。2014年，教育部印发《高等学校体育工作基本标准》。2016年，国务院办公厅印发《关于强化学校体育促进学生身心健康全面发展的意见》。2020年，国家体育总局、教育部联合印发《关于深化体教融合促进青少年健康发展的意见》。2021年，教育部办公厅印发《〈体育与健康〉教学改革指导纲要（试行）》。这些制度的制定和实施，对于增强学生体质、促进我国学校体育工作具有积极作用。

三、大学体育的组织形式

大学体育的组织形式主要有体育课、课外体育活动、课余训练和体育竞赛。

体育课按教学的不同任务可分为体育必修课、体育选修课、体育俱乐部课、体育理论课、体育保健课等。课外体育活动主要有早操与课间操、学生体育俱乐部活动、单项体育协会活动和课余体育锻炼。课余训练是指利用课余时间，对部分身体素质好并有体育专长的学生进行系统训练的专门教育。体育竞赛有校内竞赛和校外竞赛。此内容详见《全国普通高等学校体育与健康课程教学指导纲要》。

第三节　终身体育

一、终身体育的概念

终身体育是指一个人终身进行身体锻炼并接受体育教育。终身体育的含义包括两个方面的内容：一是指人从生命开始至生命结束坚持学习与参加体育锻炼，使体育成为一生中始终不可缺少的重要内容；二是政府在终身体育思想的指导下，以实现体育的体系化、整体化为目标，为人们在不同时期、不同生活领域中提供参加体育活动机会的实践过程。

二、终身体育与学校体育

（一）终身体育与学校体育的关系

1. 终身体育是学校体育改革与发展的方向

现代社会的发展变化决定了终身体育是学校体育改革与发展的方向。《全民健身计划纲要》强调，要对学生进行终身体育教育，培养学生体育锻炼的意识、技能与习惯。因此，为适应社会的发展，我们应在终身体育思想的指导下开展学校体育教学的改革。

2. 学校体育是实现终身体育的基础环节

学校体育在终身体育中占有极为重要的位置，特别是高校体育，它作为学校体育的最高层次，是学生学习的重要一站，是学生从学校到社会的转折点和学与用的衔接点。在高校体育中加强对学生终身体育能力与习惯的培养，有助于学生成为主动进行体育锻炼的实践者，并作为社会体育的辐射源，植根于社会之中。大学生正处于身心发育较为成熟的时期，这一时期是接受教育、完善自我、实现个体社会化的最佳阶段。大学生由于文化层次较高，自主能力较强，在大学期间，结合兴趣爱好及身体和专业特点，学习自我锻炼身体的知识、发展自我锻炼身体的能力、培养终身体育锻炼的习惯，必能达到事半功倍的效果。

（二）学校体育是终身体育的重要组成部分

1978 年联合国教科文组织通过了《体育运动国际宪章》，其中明确提出，必须有一项全球性的民主化的终身教育制度来保证体育活动和运动实践得以贯彻每个人的一生。不难发现，学校体育必然隶属于终身教育，且是终身体育的重要阶段，因此，学校体育是终身教育和终身体育不可分割的一部分。

高校体育教育是体育教育与锻炼的实践，既能够弥补之前体育教育的不足，又能让大学生在此阶段建立良好的体育意识，获得科学的体育知识、方法，形成运动习惯，对大学生毕业后坚持参与体育活动产生深远的影响。高等教育阶段是人生接受集体教育的最后一个阶段，其体育教育的基础作用及与终身体育的衔接、接轨和有机结合产生的作用，彰显了学校体育在终身体育中的重要作用。

（三）学校体育必须为终身体育奠定良好的基础

1. 学校体育要为终身体育奠定良好的思想基础

学生在文化科学、理想情操、思想意识等方面受到较高层次的教育，体育意识逐渐形成并日趋稳定，这是学生在今后的生活中参加体育活动和从事身体锻炼的内在原动力。因此，学校在体育教育的过程中，保证体育教育的科学性和体育教学过程的完整性是十分必要的，从而让学生形成健康体育意识，养成坚持体育锻炼的习惯，以更好地完成学校体育的学习任务，为终身体育奠定良好的思想基础。

2. 学校体育要为终身体育奠定良好的能力基础

大学阶段是学生增长知识和培养能力的大好时期。在高校教育过程中，教师要结合体育课堂教学及其他体育实践活动，使学生能够比较清晰地认识和了解体育，掌握科学体育锻炼的方式和方法，加强体育锻炼，为学生毕业后从事体育锻炼提供科学的理论方法，从而为终身体育奠定良好的能力基础。

3. 学校体育要为终身体育奠定良好的体质基础

大学生正处在青年时期，身体发育日趋成熟和稳定，此时是人体心理、生理机能形成并发展成熟的关键时期，能参与较大负荷的身体活动，对外部环境有较强的适应能力。在这一时期，人体生理机能最为旺盛，有必要进行更全面、更大负荷的锻炼，以促使身体发育和生理机能提升到最佳水平。因此，学校体育教育应充分提升学生的体质健康水平，从而延缓其身体机能的衰退速度，最大限度地延长其的寿命。学校体育作为一个承上启下的衔接阶段，必须要为终身体育奠定良好的体质基础。

4. 学校体育要为终身体育奠定良好的社会服务基础

学生是我国社会主义现代化的建设者和接班人，他们从小学到大学受到了长期系统的体育教育，具备较强的体育意识、理论与技能及良好的体育锻炼习惯，拥有比较优秀的组织能力和社会责任感等。当大学生群体毕业以后迈入社会，一定会成为终身体育和国家全民健身活动的主力军，成为一支强大的、业余的社会体育组织、指导力量。因此，学校体育应在这个层面发挥作用，为发展全民健身活动和终身体育奠定良好的社会服务基础。

第二章
体育健康理论

学习目标

知识目标：了解健康的概念和标准；理解体育活动对身体健康的影响；了解大学生体质健康标准及锻炼方法。

能力目标：能够根据自己身体情况制订运动计划；掌握体质健康标准。

素质目标：对体育锻炼及人体健康有更深的认识。

课程思政

教学内容	思政元素	教学内容与思政元素的结合
健康知识	健康观念 爱国情怀 健康生活	通过健康知识的学习，树立正确的健康观念，融入社会主义核心价值观，培养爱国情怀和集体荣誉感；形成科学健康的生活方式，培养自我管理能力。
体育锻炼与健康	健康第一 自我管理 科学锻炼	通过体育锻炼与健康的学习，掌握健康知识，树立“健康第一”的价值观，培养积极、乐观的生活态度；养成科学的锻炼习惯，提高身体素质，培养自我管理和自我控制能力。
大学生体质健康标准与锻炼方法	团队协作意识 环保意识 社会责任感 积极锻炼	通过大学生体质健康标准与锻炼方法的学习，学会关注身体健康，养成锻炼习惯，提高身体素质和综合能力，培养团队协作意识、环保意识和社会责任感；明确具体的体质健康标准，根据自身实际情况选择合适的锻炼项目和强度，积极参与多种类型的体育活动，提高身体素质和综合能力。

第一节　健康知识

一、健康的概念

《现代汉语词典》对健康的解释是：①（人体）发育良好，机理正常，有健全的心理和社会适应能力。②（事物）情况正常，没有缺陷。

世界卫生组织给健康的定义是："健康是一种完全的生理、心理和社会关系上的良好状态，不仅仅意味着没有疾病或者不虚弱。"健康最核心的，属于医学领域的方面是：环境健康、营养学、疾病预防和公共健康事务。人们可以调查这些方面来帮助评测健康的程度。在一些国家，健康还包括满足最基本的食品、住所需求，基本的医疗保障以及对身体状态的管理。

二、健康的标准

根据健康的定义，世界卫生组织提出评价健康的10条标准。

（1）精力充沛，能从容不迫地应对日常生活和工作中的各种压力而不感到过分紧张。

（2）处事乐观，态度积极，乐于承担责任，不挑剔。

（3）善于休息，睡眠良好。

（4）应变能力强，能适应环境的各种变化。

（5）能够抵抗一般性感冒和传染病。

（6）体重得当，身体匀称，站立时头、肩、臀位置协调。

（7）眼睛明亮，反应敏锐，眼睑不发炎。

（8）牙齿清洁，无空洞，无痛感；齿龈颜色正常，不出血。

（9）头发有光泽，无头屑。

（10）肌肉、皮肤富有弹性，走路轻松有力。

世界卫生组织又把身体健康的概念细化为"五快"和"三良"的通俗解释，见表2–1。

表2–1　"五快"和"三良"的解释

内容		解释
五快	吃得快	吃饭时，食欲好，能很快地把一餐饭吃完而不挑食物，这证明内脏功能正常
	便得快	能快速地排泄大小便，且感觉轻松自如，这说明消化功能良好
	睡得快	上床后能很快入睡，而且睡得很深，起床后头脑清醒，精神饱满，这说明中枢神经系统兴奋与抑制协调功能良好
	说得快	说话流利，语言表达清晰，这表明头脑清醒，思维敏捷，肺功能正常
	走得快	行动快速，动作灵活敏捷，充满活力，这表明精力充沛、旺盛
三良	良好的人格	性格温和，意志坚定，感情丰富，心胸坦荡
	良好的处事能力	自我控制能力强，客观现实地对待问题，能够适应复杂多变的社会环境，对事物的变迁保持良好的情绪，能够保持对社会环境和人体内环境的平衡
	良好的人际关系	能够与人为善，乐于助人，与周围的人关系融洽，不斤斤计较

除世界卫生组织提出的健康10条标准之外，还有一些观点提出了新的健康标准，它们虽然在内容上有所不同，但所诠释的本质基本相同。

许多健康者的经验表明，生命体的质量越高，健康长寿的可能性就越大。反之，个体如果心理压

抑、自我封闭，则极易产生疾病，缩短寿命。因此，一个人只有从身体、心理和社会三个方面着手，才能有效地保证健康幸福的生活，提高生活质量。

美利坚大学的国家健康中心给出的健康的定义是：个体只有身体、情绪、智力、精神和社交五个方面都健康（称为健康五要素），才称得上健康，或称之为完美状态。

（1）身体健康不仅指无病，还包括体能，即满足生活需要并有足够的能量完成各种活动任务的能力，具备这种能力，就可以预防疾病、增进健康、提高生活质量。

（2）情绪是指对自己的感受和对他人的感受。情绪健康的主要标志是情绪的稳定性，即个体应对日常生活中人际关系和环境压力的能力。偶有情绪高涨或情绪低落属于正常，关键是生活的大部分时间要保持情绪稳定。

（3）智力健康是指在长期的学习和生活中，大脑始终保持活跃状态。

（4）精神健康包括理解生活基本目的的能力及关心和尊重所有生命体的能力。

（5）社交健康指形成与保持和谐人际关系的能力，可使人们在交往中有自信感和安全感。

健康五要素相互联系、相互影响，例如身体不健康会导致情绪不健康，缺乏精神上的健康又会引起身体、情绪和智力的不健康。

在人生不同时期，健康的某一要素比另一些要素起更重要的作用。若长时间忽视某一要素就可能存在健康的潜在危险，只有健康要素平衡地发展，人才称得上处于完美状态。

第二节　体育锻炼与健康

一、体育的健康功能

人体的发展遵循“用进废退”的生物学规律。如果人体运动过少，就容易引起中枢神经系统和内分泌系统的变化，从而导致新陈代谢发生障碍，骨质疏松，肌肉力量减弱，消化功能、排泄功能逐渐降低，最终导致过早地衰老和死亡。

随着科学技术的飞速发展和机械化、自动化程度的提高，人们体力劳动的程度和强度越来越低，人的身体活动量大大减少，如果不参加体力劳动和体育运动，除了高血压、肥胖病、冠心病的发病率会升高，肌肉萎缩、心脏衰退、高血脂等“文明病”也将降落在我们身上。

科学证明，体育锻炼是进行自我心理调节和增强体质的有效手段之一。良好的生长发育、正常的生理机能及将来能承担一定的社会责任，是衡量健康的标准之一。人的健康状况和未来的工作效率，不单纯取决于身体各器官或系统的功能和相互协调，还取决于整个身体对自然、社会环境的适应能力。长期、系统、科学的锻炼能使人对环境的适应能力、生存能力得到提高。

高校学生经常处于紧张的学习状态，如果适当地参加一些体育锻炼，不仅能起到放松的作用，还能使自己的身心得到良好的调节。大脑是思维的器官，是人思维活动的中心，具有记忆、理解、分析、综合等各种功能。人体的一切活动都是在大脑的统一指挥下进行的。所以，在人体中大脑的物质代谢最为旺盛，如果持续用脑过久，人会疲劳，注意力不集中，头脑发昏，进而影响全身各机能器官系统，以致对身体健康产生不良影响。如果工作一定时间后参加一些体育锻炼，就会使人体各器官系统机能得到加强，新陈代谢更加旺盛，进而提高人体对疾病的抵抗能力和对外界环境的适应能力。“生命在于运动”就深刻寓意了体育锻炼对身体健康所起的重要作用。

体育锻炼给我们提供了了解别人、认识世界的平台。长期的体育锻炼能够磨炼我们的意志，塑造良好的思想道德品质。

二、体育活动对促进身体健康的作用

（一）提高心血管系统的机能，预防心血管疾病

大量研究表明，参与有规律的体育锻炼可以显著地降低心血管疾病形成和发生的危险性。体育锻炼会使人的心脏细胞产生良好的适应性变化，使心脏增大，心肌增强，容积增大。专家认为坚持体育锻炼可以延缓衰老。

运动可以扩张冠状血管，改善心肌供血，由此增强心脏泵血功能；可降低血甘油三酯和低密度脂蛋白水平，防止动脉粥样硬化的形成及其继发的冠心病，对防止血栓的形成和心肌梗死的发生有重要意义。运动是减肥的重要措施，很多冠心病患者过于肥胖，而过于肥胖者因心血管疾病致死的概率较正常体重的人高 62%。

运动可以使人在安静时的心跳变慢，这样可使心脏不至于过分“疲劳”，为心脏赢得一个相对的“休息”时间，以利于人体的健康长寿。经常参加体育锻炼可以改善人体的代谢过程，减少脂肪在血管壁的沉积，对预防心血管疾病有积极的作用。

（二）改善呼吸系统的功能

运动时，人体代谢加快，一方面要比安静时摄入更多氧气，另一方面要呼出更多的二氧化碳。这时呼吸肌的活动强度提高，呼吸加深加快，可以使我们的呼吸肌得到加强。运动强度越大，呼吸频率就越快；运动时间越长，呼吸肌的耐力就越好。因此，运动对呼吸肌是一种很好的刺激，通过运动，呼吸肌的收缩能力会得到提高。通常我们用肺活量和肺通气量等指标来衡量肺功能的强弱。体育锻炼能保持肺组织的弹性，提高呼吸肌的收缩力，加大胸廓的活动幅度，改善肺组织的通气及换气功能，增强吸氧能力。

经常参加体育锻炼可预防老年慢性支气管炎和肺部其他疾病。研究表明，经常参加体育锻炼的人，最大吸氧量可增加 5%～25%。如果一个人运动不足，肺脏中的肺泡将有一半左右经常处于相对的关闭状态，使吸入的氧气减少，一旦体内急需增加供氧，就会造成氧供给不足。经常锻炼的人由于身体适应能力较强，其呼吸显得平稳、深沉、匀和，频率也较慢。

（三）提高消化系统的功能

体育锻炼会增强体内营养物质的消耗，使整个机体的代谢增强，增加人体能量的消耗，从而提高食欲。另外，体育锻炼还会促进胃肠蠕动和消化液分泌，大大提高对食物的化学消化能力，改善肝脏、胰腺的功能，从而使整个消化系统的功能得到提高。坚持体育锻炼能减少多余能量在体内的堆积，是预防肥胖的最有效的方法。此外，运动中通过肌肉的收缩与舒张，循环加强，血液通过肌肉的流量就会增多，肌肉获得的氧及养料也就增加，肌纤维就会在锻炼中逐渐粗壮起来。

（四）改善神经系统的功能

运动可以加快大脑的血液循环，提供给大脑更多的能量。人的活动是在神经系统支配下的协调活动，坚持锻炼的人（特别是中老年人）常表现为机体灵活、耳聪目明、精力充沛，这正是神经系统功能健壮的表现。

（五）降低糖尿病发生的危险性

体育锻炼可以降低血糖的浓度，改善血管的机能，调理人体的内环境。糖尿病的特征之一是人的血糖水平很高，如果患者不加控制，还会引起许多其他健康问题，如视力减弱和肾亏等。有规律的体育锻炼能控制血糖水平的提高，从而使个体产生糖尿病的可能性大大减小。

（六）预防骨裂

骨质疏松会引起骨裂，骨裂在各个年龄层次的人中均会发生，在老年人（特别是老年女性）中比较

普遍。适量运动不仅对骨骼有强健作用，而且会使肌肉收缩，不断地对骨质的生长、重建及维持产生积极效应。骨细胞对这种机械性刺激的反应是骨细胞分裂，同时刺激骨组织对摄入体内的钙及其他矿物质充分吸收和利用。吸收的钙及矿物质不断在骨架中储蓄以增加骨密度，补充巩固骨结构，结果有助于阻止骨质的流失，从而达到防止骨质疏松的目的。研究表明，有规律的体育锻炼可以通过提高骨密度和骨强度达到预防骨裂的目的。体育锻炼对骨质疏松患者也具有积极的治疗作用。

（七）保持身体活动的能力

人类老化的主要特征之一是身体活动能力逐步衰退，尤其是 60 岁以后，身体活动能力的退步尤为明显。研究表明，有规律的体育锻炼能使老年人身体活动能力的退化减慢。

（八）控制体重与改变体型

众所周知，过分肥胖会影响人的正常生理功能，尤其是容易造成心脏负担加重，缩短寿命。进行运动量适中的锻炼，往往能起到保持形体优美、消耗多余脂肪、舒展皮肤等健美作用；同时，运动带来的整体健康状况的提高，还可使人们获得“由里到外的美”。

知识拓展

多年以来，人们一直不相信长时间小强度的慢跑能有效地减肥。而事实上在 20～60 分钟的运动中，消耗脂肪多还是碳水化合物多无关紧要，关键是要提高新陈代谢率。新陈代谢率提高了，就可以燃烧更多的能量，使体内脂肪的储存量降低，从而达到减肥的目的。

第三节　大学生体质健康标准与锻炼方法

一、大学生体质健康标准的测试项目

2002 年 7 月，教育部、国家体育总局联合下发了《学生体质健康标准（试行方案）》。2007 年，在认真总结各地实施《学生体质健康标准（试行方案）》的基础上，教育部和国家体育总局分别对其进行了修订，印发了《国家学生体质健康标准》。2014 年，教育部出台了《国家学生体质健康标准》（2014 年修订）（简称《标准》）并一直沿用至今。下面仅对大学生体质健康测试的项目进行介绍。

《标准》的学年总分由标准分与附加分之和构成，满分为 120 分。标准分由各单项指标得分与权重乘积之和组成，满分为 100 分。附加分根据实测成绩确定，即对成绩超过 100 分的加分指标进行加分，满分为 20 分；大学的加分指标为男生引体向上和 1000 米跑，女子 1 分钟仰卧起坐和 800 米跑，各指标加分幅度均为 10 分。根据学生学年总分评定等级：90.0 分及以上为优秀，80.0～89.9 分为良好，60.0～79.9 分为及格，59.9 分及以下为不及格。《标准》中对大学生体质健康的评价指标与权重做了详细说明，见表 2-2。

表 2-2　大学生体质健康标准评价指标与权重

评价指标（测试项目）	权重 /%	备注
体重指数（BMI）	15	必测
肺活量	15	必测
50 米跑	20	必测
坐位体前屈	10	必测

续表

评价指标（测试项目）	权重 /%	备注
立定跳远	10	必测
引体向上（男）/1 分钟仰卧起坐（女）	10	必测
1000 米跑（男）/800 米跑（女）	20	必测

注：体重指数（BMI）= 体重 (kg) / 身高 ^{2} (m^2)。

《国家学生体质健康标准》（2014 年修订）中大学生的评分标准见表 2–3 至表 2–7。

表 2–3　体重指数（BMI）单项评分表

等级	单项得分 / 分	男生 BMI（$kg \cdot m^{-2}$）	女生 BMI（$kg \cdot m^{-2}$）
正常	100	17.9～23.9	17.2～23.9
低体重	80	≤ 17.8	≤ 17.1
超重		24.0～27.9	24.0～27.9
肥胖	60	≥ 28.0	≥ 28.0

表 2–4　大学男生评分标准

等级	单项得分	肺活量 /mL		50 米跑 /s		坐位体前屈 /cm		立定跳远 /cm		引体向上 / 次		1000 米跑 /(min · s)	
		大一 大二	大三 大四	大一 大二	大三 大四	大一 大二	大三 大四	大一 大二	大三 大四	大一 大二	大三 大四	大一 大二	大三 大四
优秀	100	5040	5140	6.7	6.6	24.9	25.1	273	275	19	20	3′ 17″	3′ 15″
	95	4920	5020	6.8	6.7	23.1	23.3	268	270	18	19	3′ 22″	3′ 20″
	90	4800	4900	6.9	6.8	21.3	21.5	263	265	17	18	3′ 27″	3′ 25″
良好	85	4550	4650	7.0	6.9	19.5	19.9	256	258	16	17	3′ 34″	3′ 32″
	80	4300	4400	7.1	7.0	17.7	18.2	248	250	15	16	3′ 42″	3′ 40″
及格	78	4180	4280	7.3	7.2	16.3	16.8	244	246			3′ 47	3′ 45″
	76	4060	4160	7.5	7.4	14.9	15.4	240	242	14	15	3′ 52″	3′ 50″
	74	3940	4040	7.7	7.6	13.5	14.0	236	238			3′ 57″	3′ 55″
	72	3820	3920	7.9	7.8	12.1	12.6	232	234	13	14	4′ 02″	4′ 00″
	70	3700	3800	8.1	8.0	10.7	11.2	228	230			4′ 07″	4′ 05″
	68	3580	3680	8.3	8.2	9.3	9.8	224	226	12	13	4′ 12	4′ 10″
	66	3460	3560	8.5	8.4	7.9	8.4	220	222			4′ 17	4′ 15″
	64	3340	3440	8.7	8.6	6.5	7.0	216	218	11	12	4′ 22	4′ 20″
	62	3220	3320	8.9	8.8	5.1	5.6	212	214			4′ 27″	4′ 25″
	60	3100	3200	9.1	9.0	3.7	4.2	208	210	10	11	4′ 32″	4′ 30″
不及格	50	2940	3030	9.3	9.2	2.7	3.2	203	205	9	10	4′ 52″	4′ 50″
	40	2780	2860	9.5	9.4	1.7	2.2	198	200	8	9	5′ 12″	5′ 10″
	30	2620	2690	9.7	9.6	0.7	1.2	193	195	7	8	5′ 32″	5′ 30″
	20	2460	2520	9.9	9.8	–0.3	0.2	188	190	6	7	5′ 52″	5′ 50″
	10	2300	2350	10.1	10.0	–1.3	–0.8	183	185	5	6	6′ 12″	6′ 10″

表 2-5 大学女生评分标准

等级	单项得分	肺活量 /mL		50 米跑 /s		坐位体前屈 /cm		立定跳远 /cm		一分钟仰卧起坐 / 次		800 米跑 / (min · s)	
		大一大二	大三大四	大一大二	大三大四	大一大二	大三大四	大一大二	大三大四	大一大二	大三大四	大一大二	大三大四
优秀	100	3400	3450	7.5	7.4	25.8	26.3	207	208	56	57	3′18″	3′16″
	95	3350	3400	7.6	7.5	24.0	24.4	201	202	54	55	3′24″	3′22″
	90	3300	3350	7.7	7.6	22.2	22.4	195	196	52	53	3′30″	3′28″
良好	85	3150	3200	8.0	7.9	20.6	21.0	188	189	49	50	3′37″	3′35″
	80	3000	3050	8.3	8.2	19.0	19.5	181	182	46	47	3′44″	3′42″
及格	78	2900	2950	8.5	8.4	17.7	18.2	178	179	44	45	3′49″	3′47″
	76	2800	2850	8.7	8.6	16.4	16.9	175	176	42	43	3′54″	3′52″
	74	2700	2750	8.9	8.8	15.1	15.6	172	173	40	41	3′59″	3′57″
	72	2600	2650	9.1	9.0	13.8	14.3	169	170	38	39	4′04″	4′02″
	70	2500	2550	9.3	9.2	12.5	13.0	166	167	36	37	4′09″	4′07″
	68	2400	2450	9.5	9.4	11.2	11.7	163	164	34	35	4′14″	4′12″
	66	2300	2350	9.7	9.6	9.9	10.4	160	161	32	33	4′19″	4′17″
	64	2200	2250	9.9	9.8	8.6	9.1	157	158	30	31	4′24″	4′22″
	62	2100	2150	10.1	10.0	7.3	7.8	154	155	28	29	4′29″	4′27″
	60	2000	2050	10.3	10.2	6.0	6.5	151	152	26	27	4′34″	4′32″
不及格	50	1960	2010	10.5	10.4	5.2	5.7	146	147	24	25	4′44″	4′42″
	40	1920	1970	10.7	10.6	4.4	4.9	141	142	22	23	4′54″	4′52″
	30	1880	1930	10.9	10.8	3.6	4.1	136	137	20	21	5′04″	5′02″
	20	1840	1890	11.1	11.0	2.8	3.3	131	132	18	19	5′14″	5′12″
	10	1800	1850	11.3	11.2	2.0	2.5	126	127	16	17	5′24″	5′22″

表 2-6 大学男生加分标准

加分	引体向上 / 次		1000 米跑 / (min · s)	
	大一大二	大三大四	大一大二	大三大四
10	10	10	-35″	-35″
9	9	9	-32″	-32″
8	8	8	-29″	-29″
7	7	7	-26″	-26″
6	6	6	-23″	-23″
5	5	5	-20″	-20″
4	4	4	-16″	-16″
3	3	3	-12″	-12″
2	2	2	-8″	-8″
1	1	1	-4″	-4″

注：1000 米跑为低优指标，学生成绩低于单项评分 100 分后，以减少的秒数所对应的分数进行加分。

表 2–7　大学女生加分标准

加分	一分钟仰卧起坐 / 次		800 米跑 / (min · s)	
	大一大二	大三大四	大一大二	大三大四
10	13	13	−50″	−50″
9	12	12	−45″	−45″
8	11	11	−40″	−40″
7	10	10	−35″	−35″
6	9	9	−30″	−30″
5	8	8	−25″	−25″
4	7	7	−20″	−20″
3	6	6	−15″	−15″
2	4	4	−10″	−10″
1	2	2	−5″	−5″

注：800 米跑为低优指标，学生成绩低于单项评分 100 分后，以减少的秒数所对应的分数进行加分。

二、锻炼方法

（一）1000 米跑（男）、800 米跑（女）

1. 项目评价

1000 米跑（男）、800 米跑（女）项目既测试有氧耐力的水平，也测试无氧耐力的水平。由于耐力是衡量人的体质健康状况和劳动工作能力的基本因素之一，是从事各项运动必不可少的一种运动素质，因此测试耐力水平对于评价学生体质健康状况有着非常重要的意义。长跑测试既可以反映肌肉耐力，又可以反映呼吸系统和心血管系统的机能水平，测试方法简单易行，具有其他测试项目不可替代的作用。更为重要的是，《标准》把长跑测试作为一种手段，用以引导学生更多地关注自己的耐力和心肺功能，主动积极地参加长跑等体育锻炼，发展体能，增强耐力，提高体质健康水平。

2. 锻炼方法

（1）匀速跑 800～1500 m：全程都以均匀的速度跑。

（2）中速跑 500～1000 m：要跑得轻松自然，动作协调，放开步子跑。

（3）重复跑：反复跑几个段落（如 200 m、400 m 或 800 m 等），中间休息时间较长。跑的距离、重复次数、快慢、强度都可根据自己的情况而定，发展速度与耐力。

（4）加速跑 40～60 m：反复跑，中间有较短时间的间歇。

（5）变速跑 1500～2500 m：要求快跑与慢跑结合，如采用 100 米慢跑、100 米快跑或 100 米慢跑、200 米快跑等方法交替进行，发展速度与耐力。

（6）越野跑：利用自然地形条件练习，如在公路、田野或山坡（上下坡跑）上练习，可以发展耐力、灵敏、弹跳等素质。

（7）跑台阶、跑楼梯练习。

（8）篮球、足球等项目的比赛。

（二）肺活量、肺活量体重指数

1. 项目评价

肺活量是指在不限时间的情况下，一次最大吸气后再尽最大力量所呼出的气体量。肺活量是反映人体生长发育水平的重要机能指标之一。肺活量的大小与身高、体重、胸围的关系密切，因此，可采用肺活量体重指数来进行评价。

肺活量体重指数 = 肺活量 / 体重

2. 锻炼方法

经常运动的人的肺活量比一般人要大，呼吸次数、呼吸深度、肺活量和肺通气量这四个指标都会出现良好的变化。长跑、游泳、健美操、跳绳、跑楼梯、上下台阶、长距离竞走、篮球和足球等项目的锻炼都是提高人体肺活量的有效方法。

（三）50 米跑

1. 项目评价

50 米跑是国际上通用的测试项目，通过较短距离的高强度跑测试速度素质。速度素质可以反映人体中枢神经系统的机能状态和神经与肌肉的调节机能，也可以综合地反映人体的爆发力、灵敏度、反应速度、柔韧性等素质。

2. 锻炼方法

（1）小步跑：体会前脚掌快速扒地的动作和上下肢的放松与协调配合。

（2）高抬腿跑：提高大腿高抬的幅度，增强腿部力量和动作频率。

（3）后蹬跑：体会、纠正后蹬用力不充分和“坐着跑”等缺点，增强腿部力量。

（4）小步跑转入加速跑 50～60 m；高抬腿跑转入加速跑 50～60 m；后蹬跑转入加速跑，50～60 m。

（5）顶风跑、顺风跑、上坡跑、下坡跑。

（6）30 m、50 m 计时跑。

（7）重复跑 60～80 m：以中等速度反复练习。

另外，还可采用负重练习，以增强腿部力量。方法参照立定跳远项目的锻炼方法。

（四）立定跳远

1. 项目评价

立定跳远是发展下肢肌肉力量、腰腹力量、协调性及跳跃能力的运动之一，是测试爆发力的项目，要求在最短时间内发挥最大的力量。爆发力的大小不仅取决于力量，而且取决于力量和速度的结合。它在人们的日常生活、劳动中有重要的意义和作用。

2. 锻炼方法

进行各种跳跃练习及负重练习，能够有效地发展腿部肌肉力量和肌肉速度，提高弹跳能力。

（1）深蹲跳：全蹲下去，双脚同时用力向上跳起，连续做。

（2）单脚跳：用左脚连续向上或向前跳一定的次数，再换右脚做连续跳。

（3）多级跨步跳：连续以最少的步数，跨出最远的距离。

（4）多级蛙跳：屈膝半蹲，上体稍前倾，双脚同时用力蹬地，充分伸直髋、膝、踝三个关节，同时两臂迅速上摆，身体向前跃出，双腿屈膝落地缓冲后再接着向前跳。

（5）跳台阶：原地双脚起跳，跃上台阶或其他物体，然后再跳下，反复进行。

（6）跳绳：进行各种方式、方法的跳绳练习。

（7）身体负重（肩负杠铃或沙包，腰和腿绑沙袋，身穿沙衣等）：做各种跳跃练习。

（五）坐位体前屈

1. 项目评价

坐位体前屈是用于反映人体柔韧性的测试项目。柔韧性是指人体完成动作时，关节、肌肉、肌腱和韧带的伸展能力。一个人的柔韧性越好，表示其关节的活动幅度越大，关节灵活性越强。柔韧素质与健康的关系极为密切。柔韧性的提高，对增强身体的协调能力，更好地发挥力量、速度等素质，提高技能和技术，防止运动损伤等都有积极的作用。

2. 锻炼方法

（1）正压腿：一腿直立，另一腿举起放于高度适当的高物上，身体正对高腿，上体向前尽量用胸部贴腿，双膝不得弯曲，复原姿势后连续再做。

（2）侧压腿：一腿直立，另一腿举起放于高度适当的高物上，身体侧对高腿，上体尽量侧屈，用头的一侧贴腿，不要前倾或后仰，复原姿势后连续再做。

（3）正踢腿：直立，两臂平举，左脚向前迈出一小步，右腿绷脚面伸直，急速有力地向上踢腿，落下时要有控制。两腿交替练习。

（4）站位并腿体前屈：两腿并立，上体前屈，两手触地，上体与腿尽量贴近，复原姿势后连续再做。

（5）分腿体前屈：两腿左右开立（大于肩宽），上体前屈，臀部自然后移，双膝伸直，两手先向左腿外侧摸地面，复原姿势后再向右腿外侧摸地面，连续做。

（6）坐位并腿体前屈：双腿伸直坐于垫上或床上，上体前屈，两臂向前伸，尽力用双手触脚尖，膝关节不得弯曲，复原姿势后连续再做。

（六）仰卧起坐（女）

1. 项目评价

仰卧起坐是测试腹肌力量和耐力的一个项目，测试方法简单易行，多年来在学校体育的锻炼和测验中一直受到重视。

2. 锻炼方法

（1）垫上练习。

直腿仰卧起坐：仰卧于垫上，双腿并拢伸直，两臂上举。上腹用力，使上体坐起，两臂前伸用手触脚，然后复原姿势连续做。

仰卧团身：两手上举仰卧于垫上，双腿并拢屈膝（大腿与小腿成 90°）。收腹起上身，同时双膝往上提，臀部随之离地，两臂抱腿，头尽量碰膝，仅腰部贴地，复原姿势后再连续做。

仰卧起坐：两手抱头仰卧于垫上，双腿屈膝（大于 90°）。左膝往上提，同时收腹夹肘起上身，尽力用右肘碰左膝。复原姿势后，再右膝往上提，同时收腹夹肘起上身，尽力用左肘碰右膝。上述动作连续做。

仰卧举腿：直体仰卧于垫上，用两手抓住垫子，连续做向上直腿举腿动作。

（2）垫上负重和其他器械练习。

斜板仰卧起坐：两臂上举，仰卧在稍有高度的斜板上，脚朝上，头朝下，将双脚固定。当上身起坐时，两手尽量往脚尖伸去。复原姿势，再连续做。

支撑举腿：两臂伸直，支撑在双杠或其他物体上，身体保持正直，双腿并拢后，快速收腹举腿，使大腿与上体成 90°，保持几秒钟后，复原姿势再做。

悬垂举腿：双手正握单杠或肋木（背向肋木）呈悬垂状，双腿伸直最大限度地向上举起，放下还原后再做。

仰卧双腿举重物：仰卧于垫上，双手抓住固定物体，双脚夹重物或踝关节绑沙袋向上举起后放下，连续做数次或数十次。

负重仰卧起坐：仰卧于垫上，双腿伸直，双手在头后持重物，腹肌迅速收缩，使上体坐起并前屈，然后再慢慢躺倒还原，反复练习。

第三章 体育保健

学习目标

知识目标：了解大学生体育运动卫生要求；了解常见运动损伤的预防和处理方法；了解疲劳程度的判断和消除方法。

能力目标：灵活应用体育保健知识处理日常体育运动中出现的损伤等问题。

素质目标：提升对体育健康的认识，加强对个人健康责任的认识。

课程思政

教学内容	思政元素	教学内容与思政元素的结合
体育卫生常识	健康意识 科学锻炼 规律作息	通过体育卫生常识的学习，树立“健康第一”的意识，培养良好体育道德风尚；了解科学的锻炼方法，掌握基本的伤害预防和处理方法，选择卫生条件良好的运动场所，保持规律的作息习惯。
体育运动损伤的预防与处理	科学锻炼 自我保护 急救意识	通过体育运动损伤的预防与处理的学习，了解体育运动损伤的可能性和后果，学会正确的运动姿势和技巧，主动预防损伤；在运动过程中学会自我保护，佩戴必要的防护装备；掌握运动损伤发生时的初步处理方法，学会寻求专业医疗帮助，培养急救意识。
疲劳程度的判断与疲劳的消除	科学判断 健康生活 积极心态 科学休息	通过疲劳程度的判断与疲劳的消除的学习，学会疲劳程度的科学判断方法，培养关注自身身体状况的习惯；知晓准确判断疲劳程度的重要性，学会对自己的健康负责，及时采取措施调整状态或寻求帮助；树立健康的生活理念，形成良好的生活习惯，学会科学的休息方法，培养积极的心态。

第一节　体育卫生常识

一、体育锻炼的环境卫生

人体与周围环境有着密不可分的关系，人的行动是受环境影响的。环境是以人类为中心的所有客观外界条件的总和，它由自然环境和社会环境两大部分组成，两者紧密联系，相互影响，共同作用于人体。环境与健康的关系密切，了解它们相互作用的规律，科学地保护、利用环境，对我们的身心健康具有重要的意义。

（一）空气

1. 空气对人体健康的影响

空气是人体赖以生存所必不可少的环境因素之一。它对人体的生命与健康有极为重要的卫生意义，尤其对物质代谢、气体代谢和热代谢（体温调节）等方面的作用更为重要。人体通过呼吸功能与外界环境随时进行着气体交换。当空气中氧含量降低至10%时，人体可出现恶心呕吐，中枢神经活动减弱；当空气中氧含量降至7%～8%时，对一般人来说是一个危险界限，可出现窒息、体温下降、昏迷、循环障碍，甚至死亡。

成年人每天约呼吸1000 L空气，其质量约13.6 kg。人在生命活动过程中需要吸入足够的氧气。呼吸新鲜空气可以振奋精神，消除疲劳，提高学习和工作效率，也能改善睡眠、呼吸功能，提高基础代谢。在体育锻炼时，机体为了满足运动时氧的需要，内脏器官呼吸、循环系统的活动相对加强，特别是呼吸加深加快。如果空气不清新，含灰尘杂质和有害气体较多，不但直接影响空气中氧的含量，使体内氧的补充受到影响，而且其中夹带的细菌、病毒还容易进入体内，引起呼吸道及其他疾病。因此，体育锻炼时，更要注意在空气新鲜的环境下进行。为了防止灰尘进入肺内，应当养成用鼻子呼吸的良好习惯，因为鼻腔中的鼻毛和鼻黏膜分泌的黏液对空气中的灰尘、细菌等有一定的阻挡和吸附作用。

2. 到空气新鲜的地方去锻炼效果更好

新鲜空气一般是指含氧较多、含杂质和灰尘较少的空气。氧是维持生命和健康所必需的，成年人在安静时每分钟呼吸12～18次，而运动时每分钟可达40多次。在剧烈运动时，如果氧供应不足，新陈代谢不能顺利进行，就不能坚持很长时间。因此，在含氧较多的新鲜空气中运动，能帮助我们提高运动能力，提高体育锻炼的效果。

脑力劳动时，单位重量的脑组织消耗氧更多，大大超过了单位重量肌肉所消耗的氧。在人多且通气不好的场所工作、学习，常使人感到头昏脑涨，甚至不能很好地继续下去。这是空气中含氧较少，二氧化碳较多，氧供应不足，使血液里的含氧量降低所致。因此，在课间或做运动锻炼时，应当到室外空气新鲜的地方去，同时要多做深呼吸，以改善血液中的含氧量，促进脑的机能，提高工作、学习效率。

这里应指出，人体对缺氧的耐受力，通过训练是可以提高的。例如，世界上有不少长跑运动员为提高对缺氧的耐受力，常在空气稀薄的高原地区进行训练；受过训练的游泳者，可以憋气在水中潜泳50 m以上。这些事实说明，经过训练，人体可以提高对空气中缺氧的耐受力。

（二）气温

人类是恒温动物，体内应保持恒定的温度。气温的高低对人体的体温调节和新陈代谢有很大的影响，在不同的气温下，人体的新陈代谢强度和散热方式会发生相应的变化以保持体温的恒定。气温在21 ℃左右时是人体最适宜的温度，此时的生理机能最佳，工作能力发挥最好。

在气温超过35 ℃时，人就会因大量出汗、体液减少而导致体内环境的改变，运动能力下降，甚至

出现痉挛、中暑等情况。适应热环境者在气温较高时可进行运动，但应在运动时穿浅色、轻薄和透气良好的服装，运动量由小到大，逐渐达到预定的要求。要经常补充水分，适当的淡盐水更好，并常到阴凉通风处休息片刻。如出现头晕、抽筋、皮肤湿冷等状况，要立即停止运动，并到阴凉处进行调节。一般人对热环境的适应需 4～8 天。

低气温对人体的损害主要是造成局部冻伤和全身体温过低（或称冻僵）。在冷环境下进行体育锻炼，会给机体带来一些不利影响，如肌肉工作能力下降，运动能力受到影响。在寒冷环境中长时间运动，易因体温散失过多而出现头晕，协调能力下降，步幅不稳，甚至想躺下等现象。如果出现这些现象，万不可躺下休息，否则体温会进一步降低，从而造成严重的后果。如果能按循序渐进的原则，坚持在冷环境中运动，就可改善人体对寒冷的适应能力，提高耐寒力，有利于身体各系统机能的进一步加强。在寒冷环境中应注意：选择合适的保温、防寒的运动服装，太臃肿的服装会使你运动起来不方便，还会导致体热不易散出；锻炼前充分做好准备活动，这样既有利于达到预期的运动效果，又可防止发生运动损伤；根据个人的习惯和爱好、当地的具体环境和条件，选择适合自己的运动项目，量力而行地坚持锻炼。

（三）湿度

空气的湿度会加强气温对人体的作用，影响人体的散热过程。如在高气温下，空气湿度大，就会使机体的蒸发散热受到阻碍，体热蓄积而易造成中暑。而当低气温时，空气湿度大会增加机体的传导散热，使人感到更冷，并易造成冻伤。因此，空气湿度过大或过小均对人体不利。正常情况下，空气的相对湿度以 30%～70% 为宜。

另外，空气湿度还能加重污染程度，这是因为水蒸气容易以烟尘微粒为凝结核而形成雾，使有害气体不易扩散，所以雾天空气污染比较严重，不宜在室外进行锻炼。

（四）太阳光线

阳光中有紫外线和红外线。紫外线带有很大的能量和很强的化学刺激作用，是一种消毒杀菌能力很强的光线。皮肤经它照射后，能提高抗病能力，还能使皮肤里的 7- 脱氢胆固醇转变成维生素 D，维生素 D 可以促进人体对钙和磷的吸收和利用。另外，紫外线还能刺激人体的造血功能，使骨髓产生更多的红细胞，对预防贫血有一定的作用。红外线是产生热作用的射线，对人体起温热作用。它的热能可穿过皮肤深入肌肉组织，使血管扩张，加快血液循环，改善人体的供能，增强物质代谢，同时还可以兴奋神经，使人精神振奋。但过强的紫外线和红外线对人体有害，应注意预防。因此，在夏季锻炼，应尽量避免在炎热的烈日直接照射下进行。运动时，身体直接接受阳光照射的时间应由短慢慢延长，使皮肤对阳光逐渐适应。上午 11 点前和下午 3 点后锻炼为佳。

（五）场地

进行身体锻炼无论在增进健康方面，还是提高运动成绩方面，很大程度上取决于体育运动场所建筑设施的卫生状况。

1. 露天运动建筑设施

（1）露天运动的场所应该是干燥而平坦的，其光线应不为周围建筑物所遮挡，并且要远离喧嚣的街道及放出有害气体、烟、灰或发出噪声的工业区。

（2）运动场所的选择和设施安排，主要取决于所在地区的纬度、主导风向和场地的主要使用要求，布局应确保运动时的安全，充分利用场内空地的面积，还要注意周围不应设置任何障碍物。

（3）室外游泳池的卫生设施要求：①游泳池底部和池壁要光滑，不漏水，呈白色；②为排除水中污物，在池壁或池边设溢水槽；③进入游泳池前，应有浸脚消毒池，以防游泳者把双脚上的不洁之物带进水中；④水质要求：pH 值应在 6.5～8.5 之间，游离余氯应保持在 0.4～0.6 mg/L 之间，细菌总数不得超过 1000 个 /mL。

2. 室内场馆设施

（1）健身房：锻炼者应有人均 4 m^2 的活动场地，以保证运动时的动作自由。为保证健身房的空气卫生，应设立排气通风装置，或至少有局部人工通风装置。保暖设备应该保证室内气温恒定在 20～25 ℃，照明度不低于 50 lx。

（2）综合练习馆：地面应是木质或塑胶，并且平整而坚固。除必需的设备外，不应有任何无关的东西和多余的器械，还应设有专用的保管室和辅助用具。应有良好的通风装置，经常通风换气，保持馆内空气新鲜。人工照明装置距地面的高度，篮球项目应不低于 7.5 m，排球项目应不低于 8.5 m。球场边线至墙壁的距离应至少有 2 m。

二、体育锻炼前后的饮水卫生

水是人体不可缺少的组成部分，人体内水的含量占体重的 60%～70%。在进行体育锻炼时，体内水、盐代谢旺盛，丧失水分很多，特别是在炎热的夏季。合理而及时地补充水分，对促进机体的血液循环和散热是有益的。

（一）不要喝生水

经常可以看到一些同学在锻炼时或下课后，喝未经净化的自来水。生水中的细菌很多，饮用未经煮沸的自来水，会危害消化系统，引起胃腹胀痛，甚至导致急性肠胃炎。

（二）运动前饮水要合理

运动前可以适当补充一些水，但不宜过多。过多不仅吸收不了，反而会滞留在胃中，引起胃部不适，不利于运动。

（三）运动中和运动后不可大量饮水

运动时饮水过多，水分积聚在胃肠道内，会使人感到胃部沉重闷胀，妨碍膈肌活动，既影响呼吸，又不利于继续运动；而且大量饮水还会由于水分渗透到血液中，使血液浓度稀释，血量增多，增加心脏和肾脏的负担，有损健康。运动中口渴口干，主要是运动时呼吸加强，口腔和咽部水分蒸发较快及唾液分泌减少的缘故，并不是体内缺水。通常只要用水漱口，再少量喝水，就能止渴。

运动结束后更不能大量饮水，这是因为运动后心脏的活动还很剧烈，大量饮水会增加循环血量，增加心脏负担。真正需要饮水时，应以少量、多次为原则，即使在天热出汗多的情况下，也应如此。为了补充身体失去的盐分，可在水中加入少量的食盐。

另外，运动后不宜喝冰冻饮料。冷刺激会使肠胃血管突然收缩，使供血量减少，导致胃痉挛，发生腹痛、恶心等现象。

三、体育锻炼与合理的进餐时间

早饭要吃好、午饭要吃饱、晚饭要吃少，比较简明形象地将一日三餐作了分配。处在青春期的大学生，要保证完成繁重的学习任务，就要通过适宜的体育锻炼和科学合理的饮食，使身体得到健康发展。体育锻炼期间的膳食安排应注意以下几点。

（一）忌空腹锻炼

有的大学生由于起床迟，早上赶着去上课，早餐来不及吃，就干脆不吃。时间一长就习惯于饿着肚子上课，慢慢养成了对早餐反感，甚至于对任何美味厌恶的坏习惯。空腹剧烈运动消耗的能量比安静时多 10 倍。不吃早餐，就不能满足身体对热量的需要，更不用说上体育课。饥饿时血糖的浓度本身就偏低，此时做剧烈运动更容易出现低血糖，再加上胃酸或冷空气的刺激会引起胃部痉挛，

发生饥饿性腹痛。

（二）运动前后的进餐时间

运动前进餐，食物一般不宜过多，但要含有相当的热量，要易消化，有较多的糖、维生素和磷质，以供运动时体内热量的需要。运动后不宜立即吃饭，饭后也不宜立即进行剧烈运动，运动与进食应有一定的间隔时间。运动后，一般应休息 0.5 h 以上再进食。剧烈运动或比赛后，则需要休息 45 min 以上才能进食。这是因为剧烈运动刚结束时，大脑皮层运动中枢和交感神经仍处在兴奋状态，消化腺的分泌受到一定抑制，若马上进食，会影响食欲和消化。如果长期下去，还会引起消化不良等胃肠病。饭后立即进行剧烈活动也不好，因为饭后胃肠道充满食物，受重力的影响，运动时震动较大，可能把联系胃肠的系膜拉紧，影响消化系统功能，造成运动中腹痛及其他不良反应。

（三）剧烈运动后忌冷食

在平常，吃冰冷食物或喝冰冷饮料，胃肠道的血管对这种突然的改变反应并不厉害，但在剧烈运动后，人的体温升高，突然受到冷食刺激，会使胃肠的血管收缩，引起功能紊乱，使食物不能很好地被消化和吸收，引起腹痛、腹泻。再则，由于运动后咽喉部充血，再受到冷刺激，也会造成这一部位的机能紊乱，引发如喉部发炎、发痛、发哑等局部不适的感觉，所以剧烈运动后不宜吃过冷的食物。

四、体育锻炼后的洗浴与健康

（一）运动后不宜立即洗澡

许多同学习惯于锻炼结束后即刻去洗澡，以为这样既可去污又可消除疲劳。其实不然，因为人在运动时流向肌肉的血液增多，心率加快。当停止运动后，血液的流动和心率虽有减缓，但仍会持续一段时间。如果此刻立即洗热水澡，就会增加血液向皮肤及肌肉的流量，使所剩的血液不足以供应其他器官，如心脏和大脑供血不足，就会感到头昏、恶心、全身无力，严重的还会诱发其他疾病。运动后立即洗冷水澡，亦是弊多利少。这是因为运动时，体内会发生许多生理变化，比如体温升高、心跳加快、血压升高、大量出汗，这些变化需在运动结束后再过一段时间才能恢复正常。如此时立即进行冷水浴，冷水的强烈刺激就会使血压继续升高，心脏负担进一步加重，从而使机能的恢复受到影响，出现头晕、心慌等不良反应。同时，激烈运动时产生大量的热量，需要通过皮肤毛孔排汗调节体温，如运动后进行冷水浴，就会引起毛孔的突然闭塞和毛细血管的骤然收缩，导致体内余热不能散发，就会引起体温调节机能失调而容易生病，引起感冒等疾病。

因此，运动后不要立即洗澡，应休息一会儿，等心脏恢复到相对安静的状态再洗浴，这样对健康是有益的。

（二）怎样进行冷水锻炼

冷水锻炼可以锻炼皮肤，增强机体的耐寒力，是强身健体的一种好方法。冷水对皮肤的刺激能反射性地使神经兴奋，激发全身各系统的生理功能，从而使整个身体机能水平都得到提高。经常坚持冷水锻炼，不但不易伤风着凉，而且能增强对各种疾病的抵抗能力。

冷水锻炼的方法有洗脸、洗脚、擦身、冲洗、淋浴、洗澡和游泳等。在校大学生可以根据自身的情况适当选择，循序渐进，从局部锻炼入手，逐步过渡到全身性的锻炼。但无论采用哪种方法，都应注意以下几点。

（1）冷水锻炼应从暖和季节开始，尽可能每天坚持。随着季节的变化，水温从暖到冷。起初，可在每天早操后利用短时间用湿毛巾擦身，再用干毛巾擦干皮肤，直至微红为止，以促使全身温暖舒适。

（2）习惯于擦身后，可开始淋浴，水温应逐步降低。淋浴时，除头部外，全身皮肤都应受冷水冲淋，浴后同样把皮肤擦红。

（3）冷水锻炼的时间，必须根据当时当地的水温、气温及个人身体反应情况来灵活掌握，以自我感觉舒适为准。

（4）如进行冷水浴，应从四肢开始，再按顺序过渡到躯体和头部。擦干按相反顺序进行。浴后应用毛巾擦干、擦暖身体，尤其是冷天和身体感到寒冷时，要把身体擦暖和。

（5）每天冷水锻炼最好是早上起床后进行，这有助于排除睡眠后的抑制状态，使人精神焕发，但要根据个人的具体情况而定，且最好固定。

（6）吃饭前后不要进行冷水锻炼，以免影响食物的消化和吸收。剧烈运动后，身体处于疲劳状态，要休息一定时间后，才可进行冷水浴。

（7）患病、过度疲劳时，不宜进行冷水锻炼。

五、感冒或身体不适时的体育锻炼

感冒属于常见病，分为流行感冒和普通感冒。流行感冒是由流感病毒通过呼吸道传播引起的急性传染病。普通感冒又称伤风，是由多种病毒引起的常见呼吸道传染病。感冒的常见病原体为鼻病毒、副流感病毒等，病原体存在于患者口鼻分泌物中，经飞沫传播或接触感冒患者的毛巾、手帕、食具等可传染得病。过度疲劳、受凉和人体抵抗力下降时，原来潜伏于鼻咽部的病菌、病毒等微生物就会乘虚而入，并大量繁殖，使人得病。

（一）感冒发热不宜参加锻炼

少数体质较强的人，感冒初期，症状较轻，运动一阵，出一身汗会减轻一些。这是因为人在运动时交感神经兴奋，心跳加快，呼吸加速，体内白细胞和其他抗体所组成的防御体系的机能大大提高，再加上出汗时体内吸收的病毒迅速排出体外，运动时皮肤血管扩张，鼻黏膜的充血水肿状态减轻，所以运动一阵出汗后，感冒症状就缓解了。但对大多数人来说，尤其是体弱者，感冒发热时参加体育锻炼是有害无益的。这是因为感冒是由病毒引起的急性呼吸道传染病，为抵御病毒的入侵，人体内的防御系统会与病毒展开斗争，这时能为机体创造的有利条件就是适当休息；如果此时进行体育锻炼，就会使体内物质代谢更加旺盛，体温更加升高，从而使体内调节功能失常，抵抗能力减弱。

（二）常锻炼防感冒

经常进行体育锻炼增强体质，是预防感冒最积极有效的方法。

（1）坚持用冷水擦身和沐浴的人，一般很少患感冒，即使用冷水洗脸和洗脚，也能增强抵抗力。

（2）体弱的同学早晨锻炼时，要活动到身体发热并开始出汗，方可脱去多余的衣服，不要起床后穿着单薄衣服出去锻炼。

（3）运动后要及时擦干汗水，脱换掉汗湿的衣服，不要把汗津津的身体裸露在冷风之中，应及时穿上干净的衣服，以防着凉。

（4）锻炼场所要清洁、宽敞，避免在尘土飞扬的运动场所锻炼。

（5）在空气干燥地区，受气候影响，人体呼吸道的分泌能力降低，因此要多喝开水，保持鼻黏膜的正常分泌。

（三）必须停止锻炼的症状

大学生参加健身活动，切忌性急。运动时要始终舒服愉快，这才是身体健康、体力充沛的表现。有伤、有病或身体不适时参加锻炼不会收到预期的效果。为了身体健康，在参加体育锻炼时但凡有下列症状之一，就应中止锻炼，待检查、治疗、处理恢复正常后，方可继续锻炼。

（1）胸痛并伴随运动的进行而加剧。

（2）呼吸严重困难。

（3）感到分外疲劳。

（4）恶心、眩晕、头痛。

（5）四肢肌肉剧痛。

（6）足关节、膝关节、髋关节等疼痛。

（7）脉搏显著加快。

（8）脸色苍白、出冷汗。

第二节　体育运动损伤的预防与处理

一、运动损伤概述

（一）运动损伤的概念与分类

1. 运动损伤的概念

体育运动过程中所发生的损伤，称为运动损伤。它与一般的生产或生活中的损伤有所不同，它的发生与运动训练安排、运动项目、技术动作、运动训练水平、运动环境及条件等因素有关。为了有效地预防和及时地处理好运动损伤，掌握运动损伤的分类、产生原因和如何预防运动损伤是非常必要的。

2. 运动损伤的分类

对运动损伤可作如下分类。

（1）按损伤组织可分为肌肉韧带拉伤、挫伤、关节脱位、扭伤、四肢骨折、内脏损伤、脑震荡等。严重的运动损伤较少见，多数是肌肉、韧带、关节的损伤。

（2）按损伤组织是否有创口与外界相通可分为：开放性损伤——损伤后皮肤的完整性遭到破坏，伤口与外界相通，如擦伤、刺伤与开放性骨折等；闭合性损伤——伤后皮肤仍保持完整，伤处无裂口与外界相通，如挫伤、关节扭伤、肌肉拉伤与闭合性骨折等。

（3）按伤情轻重可分为轻伤、中等伤和重伤。

（4）按损伤病程可分为急性损伤和慢性损伤。

（二）运动损伤的预防

（1）加强运动安全教育，克服麻痹思想，提高预防损伤的意识。

（2）认真做好准备活动，对可能发生运动损伤的环节和易伤部位及时做好预防措施。

（3）合理组织安排锻炼，合理安排运动量，防止局部运动器官负担过重。

（4）加强保护与帮助，特别要提高自我保护能力。例如，摔倒时，要立即屈肘低头，团身滚动，切不可用臂或肘部撑地；由高处跳下时，要用前脚掌着地，注意屈膝、弯腰，两臂自然张开，以利缓冲和保持身体平衡。

二、运动损伤的处理

（一）常见开放性软组织损伤的处理

1. 产生原因

皮肤被粗糙物摩擦引起表面损伤，如运动中发生身体接触而撞伤、摔倒所引起的皮肤擦伤。

2. 症状

毛细血管出血，血液从伤口慢慢渗出。常常自行凝固止血，危险性不大。

3. 处理

可用生理盐水或冷开水清洗伤口，伤口周围用酒精消毒，然后局部涂抹红药水。一般不需要包扎。严重开放性软组织损伤要清洗伤口，应用抗生素治疗，必要时应送医院处理。

（二）常见闭合性软组织损伤的处理

1. 产生原因

肌肉、韧带、关节囊等软组织受外力或自身作用力过分拉长或挤压而受损，如挫伤、扭伤、拉伤等。

2. 症状

局部疼痛、肿胀、皮下淤血、肌肉痉挛、活动困难，但无创口与外界相通，损伤时的出血积聚在组织内。

3. 处理

初期处理方法是制动、冷敷、加压包扎、高抬伤肢，即减少或停止局部活动以免伤情加重，采用冷敷、加压包扎、高抬伤肢等手段以止痛、止血、减轻肿胀。伤后 24～48 h 的处置原则是活血去淤，消肿止痛。可进行热敷、按摩以促进局部血液循环，解除肌肉痉挛，加速血肿和渗出液的吸收，并减轻疼痛。恢复期应进行功能锻炼，防止损伤组织粘连或萎缩，促进组织愈合。功能锻炼时要注意循序渐进，逐渐增大活动的幅度、强度和运动量。

（三）常见运动性关节脱位（脱臼）的处理

1. 产生原因

关节脱位大多是外力作用所致，使关节的完整连接受到破坏。关节脱位常常伴随韧带及关节囊的撕裂，甚至神经损伤。

2. 症状

关节脱位后常出现关节畸形、局部疼痛、肿胀，失去正常活动能力，有时还可能发生局部肌肉痉挛。

3. 处理

用夹板固定伤肢。如果没有夹板，可将伤肢固定在躯干或健康肢体上，然后及时送到医院治疗，切不可让非专业人员随意实施复位。

（四）常见运动性骨折的处理

1. 产生原因

运动中身体受到暴力撞击，使骨的完整性遭到破坏，造成骨折。骨折是一种恶性损伤，后果严重。骨折分为不完全性骨折和完全性骨折两种。

2. 症状

骨折发生后患处立即出现肿胀，有剧烈疼痛，活动时疼痛加重，常伴随肌肉痉挛，肢体失去正常的活动能力等症状，肢体骨折部位常发生变形。完全性骨折移动时可听到骨擦音。严重骨折时常伴有大出血、神经损伤及休克。开放性骨折还可能导致感染。

3. 处理

如出现休克，应首先实行抗休克处理，点按人中穴，并实行人工呼吸或心脏胸外按压。若伤口出血，应实施止血及包扎。应在骨折部位固定之后及时送医院治疗，切勿由非专业人员整复，以免造成新的损伤。

（五）常见运动性肌肉痉挛的处理

1. 产生原因

肌肉痉挛，俗称抽筋，是肌肉长时间持续大运动量工作，从而不自主地强直收缩造成的。在体育运动中最易发生痉挛的肌肉是小腿腓肠肌，其次是足底的屈拇肌和屈趾肌。肌肉痉挛的原因有以下几点。

（1）体育活动中大量排汗使体内电解质丢失。这些电解质在人体内的浓度水平与肌肉神经的兴奋性有关，当丢失过多时肌肉神经兴奋性增高，肌肉易发生痉挛。这种情况多见于天气炎热或进行长时间剧烈活动时。

（2）运动时，肌肉快速地连续收缩，放松的时间太短，导致肌肉收缩与放松的协调关系遭到破坏，从而发生肌肉痉挛。

（3）在寒冷的环境中，未做准备活动或准备活动不充分就进行体育活动，肌肉会受到寒冷的刺激而引起肌肉痉挛，如游泳水温在 25 ℃ 以下时。

（4）局部肌肉疲劳或有微细损伤时，也可引起肌肉痉挛。

2. 症状

常见运动性损伤肌肉痉挛症状：肌肉发生痉挛时，局部肌肉僵硬或隆起，并伴随有剧烈疼痛，且一时不易缓解。

3. 处理

常用方法是牵引痉挛肌肉，使它伸长和松弛，用力要缓慢而持续，不可使用暴力。痉挛缓解后应适当按摩肌肉，如重推、揉、捏、按压，以促使痉挛消除。例如腓肠肌痉挛时，应先让患者平坐或仰卧，伸直膝关节，牵引者双手握住患者足部并抵于牵引者的腹部，利用牵引者躯干前倾的适度力量，将患者的脚掌和脚趾缓慢地向上扳；若屈拇肌、屈趾肌痉挛，可用力将患者的脚趾向上扳，但切忌使用暴力。

为了预防肌肉痉挛，健身锻炼前要做好充分的准备活动，对容易发生痉挛的肌肉可事先进行适当按摩。冬季户外锻炼要注意保暖。夏季锻炼时要注意适当补充淡盐水及维生素 B_1 等。此外，身体在疲劳状态下和饥饿时，最好不要进行健身体育锻炼和从事大运动量活动。

（六）常见运动性脑震荡的处理

1. 产生原因

在运动过程中头部受到外力打击后，使平衡器官机能失调，引起机体意识和机能的暂时性障碍。

2. 症状

受伤后患者可能神志昏迷，脉搏徐缓，肌肉松弛，瞳孔稍大但尚对称，清醒后常有头痛、头晕、恶心或记忆力减退等症状。

3. 处理

立即让患者平卧，头部冷敷，如昏迷则用手指压人中、合谷穴催醒；如呼吸障碍，则实施人工呼吸；如仍出现反复昏迷，或耳、口、鼻出血，瞳孔不对称，则表明伤情严重，有可能颅内出血，立即送医院进行抢救并做进一步治疗。轻度脑震荡一般可以自愈，但要注意休息。

三、运动损伤的急救方法

急救是指对运动中突然发生的严重损伤进行初步紧急和临时性处理，以减轻患者痛苦，预防并发症，为转送医院进一步治疗创造条件。运动损伤的急救，是一项极为重要的工作，如处理不当，轻者加重损伤，导致感染，增加患者痛苦，重者致残，甚至危及生命。因此，急救者必须及时、准确、合理、有效地采取急救措施。急救的方法通常有止血法、包扎法、骨折固定法、搬运法、人工呼吸法等。

（一）止血法

1. 直接压迫伤口止血法

小的伤口出血时，可用敷料直接压迫伤口止血。

2. 压迫止血点止血法

较大的出血，可用手指或敷料紧压止血点止血，如图 3–1 所示。胸腹出血，不易找到止血点，可用纱布、棉花压住伤口，并包扎起来，然后赶快将伤员送至医院。

3. 止血带使用法

将止血带紧缠在伤口近心端上，使血管中断血流，达到止血目的。如果没有止血带，也可以用三角巾、绷带、布条等代替，如图 3–2 所示。止血带的下面要垫上铺平的衣服、毛巾或纱布，不要直接缠在皮肤上，以免损伤皮肤。缠上止血带后，因血液不流通，时间久了，肢体就会发生坏死，所以每隔一小时要松一次；但松的时间不能太长，只要血流一通，就要在另一近心平面再缠绕，并及时送伤员去医院。凡放松止血带引起大量出血者，不应再在运送途中放松止血带。

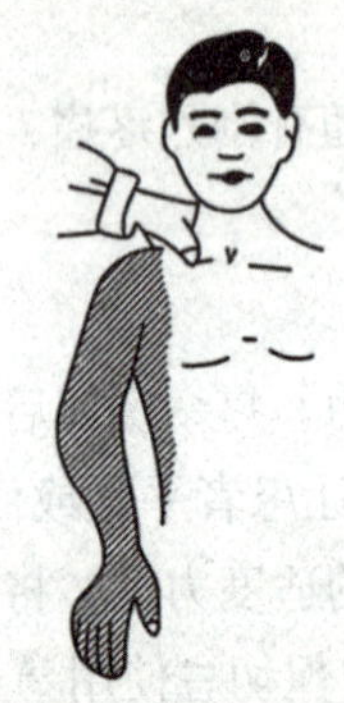

图 3–1 压迫止血点止血法

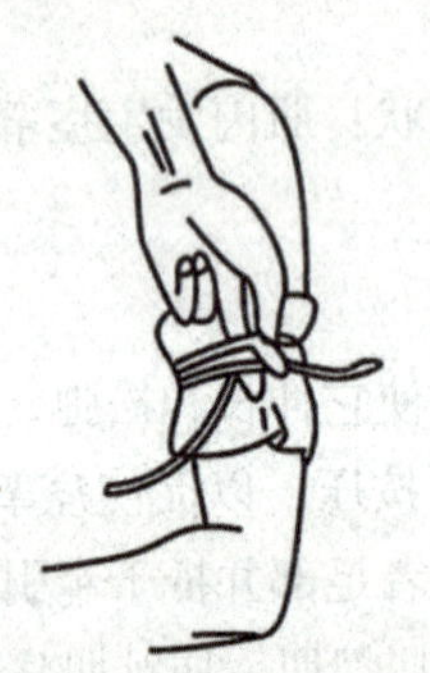

图 3–2 止血带使用法

（二）包扎法

绷带从一头卷起的，叫作单头带，包扎一般使用的都是这种绷带。

1. 环行包扎法

绷带作环行重叠缠绕。用在胸部、腹部、手腕等粗细大致相等的部位。为了使绷带固定，不致滑脱，第一圈可以稍斜，第二、三圈环行，并把斜出圈外的绷带角折到圈内，重叠缠绕，如图 3–3 所示。绷带结尾的方法，有的用别针固定，有的用胶布贴封，最常用的是把绷带的尾部平均剪开，先打半结，绕一圈后，再将两尾用活结结扎。

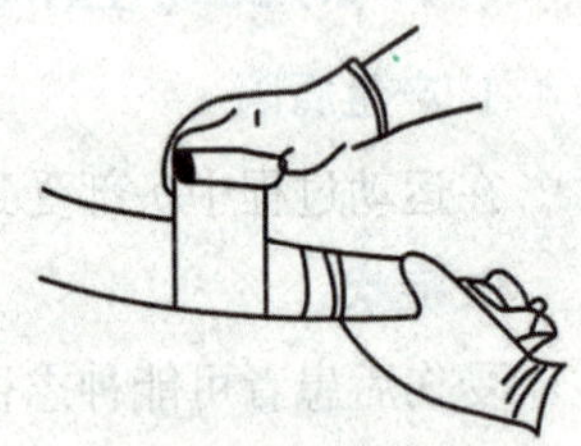

图 3–3 环行包扎法

2. 螺旋包扎法

先做几圈环行缠绕，再将绷带向上卷，每卷一圈都盖着前一圈的 1/2～2/3，呈螺旋形，如图 3–4 所示。

3. 扇形包扎法

主要用在关节部位上。有两种缠法：一种是从关节上向关节下缠绕，叫向心性扇形包扎；一种是从关节下向关节上缠绕，叫离心性扇形包扎。因为向心性扇形包扎的最后一圈容易滑脱，所以一般常用的是离心性扇形包扎，如图 3–5 所示。

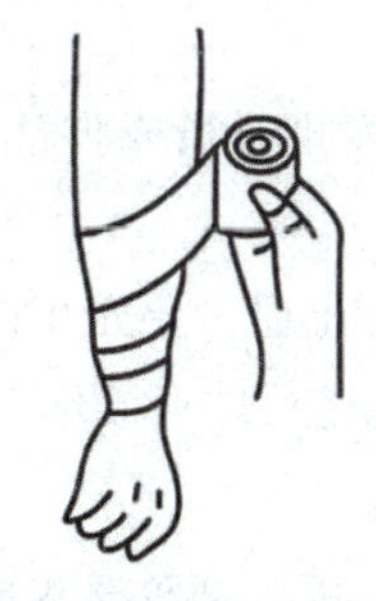

图 3–4 螺旋包扎法

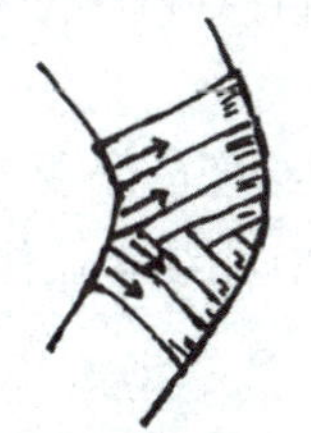

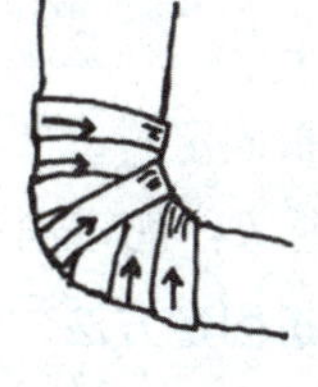

图 3–5 扇形包扎法

4. 四头带包扎法

把绷带的两头都剪成两条，即做成四头带。下颌、鼻部、前额和枕骨等处受伤，多用这种绷带，如图 3–6 所示。

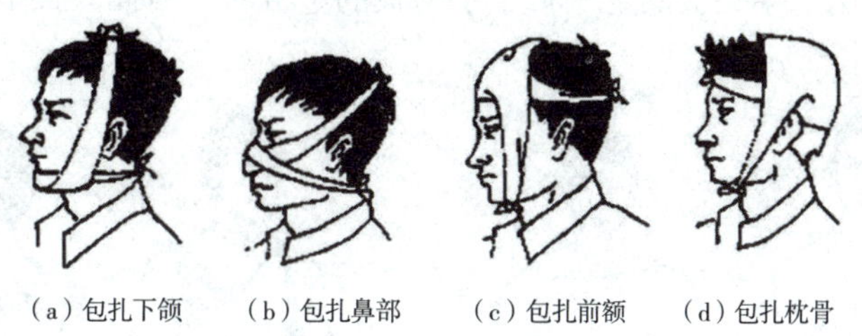

（a）包扎下颌　（b）包扎鼻部　（c）包扎前额　（d）包扎枕骨

图 3–6 四头带包扎法

5. 绷带包扎的注意事项

（1）先把伤口用消毒纱布盖好，再缠绷带。

（2）右手拿绷带卷，左手拿绷带头，从低于伤口的地方开始，一般要按从前到后，从左到右，从下到上的顺序缠绕。

（3）包扎不能过紧或过松。

（4）绷带要清洁、柔软，不可潮湿。

6. 就地取材的包扎法

（1）用毛巾包扎头部。将毛巾横放在头顶，前两角后折向后打结，后两角向下拉，在颌下打结。

（2）用衣襟包扎前臂。解开衣襟，将伤臂一侧的衣襟向上反折，包住伤臂，然后将衣襟角穿过第一或第二个扣眼打结，以代替悬臂带。

（3）用衣袖包扎单侧胸部。提起衣袖，对准肩缝和腋缝中线，从下向上剪成两片，一直剪到肩部和腋窝附近，用一根带子从腋下到肩部系住；将两片衣袖向上反折到肩膀，分别经胸前和背后到对侧腋下打结。

（三）骨折固定法

骨折伤员，在骨折部位有疼痛、肿胀、变形、不会动等现象。骨折固定，是在骨折部位，用夹板等绑起来，使骨折部位固定不动，让骨折尖端不再刺伤肌肉等组织，减少痛苦，并便于搬动和接合。

1. 骨折固定的一般原则

（1）发现骨折立即用夹板固定。

（2）夹板的长短、宽窄，根据骨折部位的需要决定，长度必须超过折断的骨头。没有夹板，薄木板、竹竿、木棍等都可以代替。

（3）使用夹板或代用品时，要用棉花、布片或衣服铺垫，避免夹伤皮肤。

（4）上夹板前，要把骨折的上下部分用绷带缠好。夹板不能绑在骨折的地方，要绑在骨折的上下两头，先绑下部，再绑上部。

（5）绑夹板要注意牢固，松紧适宜。腿或手臂骨折固定后，如发现手指或脚趾青紫、肿胀、发冷，要尽快将夹板放松一点。

（6）开放性骨折固定时，要注意给伤员保暖、止痛。如有伤口和出血，要先止血；不要把刺出的骨头送回伤口，以免感染。伤口消毒后，用纱布盖住。如有休克，应先进行休克处理。

2. 不同部位骨折固定方法

（1）肋骨骨折固定。常用多头带或宽带，捆住胸、背部分。捆绑时，要伤员做呼气动作，如图 3–7 所示。

（2）锁骨骨折固定。一侧锁骨骨折，先在这一侧的腋下放上宽而厚的棉垫；然后将肘关节弯曲，用三角巾折成的宽带托住肘部，在对侧肩部打结；再用宽带把肘部固定在胸前。两侧锁骨骨折，可用三角巾双肩包扎法固定，或者用丁字夹板固定（将丁字夹板的竖板从背后插入腰带，横板两端用带子固定在两肩），如图 3–8 所示。

图 3–7　肋骨骨折固定

图 3–8　锁骨骨折固定

（3）上臂骨折固定。将肘关节屈曲，用两块和上臂长短相当的夹板固定，然后用悬臂带将前臂挂在胸前，或加用绷带固定在胸前，如图 3–9 所示。

（4）前臂骨折固定。将两块与前臂长短相当的夹板固定在伤臂的两侧，然后用悬臂带将伤臂挂在胸前，或用绷带固定在胸前，如图 3–10 所示。

图 3–9　上臂骨折固定

图 3–10　前臂骨折固定

（5）大腿骨折固定。用两块夹板固定，一块相当于从脚跟到腰部长的夹板，放在伤腿外侧，另一块相当于从脚跟到腹股沟长的夹板，放伤腿内侧；用几条三角巾或绷带，从腰到脚踝分段绑上几道。

（6）小腿骨折固定。将两块相当于从脚跟到大腿中部长的夹板，分别放在伤腿内、外侧；用几条三角巾或绷带，从膝关节上方到脚踝处分段绑上几道。

（7）用好腿固定伤腿。没有夹板或代用品，可将好腿同伤腿并拢，两腿间塞上棉花或衣服等，用几条三角巾或绷带，从大腿到脚踝把两条腿绑在一起。这种办法，小腿和大腿骨折都适应。

（四）搬运法

伤员经过现场急救后，应迅速且安全地转运到安全处休息或直接送医院治疗，其中使用的搬运法包括扶持法、托抱法、椅抬法和三人托抱法等。

1. 扶持法

急救者施救时挽住伤员的腰部，并让伤员一臂搭扶在自己肩上，如图 3–11 所示。此法适用于神志清醒、伤势较轻、自己基本能步行的伤员。

2. 托抱法

急救者托抱住伤员，并让伤员一臂挽住自己的肩颈部位，如图 3–12 所示。此法适合于体质虚弱的伤员。

3. 椅抬法

两名急救者两手搭成像椅子一样，让患者像坐椅子一样进行运送，如图 3–13 所示。此法适用于清醒体弱者，能用一臂或两臂抓紧急救者的伤员。

4. 三人托抱法

三人站在同一侧，将伤员托抱起来，并协调地行走，如图 3–14 所示。此法适用于体力严重衰弱和神志不清的伤员。

图 3–11 扶持法

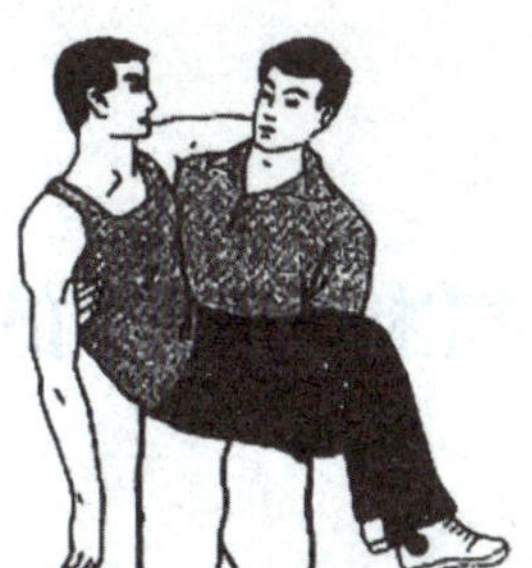

图 3–12 托抱法

图 3–13 椅抬法

图 3–14 3 人托抱法

（五）人工呼吸法

1. 口对口呼吸法

首先使伤员仰卧，两手放在身体两侧，然后急救者轻轻地把伤员嘴启开，用手捏住伤员鼻，对口吹气。把伤员的胸部吹到扩张起来，就停止吹气，等伤员的胸部自然缩回去再吹，每分钟吹 12～16 次。这种方法适用于小孩和肋骨折断的伤员。

2. 心脏胸外挤压法

（1）俯卧法。伤员俯卧，头侧向一旁，一臂弯曲垫在头下，以免堵塞鼻子和嘴。急救者横跨跪在伤员大腿两旁，面向伤员头部，两手放在伤员两胸背上，拇指靠近脊柱，四指向外贴着肋骨。先由后上方向前下方慢慢压迫，挤出伤员肺内空气；然后放开两手，使伤员胸廓自行扩张，吸进空气，如图 3–15 所示。这样按正常人呼吸的快慢一压一松，反复操作，每分钟 12～16 次。背部受伤者不用此法。

图 3–15 俯卧法

（2）仰卧法。伤员仰卧，急救者面对伤员横跨跪在伤员大腿两旁，两手分开放在伤员前胸乳房下，向下压后松开，快慢和俯卧位一样，如图 3–16 所示。这个方法不适用于肋骨受伤者。

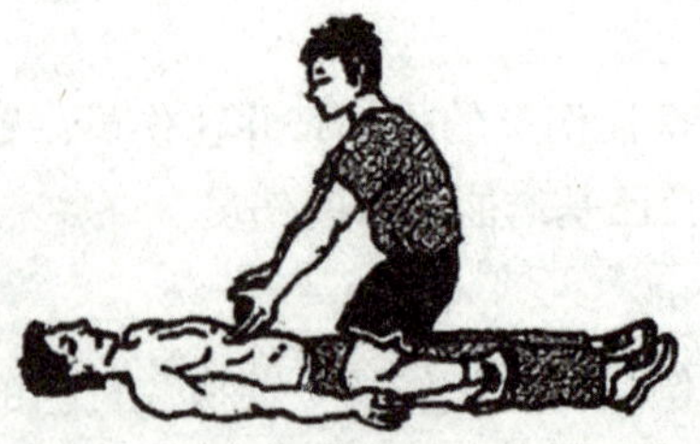

图 3–16　仰卧法

3. 做人工呼吸应注意的事项

（1）未操作前，先将伤员抬到空气流通的地方，解开伤员的衣服和裤带，以免妨碍其呼吸。但是如果天气冷，要注意防止伤员着凉。

（2）检查伤员口里有无假牙、血块、黏液、泥土和其他妨碍其呼吸的东西，如有，要先取出来。

（3）速度要均匀，用力要适当，不可太猛。

（4）不要性急，要有耐心，一直做到伤员苏醒过来或经查实不能挽救为止。

（5）伤员恢复呼吸后，要注意安静休息。

第三节　疲劳程度的判断与疲劳的消除

一、判断疲劳程度的简易方法

由于对疲劳的本质研究还不十分清楚，因而到目前为止还没有一种可靠的判断疲劳程度的方法，一般可将以下三个方面综合起来进行评定。

（1）根据运动者的各种自我感觉症状（如疲乏、头晕、心悸、恶心等）加以评定。

（2）根据疲劳的客观体征（如面色、排汗量、呼吸、动作和注意力等）进行评定。

（3）根据身体各器官系统的生理、生化指标变化的情况（如心律、心电图、脑电图、肌电图、肌蹬反射、肺活量、血压、握力和尿蛋白等）进行评定。在学校体育教学和训练中，还可以采用比较容易的方法来判断疲劳程度，见表 3–1。

表 3–1　疲劳程度的标志

内容	轻度疲劳	中度疲劳	重度疲劳
自我感觉	无任何不适	疲乏、腿痛、心悸	除疲乏、腿痛、心悸外，还有头痛、胸痛、恶心，甚至呕吐等征象，有些征象存在时间较长
面色	稍红	相当红	十分红或苍白，有时呈紫蓝色
排汗量	不多	较多，特别是肩带部	非常多，尤其是整个躯干部分，汗衫和衬衣上可出现白色盐迹
呼吸	中等程度加快	显著加快	呼吸表浅（其中有少数深呼吸出现），有时呼吸节奏紊乱
动作	步态稳定	步伐摇摆不稳	摇摆现象显著，在行进时掉队，出现不协调动作
注意力	比较好，能正确执行口令	执行口令不准确，改变方向时有时发生错误	执行口令缓慢，只有大声口令才能接收

二、消除疲劳的常用方法

疲劳是一种生理现象，又是一种运动量的标志。从某种意义上说，运动训练是以疲劳为媒介而不断

提高身体训练水平的。科学研究证实，疲劳与恢复是运动后的必然过程，如果大强度训练后不能采取适当措施消除疲劳，疲劳就会累积，不仅会使运动成绩下降，还会成为疾病和伤害事故的诱因。因此，运动后及时消除疲劳、恢复体力，才能有效地提高训练水平。尽快消除运动性疲劳主要有以下几种方法。

（一）睡眠

睡眠是消除疲劳的最好方法之一，练习者应严格遵守生活作息制度，保证充足的睡眠时间。一般每天不少于 8～9 h，并应安排一定的午休时间。大运动量和比赛期间，睡眠时间还可以适当增加。

（二）积极性休息

休息是除睡眠之外的消除疲劳的一种积极手段，对由紧张训练和比赛引起的肌肉和精神疲劳有良好的缓解作用。积极性休息的方法和内容很多，如在公园、湖滨或海边散步，听音乐，观看演出，钓鱼，下棋和参观游览等，可根据条件和个人爱好选择安排。

（三）按摩

按摩是消除运动性疲劳的重要手段之一。一般采用手法按摩，进行全身或局部的按摩，有损伤的还可以兼做治疗，均有良好效果。有条件的还可以采用器械按摩，目前国内外使用的还有气压按摩、振动按摩和水力按摩，对放松肌肉、消除肌肉酸痛和恢复体力效果极佳。

（四）物理疗法

训练后采用淋浴和局部热敷是一种简易的消除疲劳的方法。淋浴时水温不能过高，一般以温水浴（水温 40 ℃左右）为佳，时间 15～20 min 为宜。温水浴有良好的镇静作用，能促进血液循环和放松肌肉，达到消除疲劳的目的。如有条件，还可以采用蒸汽浴、干燥空气浴和旋涡浴等恢复手段。热敷能减少肌肉中酸性代谢产物的堆积，消除肌肉僵硬、紧张及酸痛。热敷的温度以 47～48 ℃为佳，时间约 10 min 为宜。

（五）营养与药物

运动训练和比赛后，合理的营养补充有助于疲劳的消除，运动以后应供应充足的热能，补充足够的蛋白质、维生素、无机盐和水。药物恢复手段，可服用维生素 B_1、维生素 B_2、维生素 C 和维生素 E。中药黄芪、刺五加、人参、三七对疲劳的消除也有一定的效果。营养学研究证实，运动员服用麦芽油和花粉有消除疲劳和增强体力的功效。

（六）心理恢复法

心理恢复法包括心理调整、自我暗示、放松训练等。心理恢复法能缓解紧张情绪，放松肌肉，对延迟疲劳的产生和消除疲劳有良好的效果。

（七）氧气及负离子吸入法

运动员训练和比赛后，血液中有大量酸性代谢产物，吸氧可以促进乳酸持续氧化，有利于代谢产物的消除，对消除运动性疲劳，特别是无氧训练后的疲劳恢复有一定的效果；负离子有提高神经系统兴奋性及加强组织氧化还原的作用，有助于消除机体运动后的疲劳。

第四章
田径运动

学习目标

知识目标：了解田径运动的定义、特点与价值；了解径赛的类型及相应的动作技术；了解田赛的类型及相应的动作技术；了解田径运动的基本比赛规则。

能力目标：掌握短跑、中长跑、跨栏跑、接力跑等竞赛的动作技术；掌握跳远、跳高、推铅球、掷标枪等田赛的动作技术。

素质目标：学会欣赏田径运动比赛，并积极参与此项运动，体会田径运动的乐趣。

课程思政

教学内容	思政元素	教学内容与思政元素的结合
田径运动概述	运动价值 运动普及 意志品质	通过田径运动概述的学习，认识到田径运动的健身价值、教育价值、竞技价值和社会价值，提高体育运动的普及度和影响力，培养勇敢、顽强、拼搏、进取的意志品质。
径赛	体育精神 爱国情怀 公平竞争 团队协作 意志品质	通过径赛项目的教、学、练，认识到祖国的强大和取得的荣誉，培养坚韧不拔的体育精神和为国争光的爱国情怀；认识到径赛项目应严格遵守比赛规则，培养公平竞争与诚信意识；在接力项目中学会密切配合，相互信任，培养团队协作能力和集体主义精神；学会在失败中汲取经验，锻炼意志品质，培养抗挫能力。
田赛	社会责任感 顽强拼搏 尊重规则 纪律意识 创新精神	通过田赛项目的教、学、练，树立公正、公平、公开的价值观，增强社会责任感和公民意识；知道应在学习和生活中不畏困难、勇往直前，培养顽强的意志和拼搏的精神；遵守比赛规则，培养尊重规则与遵守纪律的意识；形成良好的体育锻炼习惯，不断发展和创新田赛项目的技术和训练方法，培养创新精神。

第一节 田径运动概述

一、田径运动的定义

田径或称田径运动，是田赛、径赛和全能比赛的全称。现代田径运动主要包括竞走、跑、跳跃、投掷，以及由跑、跳跃、投掷的部分项目组成的全能运动，共有40余项。

田径运动中以时间计算成绩的项目称为径赛；以高度或远度计算成绩的项目称为田赛；全能运动项目，则是以各单项成绩按田径运动评分表换算分数后计算成绩。

二、田径运动的价值

（一）教育价值

（1）田径运动要求运动员在一定条件的限制下克服一切困难，正视一切挑战，发挥最大潜能，超越自我。因此，它能培养勇敢顽强、拼搏进取的意志品质。

（2）田径运动是在严密的组织下，按严格的规则和要求进行的。它能培养遵守纪律的意识，增强责任感。

（3）田径运动主要以个人为单位参赛，必须独立完成任务。因此，它有助于个性的形成，有利于心理素质的培养。

（二）健身价值

（1）短跑能提高人体的最大摄氧量，有助于提高中枢神经系统兴奋和抑制的灵活性。

（2）中长跑和竞走能有效增进心血管系统和呼吸系统的工作能力。

（3）跳跃能使人的感觉机能和爆发力量得到提高和加强。

（4）投掷能使人体肌肉发达，力量增强，改善人体灵活性。

（三）竞技价值

国际和国内的田径运动竞赛很多，在综合性运动会上，田径竞赛项目的金牌数量最多，影响最大。田径竞技运动水平显示了一个国家的体育实力。所以田径竞技运动是实现为国争光目标的重点项目。通过田径竞赛可加强国内和国际交往，提高本国的国际威望，振奋民族精神。

第二节 径 赛

径赛项目主要包括竞走和跑步项目，如常见的短跑、中长跑、长跑、跨栏跑、接力跑、竞走等以时间来计算成绩的运动项目。径赛运动项目相对较多，本书主要介绍高校体育活动中常见的短跑、中长跑、跨栏和接力跑等动作技术的基本要领及练习方法。

一、跑步类项目的技术原理

跑步是周期性的运动项目，一个跑步周期包括人体的左、右腿各支撑一次地面和身体出现两次腾空，以此将跑步过程划分为支撑阶段和腾空阶段。从单腿的动作分析来看，可分为连续不断且互相衔接的下落着地、支撑缓冲、蹬伸离地和折叠前摆四个技术阶段。

决定跑速的因素主要有步长和步频，两者的乘积即为跑步速度。步长的大小受身体形态、下肢运动幅度、跑步动作协调性、关节灵活性、蹬地力量大小和方向、蹬伸动作质量及跑道弹性、风向及风力等众多因素影响。步频主要受人体神经系统灵活性支配，还受下肢运动关节比例、髋部和腿部肌肉力量及协调性等因素的影响。两者互相依存，互相制约，实践中需保证适宜的步长和协调的步频才能达到理想的跑步速度。

二、短跑项目的动作技术及练习方法

短跑项目包括 50 m、60 m、100 m、200 m、400 m 跑及 4 × 100 m 接力跑，对其技术要求相应越来越高。这些运动项目主要依靠磷酸原（ATP–CP）系统和糖酵解系统供能，称为极限强度运动。

（一）短跑项目的动作技术

短跑是一个不可分割的整体，但习惯上将短跑分为起跑、起跑后的加速跑、途中跑、终点跑及弯道跑几部分。现逐个介绍其技术要领。

1. 起跑

起跑是为了使身体迅速摆脱静止状态，获得向前的最大初速度，为之后的加速跑创造条件。正规田径短跑比赛中，运动员必须在起跑器上采取蹲踞式姿势起跑，目的是使脚有更加稳定的支撑并形成良好的用力姿势，利于起跑时获得更大的前冲力，为加速跑创造更有利的条件。

起跑过程包括“各就位”“预备”和“鸣枪”三个阶段。

听到“各就位”后，运动员可连续做几次深呼吸，适当放松来稳定情绪，到起跑器前，俯身，两手撑地，两脚依次蹬在起跑器的抵足板上，后膝跪地。之后将双臂收回至起跑线后支撑并伸直，两手间距离与肩同宽或比肩稍宽，双手虎口向前，四指并拢或稍分开与拇指呈“人”字形支撑。身体重心稍前移，肩与起跑线基本平行，头与躯干在一条直线上，颈部自然放松，两眼目视前方半米处，注意听“预备”口令，如图 4–1 所示。

图 4–1 “各就位”后姿势示意图

听到“预备”口令后，臀部抬起至与肩同高或比肩稍高，重心前移，身体重量落在两臂和前腿上。前腿的大、小腿夹角为 90° ～100°，后腿的大、小腿夹角为 110° ～130°，两脚紧贴抵足板，保持整体动作的稳定性，注意力集中，准备听枪声。

听到枪声后，两腿迅速蹬离起跑器，两臂屈肘用力做前后摆动，使身体向前上方运动，躯干尽量前倾，与水平线夹角为 15° ～20° 。

2. 起跑后的加速跑

起跑后的加速跑是从蹬离起跑器到途中跑之间使身体达到最高速度的一个阶段，这个阶段长度为 20～25 m，目的是在最短时间内使身体获得最高速度。两腿蹬离起跑器后，躯干尽量保持前倾使身体获得更多的加速力量，同时必须加快手臂的摆动和脚的蹬地动作。身体的前倾角度随步长的增加和跑速的提高逐渐减小，最后接近于途中跑的动作姿势。

起跑后的加速跑，前面几步步长不宜过大，第一步为 2～2.5 脚长，第二步为 4～4.5 脚长，之后逐渐加大。

3. 途中跑

途中跑在短跑过程中跑动距离较长，是获得最高速度后至终点约 10 m 的一个阶段，百米跑中全长为 65～70 m，目的是使身体保持最高跑速。

以前脚掌落地，做出向下、向后的扒地动作，在支撑腿的膝关节缓冲过程中，只做最小幅度的弯曲。支撑腿的髋、膝、踝关节在蹬离地面时，充分伸展，摆动腿迅速将大腿摆至水平位置。腾空阶段可分为前摆和回收阶段。前摆阶段摆动腿的膝向前、向上摆动；回收阶段支撑腿的膝关节明显弯曲，以形成小的摆动半径，摆臂积极放松。支撑腿即将落地时，主动向后用力，尽量避免落地时发生的减速动作。

4. 终点跑

终点跑是短跑的最后阶段，其目的是尽力以途中跑的高速度跑过终点线。

终点跑要求在身体已疲劳的情况下，保持途中跑的正确技术，动员全部力量，以最快速度冲过终点。技术上要求上体稍微前倾，并注意加强后蹬和两臂的用力摆动。到离终点 1～2 步时，上体前倾，用躯干撞击终点线。注意跑过终点后逐渐减速，不要突停以免跌倒受伤。

5. 弯道跑

在 200 m 和 400 m 项目中，有一半以上的距离在弯道上进行，因此其起跑、起跑后的加速跑和弯道阶段的跑在技术上与直道跑略有不同。

弯道跑时为克服向前跑进直线性运动的惯性，需改变身体姿势和后蹬、摆动的方向以产生向心力，能顺势沿弯道跑进。跑进时身体稍向圆心方向倾斜；后蹬时右脚用前脚掌的内侧，左脚用前脚掌的外侧着地；右膝关节稍向内，左膝关节稍向外；右臂后摆时肘关节稍偏向右后方，前摆时稍偏向左前方，左臂靠近体侧，右臂的摆动幅度大于左臂。

（二）短跑技术练习方法

1. 小步跑练习

上臂正直，肩放松，两臂自然摆动。髋、膝、踝关节放松，迈步时膝向前摆出，髋关节稍有转动，当摆腿的膝向前摆出时，另一侧的大腿积极下压，足前掌扒地，着地时膝关节伸直，足跟提起。

2. 高抬腿跑练习

上体正直或稍前倾，两臂自然摆动。大腿向前上方摆动并高抬到水平位置，稍微带动同侧髋向前，大、小腿尽量折叠，脚跟接近臀部。抬腿的同时，另一腿积极下压，用足的前脚掌着地，重心提起，踝关节缓冲。

3. 后蹬跑练习

上体正直或稍前倾，两臂自然摆动。摆动腿向前上方摆出，摆动腿前摆时，另一腿积极下压，前脚掌扒地着地，膝、踝关节缓冲后迅速转入后蹬。

4. 车轮跑练习

在高抬大腿的基础上，加大大腿的摆动幅度，大腿下压的同时，小腿主动回摆扒地，前脚掌扒地式着地。

三、中长跑项目的动作技术及练习方法

中长距离跑是耐力性较强的运动项目，主要靠糖酵解和糖、脂肪及蛋白质的有氧氧化分解供能。一般将 800～10000 米跑统称为中长跑项目。

（一）中长跑项目的动作技术

中长跑项目的完整技术可分为起跑、起跑后的加速跑、途中跑和终点跑四个环节。

1. 起跑

中长跑采用站立式起跑，如图 4–2 所示。当听到“各就位”口令后，先做几次深呼吸，然后走到起跑线后，两脚前后开立，有力的脚在前，紧靠起跑线后沿，前脚跟和后脚尖之间的距离约一脚长，两脚左右间隔约半脚，身体重心落在前脚上，后脚用前脚掌支撑站立。身体保持稳定，集中注意力听枪声或“跑”的口令。

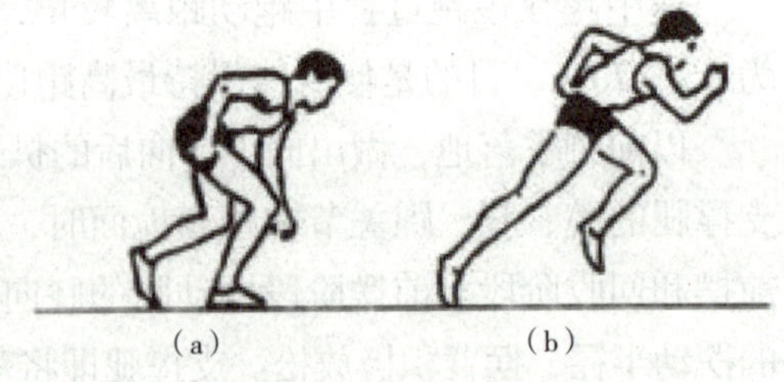

图 4–2　站立式起跑

听到枪声或“跑”的口令后，两腿用力蹬地。后腿蹬地后迅速前摆，前腿迅速蹬直，两臂配合两腿动作做快而有力地摆动，使身体快速向前冲出，在短时间内获得较快的跑速。

2. 起跑后的加速跑

加速跑时两腿迅速用力蹬地，配合两臂积极摆动，力争在较短时间内达到预定速度。一般中距离跑的加速距离稍长。无论是在直道还是弯道上起跑都应尽量沿跑道内侧切线方向跑进，以抢占有利位置。

3. 途中跑

途中跑是中长跑的关键环节，直接影响最终成绩，且其距离较长，因此要调整好途中跑的节奏，动作轻松合理。上体正直或稍前倾，两臂稍微离开躯干，肘关节自然弯曲，以肩为轴前后自然摆动，摆幅适当。当摆动腿通过身体垂直部位向前摆动时，支撑腿的各关节要迅速蹬伸，首先伸展髋关节，再迅速伸展膝关节和踝关节，后蹬结束时腿几乎伸直。

后蹬腿蹬离地面后，身体进入腾空时期。当后蹬腿的大腿开始向前摆动时，小腿顺惯性自然摆起，膝关节弯曲，形成大、小腿折叠的姿势。当摆动腿的大腿开始下落时，膝关节亦随之自然伸直，并用前脚掌着地。

4. 终点跑

终点跑是临近终点的一段加速跑，进入最后直道时，要尽全力进行冲刺跑。技术要求类似于短跑的终点跑。

中长跑途中会出现极点现象，它是一种正常的生理现象，此时一方面要加深呼吸，调整跑速，另一方面要发扬拼搏精神，坚持到底。中长跑时注意力要集中，还应合理调节跑速，有计划地分配体力以充分发挥身体潜能。

（二）中长跑技术练习方法

（1）匀速跑练习。规定时间内反复跑一定距离，并估算时间。

（2）定时跑练习。规定时间和距离之内必须到达。

（3）变速跑练习。弯道加速、直道匀速或弯道匀速、直道加速跑练习。

（4）越野跑练习。在草地或公路上跑一定距离。

四、跨栏跑项目的动作技术及练习方法

（一）跨栏跑项目的动作技术

跨栏跑的基本技术可分为起跑至第一栏的技术、过栏技术和栏间跑技术。

1. 起跑至第一栏

跨栏跑起跑的过程与短跑基本相同。一般采用 8 步起跨，起跑时应把起跨脚放在前起跑器上；起跑后上体抬起要比短跑时来得快。

2. 过栏

过栏是跨栏技术的关键部分，它由起跨、腾空过栏和下栏着地等动作组成，如图 4-3 所示。

（1）起跨。起跨前应保持较高跑速，最后一步步长比前一步小，当起跨腿脚掌着地时，摆动腿由体后向前摆动，大、小腿在体后开始折叠，膝关节摆至超过腰部高度。两腿蹬摆配合完成起跨运动，过程中上体随之加大前倾，摆动腿异侧臂往前上方摆出，另一臂屈肘摆至体侧，形成“攻栏姿势”。

（2）腾空过栏。腾空后身体重心沿起跨形成的腾空轨迹向前运行。起跨腿蹬离地面后，摆动腿大腿继续向前上方摆至膝关节超过栏架高度，小腿迅速前摆。当脚掌接近栏架时，摆动腿几乎伸直，脚尖稍微上翘。摆动腿的异侧肩臂一起伸向栏架上方。上体加大前倾使头部接近摆动腿的膝略高于踝。

（3）下栏着地。摆动腿积极下压，起跨腿加速向前提拉，以髋为轴完成两腿剪绞动作，摆动腿脚掌移过栏架的同时，起跨腿屈膝外展，小腿收紧抬平，脚尖勾起足跟靠臀，以膝领先经腋下加速前拉，当脚掌过栏后，膝继续收紧向身体中线高抬，脚掌沿最短路线向前摆出，身体呈高抬腿跑的姿势，伸直下压的摆动腿在接触地面时，前脚掌积极扒地。

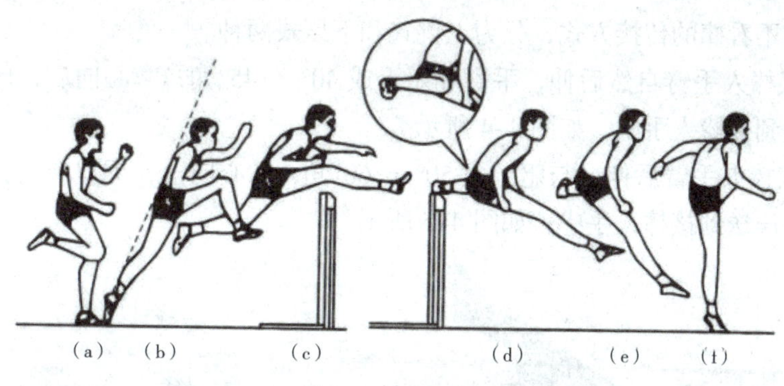

图 4-3　过栏技术

3. 栏间跑

栏间跑第一步的水平速度因过栏有所降低，蹬地起步时膝关节始终伸直，因而第一步短于后面两步。第二步的动作结构和支撑及腾空时间的关系大致与短跑的途中跑相同。第三步因准备起跨形成一个快速短步，动作特点与跨第一栏的最后一步相同。

（二）跨栏跑技术练习方法

（1）原地支撑栏架外侧起跨腿过栏练习。距肋木 1 m 处横放一栏架，起跨腿靠近栏架一侧站立，做起跨腿提拉练习。

（2）走或慢跑起跨腿栏侧过栏练习。栏间距设为 7～8 m，中间走或慢跑，摆动腿抬高迈步过栏，起跨腿提拉过栏练习。

（3）慢跑中跨栏步练习。徒手跨栏步练习，不用支架。慢跑中摆动腿屈膝向前上方摆出，接着大腿下压用前脚掌着地。同时起跨腿蹬离地面，屈膝外展经体侧向前提拉到身体正前方，两臂协调配合摆动。

（4）全程跨栏跑完整技术练习。站立式起跑跨过缩短栏间距离的 8～10 栏，然后蹲踞式起跑跨栏，最后逐渐将栏间距离拉大，接近正式比赛距离。

五、接力跑项目的动作技术与练习方法

接力跑的技术基本同短跑，只是要在跑的过程中传递接力棒，要求队员之间协调配合，保证在快速跑中完成传、接棒动作。

（一）接力跑项目的动作技术

1. 起跑

起跑可分为持棒起跑和接棒起跑两种。

（1）持棒起跑。第一棒采用蹲踞式起跑姿势，右手持棒，用右手的中指、无名指和小指握住棒的下端，拇指和食指分开，虎口朝前呈“人”字形撑地，起跑的基本技术与短跑相同。

（2）接棒起跑。接棒起跑一般采用半蹲踞式或站立式起跑姿势。第二、四棒选手站于跑道外侧，第三棒选手站于跑道内侧，起跑时眼看传棒选手并进入加速跑状态。

2. 传接棒

传接棒技术可分为三个阶段：预备、加速和传接棒阶段。在预备阶段，传棒人必须尽可能保持最大跑速，接棒人准确掌握起跑时机。在加速阶段，传棒人必须继续保持跑进速度，接棒人则尽最大能力进行加速，使二人的速度尽量保持一致。在传接棒阶段，运用专用的技术在最短时间内完成接力棒的传接。这里主要介绍传接棒方法。

传接棒一般采用不看棒的传接方式，分为上挑式和下压式两种。

（1）上挑式。接棒人手臂自然后伸，手臂和躯干成 40°～45° 角，掌心向后，虎口朝下。传棒人将棒由下向前上方挑送到接棒人手中，如图 4–4 所示。

（2）下压式。接棒人手臂后伸，与躯干成 50°～60° 角，掌心向上，虎口向后，拇指向内。传棒人将棒的前端由上向下压送到接棒人手中，如图 4–5 所示。

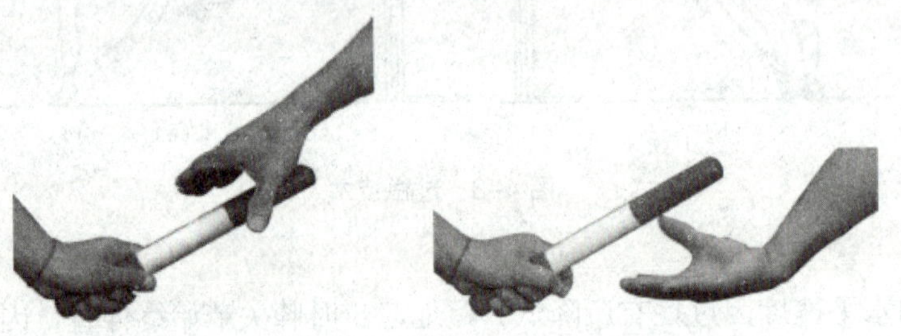

图 4–4　上挑式　　　图 4–5　下压式

在 20 m 接力区和 10 m 预跑区共计 30 m 范围内，传接双方都发挥出自己的最高跑速时为传接棒的最佳时机。

一般在传棒人距离接棒人 1.5～2 m 时，传接双方在高速情况下顺利完成传接动作的瞬间，身体重心相隔的最大水平距离为获益距离。

3. 各棒人员的配合

4×100 m 接力跑成绩主要取决于各队员的短跑速度和传接棒技术。在棒次安排上，一般第一棒选择善于起跑和弯道跑的选手；第二棒则是传接棒技术熟练且速度、耐力较好的选手；第三棒除具备与第二棒相同的优势外，还应善于跑弯道；第四棒应选用短跑成绩最好、冲刺能力最强的选手。

4×400 m 接力跑传接棒技术相对简单。接棒运动员背向传棒运动员，左手后伸等待传棒运动员；接棒运动员根据传棒运动员的跑进速度进行加速跑；传棒运动员右手持棒将接力棒传给接棒运动员；接棒运动员接棒以后迅速将接力棒交换至右手。棒次安排上，一般将实力较强的选手放在第一棒，以便在第一棒过后成为领先者，第四棒选择实力最强的选手，第二棒及第三棒选手实力应大致相同。

（二）接力跑技术练习方法

（1）持棒原地摆臂、走步或慢跑中做传接棒练习。

（2）中速或快速跑，在接力区内做传接棒练习。

（3）进行全程跑的接力跑比赛练习。

第三节 田 赛

田径运动中的田赛项目包括跳跃类和投掷类。其中，跳跃类项目包括跳远、三级跳远、跳高和撑竿跳高，投掷类项目包括铅球、标枪、铁饼和链球。本节主要介绍跳远、跳高、推铅球和掷标枪的动作要领和练习方法。

一、跳远

（一）跳远的技术动作要领

跳远技术可分为助跑、起跳、腾空和落地四个部分。

1. 助跑

跳远的助跑是一个加速的过程，其目的是获得高的水平速度，为准确、快速有力地踏板和起跳创造有利条件。

助跑时的起跑一般有两种姿势，一种是“半蹲式”，即两腿微屈，两脚左右几乎平行站立。第二种是行进间走几步或跑几步后再加速。这两种姿势各有利弊。第一种姿势有利于提高助跑的准确性；第二种姿势虽比较容易发挥跑动速度，但对助跑的准确性要求高。

助跑时的加速方法也分为两种：①积极加速；②逐渐加速。由于逐渐加速与一般加速跑类似，跑的动作比较放松、自然，踏板准确性较好，故为大多数跳远运动员所选用。助跑刚开始的几步身体前倾较大，脚积极扒地，双臂用力前后摆动。随着速度的增加，到助跑中段时身体前倾角度逐渐变小，腿和臂的幅度均加大，跑动有一定的弹性，每次的节奏步幅和频率不能相差太大，身体重心保持在较高的位置。最后几步在保持助跑中段动作的基础上加快步频，为踏板做准备。

2. 起跳

在助跑的最后一步，起跳脚采用像跑时那样的“扒地”动作，积极下落着板，脚跟与脚掌几乎同时触及跳板，脚着板后身体被迫缓冲，此时身体保持较直的姿势，使身体重心仍保持在较高的位置，以利于身体前移。当身体重心到达支撑脚上方时开始进行蹬伸动作，此时两脚快速用力蹬地，同时两臂稍屈由后往前上方摆动，向前上方跳起腾空，并充分展体。

3. 腾空和落地

目前，跳远的腾空姿势包括蹲踞式、挺身式和走步式三种。这里主要介绍挺身式的动作要领。

起跳腾空后放下摆动腿，膝关节放松，大小腿向后摆；展髋挺胸，两腿放松，自然伸展并靠拢；两臂配合摆动腿大腿的放下动作由侧向上绕举，呈斜上举，展胸并上体稍后仰，呈空中挺身姿势，维持身体平衡。

落地前，两臂由上向前下摆，同时收腹屈髋，大腿上举。准备落地时向前伸举小腿，低头，上体前倾的同时两臂向体侧后摆。落地时两脚并拢，脚跟触沙后脚掌下压，同时屈髋、屈膝，两臂向前同摆，帮助身体重心快速前移，用前倒或侧倒的方法落地，如图 4-6 所示。

图 4-6 挺身式跳远

4. 跳远的步点测量方法

跳远是一项技术性很强的跳跃项目，要想跳出好成绩，踏准步点是非常关键的。这里介绍两种常用的步点测量方法。

（1）走步法。通常情况下，采用自己的便步走（即平常走路的步子）为助跑步数，该步数乘 2 减 2

等于走步数。如助跑 8 步：8×2-2=14 步；若助跑步数超过 10 步，则每多助跑 1 步增加走 2 步的距离，如助跑 12 步：（10×2-2）+2×2=22 步。经过反复助跑调整，最后确定步数。

（2）测量法。先把自己要跑的步数告诉同伴，然后从起跑点向起跳区加速助跑；同伴站在起跳区附近一侧，数助跑人一侧（左或右）腿跑至起跳区附近落脚的步数，看清最后一步的准确落脚处，立即做出标记。步数乘以 2 即为实际准确落脚处。经过几次练习调整好步点，确定起跳线。

（二）跳远的常用练习方法

1. 上一步踏跳模仿练习

由摆动腿在前、踏跳腿在后站立开始，摆动腿后蹬、踏跳腿向前迈步做踏跳动作时，摆动腿很快向前上方摆起，提肩拔腰，两臂向前摆，头稍扬起，下颌微抬，身体腾空后用摆动腿落地。

2. 助跑 3～5 步，进行踏跳练习

在进行踏跳练习时，要求踏跳腿充分蹬直，动作快而有力。当身体腾空时，要注意“头”的正确姿态。熟练后进行短距离助跑踏跳练习，最后过渡至完整跳远练习。

3. 蹲踞式跳远腾空与落地技术的练习方法

（1）原地纵跳屈膝团身，两手触脚，大腿尽量靠近胸部，落下时用前脚掌着地。

（2）短距离助跑起跳成腾空步后，起跳腿向摆动腿靠拢，双腿越过一定的高度（横拉的皮筋或栏架），然后落入沙坑。

（3）在低跳箱上向沙坑内做立定跳远，落地时小腿积极前伸，脚跟触沙后迅速屈膝，脚掌下压，双臂配合积极前摆。

（4）利用弹簧板，做短程助跑起跳，成腾空步后，起跳腿与摆动腿并拢完成空中蹲踞姿势，然后做伸腿落地动作。

4. 挺身式跳远腾空与落地技术的练习方法

（1）原地模仿挺身式跳远的空中动作。支撑腿为起跳腿，摆动腿屈膝前摆，随即放腿并向右摆，髋部前展，同时两臂配合腿的动作向下侧后方绕摆至侧上方，注意体会放腿与展髋的动作。

（2）起跳腿支撑站立，随口令做摆臂、摆腿、放腿、挺身、展髋的单足立定跳远，着重体会臂和腿的配合动作。

（3）利用弹簧板做短程助跑起跳成腾空步后，下放摆动腿并落在沙坑内然后跑出，体会摆臂与展体的动作。

二、跳高

跳高技术由助跑、起跳、过杆和落地四个部分组成。依据过杆的动作不同，跳高主要分为跨越式跳高、俯卧式跳高和背越式跳高。这里重点介绍跨越式和背越式两种形式的动作要领和练习方法。

（一）跨越式跳高

1. 跨越式跳高的技术动作要领

（1）助跑。跨越式跳高的助跑线路是从横杆的侧面与横杆成 30° ～60° 夹角的方向直线助跑，一般助跑 6～8 步，逐步加快助跑的节奏，远离横杆的腿做起跳腿，如图 4-7 所示。其中，助跑线路的角度和步数，运动员可以根据实际情况自行调整。

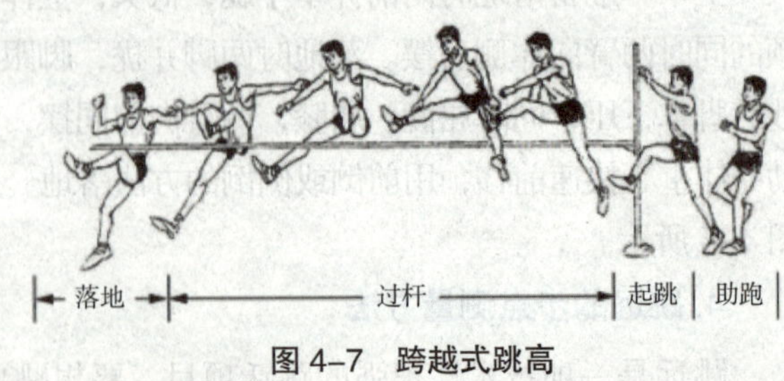

图 4-7　跨越式跳高

（2）起跳。助跑的最后一步起跳脚快速有力地蹬地，以髋带动摆动腿积极朝助跑方向摆动，当摆动

腿靠近起跳腿时，勾脚尖直腿向前上方高摆，手臂充分向上摆动，顺势完成起跳动作。其中，起跳脚先用脚跟着地，迅速地滚动到全脚掌；起跳点位置一般在距离横杆垂直面的 60～80 cm、靠近侧跳高架立柱约 1 m 的地方。

（3）过杆。过杆时摆动腿伸直并向内转下压过杆，同时起跳脚向外旋迅速向上抬，上体适当前倾并稍向起跳腿一侧扭转，帮助臀部顺利摆脱横杆，从而完成过杆动作。

（4）落地。过杆后身体侧对横杆，摆动腿先落入沙坑，屈膝缓冲。

2. 跨越式跳高的常用练习方法

（1）短距离助跑练习。加速跑 20～30 m，步幅大，平稳降低重心，最后三步加快节奏。

（2）手扶固定物做摆动腿练习。起跳腿一侧手扶物体侧向站立，支撑腿由脚跟到脚尖滚动着地，摆动腿由体后向前上高摆，当大腿与地面垂直时，直膝伸小腿勾脚尖快速前上摆，同时保持上体正直。

（3）起跳腿蹬伸练习。做走或者慢跑的练习，起跳腿在后向前迈步，经放脚、着地、滚动、缓冲后快速蹬伸。

（4）原地起跳摆臂的模仿练习。两脚前后开立，起跳腿在前，两臂放在体后方，然后用力向前摆臂。当上臂摆至与肩同高时，要做“突停”动作，以提高身体重心。当熟练摆臂动作后，适时结合下肢动作进行练习，逐渐过渡到完整的起跳技术。

（5）过杆练习。原地或者慢跑起跳跨越橡皮筋，要配合躯干、手臂动作模仿过杆。

（二）背越式跳高

1. 背越式跳高的技术动作要领

（1）助跑。背越式跳高的助跑比较接近于普通跑，一般助跑 8～12 步。直线助跑段，一般跑 4～5 步，动作轻松、自然、有弹性，重心较高，后蹬、前摆的幅度较大；弧线助跑段，一般也跑 4～5 步，身体稍内倾，以前脚掌着地，节奏鲜明，摆臂与弯道途中跑相似；倒数第二步，步幅稍大，用全脚掌着地；最后一步稍小，速度要快，两臂配合积极摆动，准备起跳；起跳点距横杆垂直面 70～100 cm。

（2）起跳。助跑倒数第二步时，支撑腿以全脚掌着地，步幅稍大，重心稍下降，同时摆动腿积极擦地面前迈，向前上方推送髋关节，上体稍后仰，保持内倾。起跳腿踏上起跳点时，摆动腿顺势上摆，同时摆臂向上；起跳腿迅速蹬伸髋、膝、踝关节，起跳腿的异侧臂上伸，躯干充分伸展，整个身体几乎与地面垂直。

（3）过杆。保持起跳腿蹬伸、摆动腿沿起跳腿异侧臂方向向上摆动、躯干充分伸展的身体姿势，继续向上；离地后，身体转动成背对横杆，起跳腿下垂，摆动腿逐渐放下；头和肩越过横杆后，迅速沉肩，两臂置于体侧，髋关节向上挺起，形成“背弓”，这时，两膝自然弯曲、分开，小腿自然下垂；髋关节过杆之后，肩继续下沉，稍抬头，收腹，抬大腿，小腿自然上甩，使整个身体过杆。

（4）落地。过杆后以肩和背部先接触海绵包缓冲，如图 4-8 所示

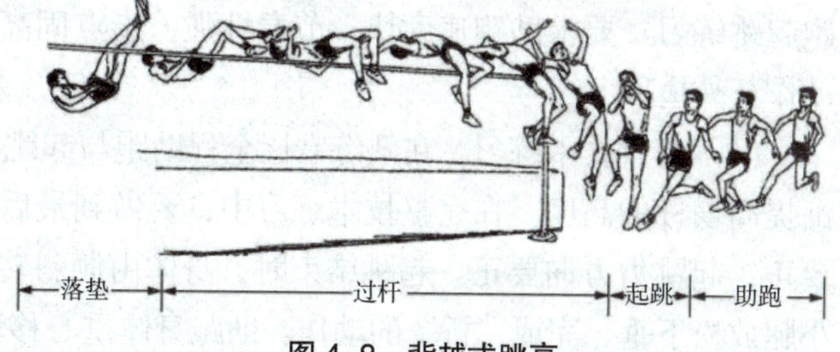

图 4–8　背越式跳高

（5）步点丈量方法。以左脚起跳为例，步点丈量方法分为走步丈量法和等半径丈量法两种。

①走步丈量法。先确定起跳点，起跳点的位置一般在靠近侧跳高架立柱 1 m 左右（或横杆长的四分之一）、离横杆垂直面 50～90 cm 处。由起跳点沿横杆的平行方向向前自然走 5 步，再向右转成直角向前自然走 6 步做一标志，由此点向起点跳约 5 m 的半径画弧，即成最后 4 步的助跑弧线；从标记点再往前走 7 个自然步画起跑点，定为前段直线跑 5 步距离，全程共跑 8 步。

②等半径丈量法。助跑距离为 9～13 步。起跑点离横杆 15～20 m，与内侧跳高架向外延伸线之间的距离为 3～5 m。助跑弧线的半径取决于助跑的速度，速度越快，半径越长。初学者变化幅度大致为 6～8 m。起跳点和横杆之间的距离视横杆的高度增加而向外移。

2. 背越式跳高的常用练习方法

（1）原地蹬摆练习。站立，一手抓支撑物，起跳腿在前，摆动腿在后，摆动腿向异侧肩的前上方摆动，起跳腿配合充分蹬伸。要求摆腿屈膝折叠并膝内扣，加速摆至最高点。异侧臂配合上摆，同时拔腰、顶肩，髋部前送并扭转。

（2）绕圈走动起跳练习。站立，起跳腿在后，摆动腿在前，起跳腿向前迈步放脚，摆动腿积极向前摆动。要求沿直径为 15～20 m 的圆圈走动，起跳腿积极主动向前迈步放脚，并在摆动腿与手臂的有力配合下迅速完成起跳。

（3）弧线助跑起跳练习。在绕圈走动起跳练习的基础上分别用 1 步、2 步、3 步助跑，转体四分之一垂直纵跳，两脚落地。要求蹬摆配合协调一致，动作快速有力，助跑节奏清楚，最后两步和起跳连贯，体会弧线助跑转入起跳时上体由内倾到竖直的垂直用力感觉。双脚落地，是为了使摆动腿努力下沉，有利于按“桥”形完成过杆动作。此练习可在两个跳高架之间吊拉橡皮筋球，高度宜控制在练习者起跳后头顶刚好能够触及。

（4）原地倒肩挺髋练习。背对海绵包站立，倒肩挺髋成“桥”，肩背着垫。要求挺髋挺腹，两臂屈肘外展。

（5）原地背越式跳高练习。背对海绵包站立，两腿屈膝半蹲，然后提踵发力向上跳起，形成典型的“桥”腾空姿势。接着屈髋，向上积极甩小腿，用整个背部着垫落地。要求在用力向上起跳之后，两臂配合上摆、挺髋、挺胸、肩后倒下沉，两小腿放松下垂，体会空中背弓的肌肉感觉。落地前两小腿积极上甩，动作自然放松。

此练习刚开始时可以不用横杆，动作熟练后再用橡皮筋、横杆。另外，为了增加腾空高度，可站在低跳箱或起跳板上进行。

（6）弧线助跑做背越式跳高练习。可采用先 1 步助跑，然后 3 步助跑、5 步助跑做背越式跳高练习。弧线助跑最后两步起跳要与过杆技术有机衔接。开始练习时，应将重点集中在起跳和腾空动作的正确结合上。初学者可在起跳点放置起跳板，增加腾空高度。另外，也可以增加垫子的高度，在技术上要求做到助跑点准确；起跳充分向上“旋转”；过杆时身体舒展成“桥”形，与横杆大致成十字交叉；头、肩、背和小腿依次越过横杆后，肩背先落垫。

（7）全程助跑起跳练习。采用 7～9 步助跑距离，即直线跑 3～5 步、弧线跑 4～5 步的方法进行助跑起跳练习。要求助跑速度快，节奏性强，步点固高。注意体会助跑与起跳的结合，尽量保持“旋起”动作至高垫顶上。

（8）完整技术练习。在熟练掌握全程助跑与起跳节奏的基础上，先做较低高度过杆练习，熟练后逐渐提高横杆的高度。在完整技术练习中，要做到最后 4～5 步助跑的足迹落在弧线上，起跳脚的着地点要正，起跳力方向要正。起跳结束时，身体由倾斜转入直立姿势向上腾起。过杆时，后引双肩，挺髋，小腿放松下垂，完成“桥”的动作。助跑身体重心移动要稳，过杆后肩背落垫要平稳。

三、推铅球

推铅球是速度力量型项目，要求运动员具有良好的力量素质和爆发力。推铅球的技术主要有侧向滑步推铅球、背向滑步推铅球和背向旋转推铅球等。以下主要介绍前两种。

（一）推铅球的技术动作要领

1. 握球

五指自然分开，球在食指、中指和无名指的指根处，拇指和小指在球的两侧，手腕背屈，这样可以增加握球的稳定性，从而使铅球获得最大的速度。

2. 持球

以右手持球为例。握好球后，将球放在锁骨窝处，贴于颈部，右臂屈肘，掌心向前，上臂与肩齐平或略低于肩，左臂自然上举。

握球和持球动作比较细腻，细节之处可以根据运动员的情况找到最舒适的动作，从而更好地发挥肌肉力量。

3. 滑步前的预备姿势

（1）侧向滑步预备姿势。侧对投掷方向，左腿弯曲站在投掷圈后沿的直径线上，右腿外侧靠近投掷圈的后沿。重心在右腿上，左腿前脚掌着地，身体向右倾斜，眼看右下方。

（2）背向滑步预备姿势。背对投掷方向，两脚前后开立，右脚在前，脚尖贴近投掷线后沿，左腿屈膝，以前脚掌着地，上体稍前倾，目视前下方，身体重心在右腿上。

4. 滑步

（1）侧向滑步。做好预备姿势后，腿向投掷方向做一到两次预摆，当最后一次预摆左腿回摆时，降低重心，右腿弯曲；左腿回摆到靠近右腿时，右腿用力蹬地，左大腿带动小腿向投掷方向摆出，用蹬地摆腿的力量带动髋前移；右腿充分蹬直后，前脚掌沿地面滑至圆圈中心附近，快速收小腿，左腿迅速地以前脚掌内侧着地，完成滑步。

（2）背向滑步。做好背向预备动作之后，先做预摆，左腿自然弯曲，大腿用力向后上方平稳摆起，右腿伸直，前脚掌支撑体重，上体前倾；左腿摆到一定高度时回收，右腿逐渐弯曲。当左腿回收贴近右腿时，身体重心向后移，紧接着左腿大腿向投掷方向摆出，同时右腿用力蹬伸，身体重心随着惯性向推球方向移动。右腿蹬直后，迅速收回小腿，右脚、右膝在收回的过程中向左转，右脚掌沿地面滑至投掷圈中心附近，左脚积极用前脚掌内侧着地，完成滑步，如图 4–9 所示。

图 4–9 背向滑步推铅球动作示意图

5. 最后用力

最后用力是推铅球的关键环节，动作的正确与否直接影响铅球出手的速度、角度和高度。

滑步结束后，右髋积极向投掷方向转动，形成肩轴与髋轴的扭紧姿势，上体逐渐抬起并向推球方向移动，当身体左侧移至与地面垂直的一瞬间，左肩前送，右腿快速蹬直，形成以身体左侧为支撑的支撑轴。上体、头转向推球方向，右肩前进，抬头挺胸，以胸带肩，右臂迅速积极地将球推出，当球要离手时，右手屈腕，手指有弹性地拨球，加快球出手的速度，球将从右肩上方沿 35° ~40° 的角度被推出去。

推铅球的重点是最后用力，难点是滑步和最后用力相结合的技术。

（二）推铅球的常用练习方法

1. 原地推球练习方法

（1）正面推球。用轻铅球或垒球等体会动作，正对推球方向，右手持球，贴于颈部，两脚前后开立比肩稍宽，左腿在前，脚尖略内扣，右脚在后，脚尖正对投掷方向，随后上体向右扭转，左肩和左臂向内稍扣，利用躯干和手臂的力量将球向前推出。

（2）侧面原地推球。同样使用轻铅球或垒球等体会动作，左侧对推球方向，两脚左右开立，右脚与投掷方向成 90°，左脚与投掷方向成 45°，右脚跟与左脚尖几乎在同一直线，两脚打开约一肩半宽，身体向右倾斜，左脚前脚掌内侧着地并自然伸直。重心压在右腿上，然后右腿蹬转，结合躯干和手臂力量将球推出。

（3）背向原地推球。同样使用轻铅球或垒球等体会动作，在侧向原地推球的基础上，两脚成外八字开立，加大躯干向右转的幅度，上体背对推球方向。

2. 侧向与背向滑步推铅球练习方法

（1）徒手预摆练习。侧对推球方向，两脚左右开立（背对推球方向两脚前后站立，右脚在前）。上体前屈，右臂成持球姿势，重心落在右腿上，左手拉住同伴的手或拉住同肩高的物体，左腿屈膝预摆回收至贴近右腿时，用力向推球方向摆出，带动身体向推球方向移动。

（2）徒手连续滑步练习。在上述练习的基础上进行完整的滑步练习，要求动作协调，有较长的滑步距离，并且在滑步结束后，重心要保持在右腿上。

3. 学习滑步与最后用力的结合技术

滑步与最后用力的结合技术为上一步推铅球练习。右脚在前，左脚在后，上一步推铅球，体会最后用力；手持球（轻铅球或垒球等）完成侧向或背向滑步推球技术的完整练习；手持球（轻铅球或垒球等）在投掷圈内完成侧向或背向滑步推球技术的完整练习。

四、掷标枪

（一）掷标枪的技术动作要领

掷标枪技术基本可分为握枪和持枪、助跑、最后用力和维持身体平衡四个部分。掷标枪动作示意如图 4–10 所示。

1. 握枪和持枪

（1）握枪。将标枪斜放在掌心上，拇指和中指握在标枪把手末端第一圈上沿，食指自然弯曲斜握在标枪上，无名指和小指握在把手上；也可将拇指和食指握在标枪把手末端第一圈上沿，其余手指按顺序握在把手上。

（2）持枪。屈臂举枪于肩上，大小臂夹角约为 90°，稍高于头，枪尖稍低于枪尾。

2. 助跑

助跑的距离应根据投掷者发挥速度的快慢而定，一般为 25～35 m，可分为两个阶段，即预跑阶段和投掷步阶段。

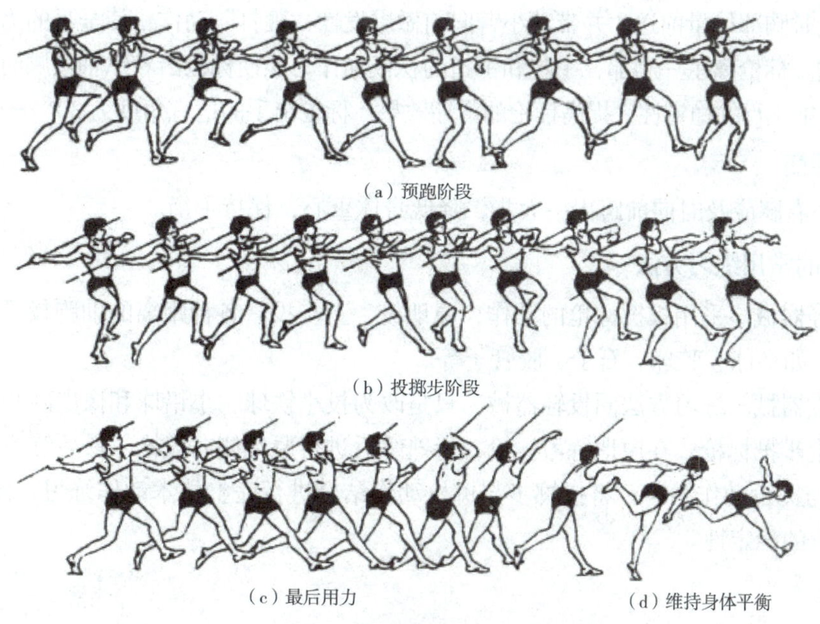

图 4–10 掷标枪动作示意图

（1）预跑阶段。预跑阶段主要是加速，在跑进中，上体稍前倾，用前脚掌着地，大腿抬得较高，后蹬力量强，动作轻快而富有弹性，持枪臂随着跑的节奏与左臂配合，自然前后摆动，并与下肢动作协调一致，在加速中进入投掷步。

（2）投掷步阶段。五步投掷步的前四步一般步长是：第一步大，第二步小，第三步大，第四步小。具体如下。

第一步：左脚踏上第二标志线，右脚积极前迈，同时，右肩后撤并开始向后引枪，左肩逐渐向标枪靠近，左臂自然摆至胸前，眼向前看，髋部正对投掷方向，持枪臂尚未伸直。

第二步：当右脚落地，左脚离地前进开始了投掷步的第二步。左脚前迈时，髋稍向右转，右肩继续后撤并完成引枪动作，右手接近于肩的高度，枪身与前臂夹角较小，枪尖靠近右眉，保证标枪纵轴和投掷方向一致。

第三步：由左脚落地开始，左脚一落地，右腿膝关节自然弯曲，大腿带动小腿积极有力地向前摆出，当右腿靠近左腿时，左腿快速有力地蹬伸，促使右腿加快前迈。此时髋轴转向投掷方向，并与肩轴形成交叉状态，左臂自然摆至胸前，有助于左肩继续向右转动，加大躯干的向右扭转。右脚尖外转用脚跟外侧先落地，然后过渡到全脚掌，与投掷方向成 45° 角左右，躯干和右腿呈一条直线，整个身体向后倾斜与地面形成一定的夹角。

第四步：在交叉步右脚尚未落地之前，左腿就要积极前迈。右腿落地，重心落在弯曲的右腿上，接着，右腿积极蹬地，加快髋部向水平方向移动，同时也加快了左腿的前迈。左腿前迈时，大腿不宜抬得过高，左脚内侧或脚跟先着地，做出强有力的制动和支撑，左脚落地的位置应在右脚落地位置前投掷方向线的左侧 20～30 cm 处。

3. 最后用力

投掷步的第三步右脚着地后，由于惯性，髋部迅速向前运动，在超越了右腿支撑点之后（左脚未着地），右脚就开始最后用力。当左脚着地，便形成了以左脚到左肩的左侧支撑，为右腿继续蹬地转髋创造条件。右腿继续蹬地，推动右髋加速向投掷方向运动，使髋轴超过肩轴，同时髋部牵引着肩轴向投掷方向转动，在肩轴向投掷方向转动的同时，投掷臂向上转动，带动前臂、手腕向上翻转，当上体转为正对投掷方向时，形成了“满弓”姿势。此时投掷臂处于身后，约与肩等高，与躯干几乎成直角。弯曲的左腿做迅速有弹性的蹬伸，此时胸部尽量前送，并带动小臂向前做爆发性“鞭打”动作，使全身的力量通过手臂和手指作用于标枪纵轴。标枪离手一刹那，手腕和手指的积极动作，能使标枪沿着纵轴按顺时针方向自转，这可以保持标枪在空中飞行的稳定性，提高标枪的滑翔效果。标枪出手的适宜角度为30° ～35°。

4. 维持身体平衡

标枪出手后，右腿应及时向前跨出一大步，降低身体重心，保持平衡。

（二）掷标枪的常用练习方法

（1）单手投轻器械。采用投掷标枪的动作，原地投、上步投、各种距离的助跑投、对投掷墙或投掷网投掷各种器械，如垒球、胶球、石子、胶管子等。

（2）单手投重器械。练习方法同投轻器械，只是改为投小铁球、小铅球和橡皮砂心球等重器械。

（3）原地和上步掷标枪。在原地练习插枪，待熟练后进行原地侧向投枪，最后练习上步投枪。

（4）投掷步与掷枪动作结合。将投掷步与掷枪动作结合进行完整技术动作练习，注意动作应放松、自然，并保持标枪的稳定性。

第四节　田径运动竞赛规则

一、径赛主要规则

（一）跑道

标准跑道全长400 m，应由两个平行的直道和两个半径相等的弯道组成。400 m及400 m以下各项径赛，每名运动员应占有一条分道。分道宽最小1.22 m，最大1.25 m，分道线宽5 cm，所有分道宽相同。

如因举行田赛项目比赛而需临时移动突沿的一部分，则应用5 cm宽的白线沿突沿下方的地面标出原突沿位置，并在白线上放置锥形物或旗，其高度至少20 cm，间隔至多4 m，锥形物的底座边沿小旗的旗杆应与白线外沿重合，以防止运动员在白线上跑。

（二）起跑器

400 m及400 m以下各项径赛（包括4×200 m、异程接力和4×400 m接力）的起跑必须使用起跑器。其他径赛项目的起跑不得使用起跑器。在跑道上安放起跑器时，起跑器的任何部分不得触及起跑线或延伸至其他分道。

（三）起跑

应用5 cm宽的白线标出起跑线。所有不分道跑的径赛项目，起跑线应为弧线，而使所有运动员从与终点相同的距离处开始起跑。所有项目的出发位置应面对跑进方向，从左至右编号。

在所有国际比赛中（除了在下面标注中的比赛中），400 m及400 m以下的各项径赛（包括4×200 m及4×400 m接力），发令员应用本国语言、英语、法语中的一种语言发令：“各就位（on your marks）”“预备（set）”，当运动员全部“预备”就绪，即可鸣枪或启动经批准的发令器材。“各就位”后，运动员不能用手或脚接触起跑线或起跑线前的地面。

400 m及400 m以下的各个径赛项目（包括4×200 m、异程接力和4×400 m接力），起跑时应使用“各就位”和“预备”口令。400 m以上的各个径赛项目（除了4×200 m、异程接力和4×400 m接力），起跑时应使用“各就位”口令。所有比赛应以发令员发令枪向上鸣放为起跑信号。400 m及400 m以下

（包括 4×200 m、异程接力和 4×400 m 接力）各项目，运动员必须使用起跑器进行蹲踞式起跑。400 m 以上的各个径赛项目（除了 4×200 m、异程接力和 4×400 m 接力），所有的起跑都应为站立式。

（四）起跑犯规及判罚

出现起跑犯规的情况后，助理发令员应当：除了全能比赛，对起跑犯规负有责任的一名或多名运动员取消比赛资格，或给予在全能比赛中对第一次起跑犯规负有责任的一名或多名运动员警告，并在犯规运动员面前出示红黑牌，分别在各自分道的道次墩上做出相应的标志。全能比赛中的其他参加比赛的运动员也将被警告。如果再次发生起跑犯规，对起跑犯规负有责任的一名或多名运动员取消比赛资格，并在该运动员面前举起红黑牌，分别在各自分道的道次墩上做出相应的标志。

（五）跨栏跑规则

跨栏跑运动员自始至终在各自的分道内跑进，运动员在过栏瞬间，其脚或腿低于栏顶水平面，或者跨越他人的栏架，或者裁判长认为该运动员有意用手推倒或用脚踢倒栏架，应取消其比赛资格。运动员碰倒栏架不应取消其比赛资格，也不妨碍承认其成绩。

（六）接力跑规则

接力跑每个接力区的长度为 20 m，即在中心线前后各 10 m，接力区的开始和结束都从接力区分界线的后沿算起。运动员必须手持接力棒跑完全程，如发生掉棒必须由掉棒运动员捡起，允许掉棒运动员离开自己的分道捡棒，但不得因此缩短比赛距离。如果遵守上述程序，并未侵犯其他运动员，则不因掉棒而被取消比赛资格。如果运动员没有遵守规则，则其所属的接力队将被取消比赛资格。

（七）计时

对于所有手计时比赛，应当采用以下方式读取并记录：

（1）在跑道上举行的径赛项目，除非时间为整 1/10（0.1）秒，否则成绩应判读到换算成较差的 1/10（0.1）秒，如 10.11 秒应为 10.2 秒。

（2）部分或全部在场外举行的径赛项目，除非时间为整秒，否则成绩应判读到较差的整秒。

二、田赛主要规则

（一）在比赛区域的准备活动

比赛开始前，每名运动员均可在比赛区域试掷或试跳。投掷项目的试掷应始终在裁判员的监督下按抽签排定的顺序进行。

一旦比赛开始，不允许运动员在助跑道、起跳区、投掷圈或落地区做准备活动，以及使用各种比赛器材进行练习。

（二）比赛顺序

运动员应按抽签排定的顺序参加比赛。如果不这样做，将按照规则根据不同的情况进行处理，如有及格赛，则决赛的顺序应重新抽签。

（三）试跳和试掷

除跳高和撑竿跳高外，在其他田赛项目中，如参赛运动员多于 8 人，则每名运动员均有 3 次试跳（掷）机会，有效成绩最好的前 8 名运动员可再试跳（掷）3 次。

当运动员人数只有 8 人或少于 8 人时，每人均有 6 次试跳（掷）机会。如果前 3 轮的试跳（掷）后有 1 人以上没有有效成绩，那么后 3 轮的试跳（掷）顺序为没有有效成绩运动员按原来的顺序排在其他有成绩的运动员之前。

（四）成绩相等的处理

除了跳高和撑竿跳高项目，如成绩相等，应以其次优成绩判定名次。如次优成绩仍相等，则以第三较优成绩判定，余类推。如依然成绩相等，则运动员的比赛名次并列。

（五）比赛时限

田赛项目比赛时，运动员无故延误试跳（掷）时间，将导致不许其参加该次试跳（掷），并记录为该次试跳（掷）失败。一般不应超过下列时限：

（1）所有项目均为 1 min。

（2）在跳高和撑竿跳高（不包括全能项目）比赛的最后阶段，如果在比赛的某一轮中只剩下 2 名或 3 名运动员时，跳高的时限应为 1.5 min，撑竿跳应为 2 min。只剩 1 名运动员时，此时限跳高应为 3 min，撑竿跳高应为 5 min，但全能项目除外。

（六）成绩测量

在所有远度跳跃项目中，记录测量距离的最小单位为 0.01 m，不足 1 cm 不计。每次试跳后将立即进行测量。测量成绩时，应从运动员身体任何部位在落地区内的最近触地点量至起跳线或起跳线的延长线。

（七）跳远比赛时的试跳失败

跳远比赛时如出现下列情况，应判为试跳失败。

（1）在助跑或跳跃中采用任何空翻姿势。

（2）触及起跳线和落地区之间的地面。

（3）在第一次触及落地区之前，运动员触及了助跑道或助跑道以外地面或落地区以外地面。

（4）运动员从起跳线后 45 m 以外处开始助跑。

（5）在未做起跳的助跑中或在跳跃中，运动员以身体任何部位触及起跳线以前的地面。

（6）从起跳板两端之外起跳，无论是否超过起跳线的延长线。

（7）离开落地区时，运动员在落地区外地面的第一触地点较落地区内最近触地点和落地区内因身体失去平衡而留下的任何痕迹更靠近起跳线。

（八）投掷比赛时的试掷失败

如果运动员在试掷中出现下列情况，判为试掷失败。

（1）推铅球或掷标枪的出手姿势不符合规定。

（2）在进入投掷圈内并开始投掷之后，身体的任何部分触及投掷圈上沿（或上沿内侧边缘）或圈外地面。

（3）推铅球时，身体的任何部分触及了抵趾板除内侧的任何部分（它的上沿边缘也被认为是上沿的一部分）。

（4）掷标枪时，身体的任何部分触及助跑道标志线或线外面。

（5）推铅球和掷标枪比赛时，铅球和标枪落在落地区角度线以外的区域。

第五章 篮　球

学习目标

知识目标：了解当代篮球运动的发展趋势；了解篮球运动常用术语；了解篮球的比赛规则。

能力目标：掌握篮球运动的技术、战术。

素质目标：篮球运动需要运动者具备跑、跳、投等多种运动技能，通过篮球运动的学习，活跃身心，促进身体正常发育，提高机能素质，增强体质。

课程思政

教学内容	思政元素	教学内容与思政元素的结合
篮球概述	团队协作 健康生活 拼搏精神	通过篮球概述的学习，学会信任队友，培养集体主义观念，增强团队意识和协作能力；养成良好的锻炼习惯和健康的生活方式，培养顽强的拼搏精神。
篮球基本技术动作	信任与沟通 目标明确 勇于挑战 责任担当 坚韧不拔	通过篮球基本技术动作的教、学、练，认识到应掌握运球技术，培养灵活性和适应能力以及坚持不懈的精神；掌握传球的技术，培养团队协作及信任与沟通能力；掌握投篮技术，培养目标明确、勇于挑战的精神；掌握防守技术，培养强烈的责任感和担当精神及坚韧不拔的毅力；掌握过人技术，提升速度，培养敏捷的反应能力和智慧策略能力。
篮球的基本规则	规则意识 公平竞争 团队协作	通过篮球的基本规则的学习，尊重规则和遵守纪律，学会公平竞争和团队协作，培养集体意识和合作精神；遵守比赛规则，尊重对手和裁判，培养道德观念和道德品质。

第一节　篮球概述

一、篮球运动的起源与发展

1891 年，美国的詹姆斯·奈史密斯博士发明了一种活动性游戏。他将两个桃篮挂于墙上作为篮筐，用足球作为比赛工具，把足球投入对方篮筐次数多的一方为胜方。因为游戏中使用了篮筐和足球，所以起名为篮球。1892 年詹姆斯·奈史密斯制定了 13 条篮球比赛规则，目的是使篮球比赛在公平对等的条件下进行，同时不允许粗野动作的发生。

1908 年，美国制定了全国统一的篮球比赛规则，该规则被翻译成多种语言出版。从此篮球运动在美洲、欧洲和亚洲逐渐发展起来，成为一项世界性的运动项目。

1936 年第 11 届奥运会将男子篮球比赛列为正式比赛项目，1976 年第 21 届奥运会又增加了女子篮球比赛，从此篮球运动登上了国际体育竞技舞台。

到 20 世纪 70 年代，篮球运动形成身高与技术同步发展的基本格局，使身体、技术、智力、心理等各对抗因素融为一体，为现代篮球运动的发展奠定了基础。

20 世纪 80 年代后，篮球运动开始向职业化方向发展。进入 21 世纪，篮球运动继续向“高、快、全、准、变”和女篮男子化方向发展，明星队员更加突出，战术运用向精练化、技艺化、智谋化发展。

现在国际重大篮球赛事主要有奥运会篮球比赛、世界篮球锦标赛。世界高水平的篮球职业联赛主要有美国职业篮球联赛（NBA）、欧洲职业篮球联赛。

1895 年，篮球运动传入天津，并且在中国各大城市的大学、中学逐渐开展起来。至 20 世纪 50 年代末，中国篮球运动水平已接近世界先进水平。如今，篮球运动在中国已成为人们喜闻乐见的社会文化形态，已成为一门教育学科，是一项重点发展的竞技运动。如今，我国的篮球运动也进入职业化改革深化阶段，全国职业篮球联赛（CBA）和全国大学生篮球联赛（CUBA）呈现出良好的发展势头。

目前，篮球运动正朝着高速度、高空优势、高超技巧和顽强对抗的方向发展。随着国际交往和学习研究的加强，篮球运动必将会被推向新的发展高潮。

二、篮球运动常用术语

下面列举一些常用的篮球运动术语。

（1）卡位：进攻者运用脚步动作把防守者挡在自己身后的一种步法。

（2）持球突破：持球者运球超越防守者的行为。

（3）扣篮：运动员单手或双手持球跳起，在空中自上而下将球拍进篮圈的动作。

（4）补篮：队员投篮不中时，同伴跳起在空中将球补进篮内的行为。

（5）一传：持球队员由防守转为进攻的第一次传球。

（6）带球跑：队员持球走步，超过规定步数。

（7）空切：进攻人空手向篮跑动。

（8）运球突破：运球超越防守人。

（9）抢断球：从对手控制中夺球。

（10）传切：持球进攻队员传球后立即空切，准确接球进攻。

（11）外围投篮：在所有防守队员所站位置之外进行的投篮。

（12）盖帽：进攻人投篮出手时，防守人设法在空中将球打掉的动作。

（13）假动作：为欺骗对手，球员假装向一个方向移动，然后突然改变方向。

（14）罚球：因对方犯规而判给球队的在无人防守情况下的投篮机会，罚球时，队员应站在罚球线后进行投篮。

（15）跳球：各方1名队员站在本队球篮一面的中圈内，拍击由主裁判员垂直上抛，并始下落的球，在球未触及非跳球队员前，跳球队员不可超过两次触球。

（16）活球：跳球时队员拍着球，裁判员将球交给罚球队员。

（17）死球：投中、裁判人员鸣哨（或发出信号）均为死球。

第二节　篮球基本技术动作

一、篮球运动基本技术

篮球技术是在篮球比赛中，队员为了攻守目的所运用的各种专门动作的总称。篮球技术包括进攻（脚步移动、传接球、运球、投篮和持球突破等）和防守（防无球队员和防有球队员）两大体系，下面主要介绍脚步移动、传接球、运球、投篮四种较为常用的基本技术。

（一）脚步移动

脚步移动是在篮球比赛中队员为了争取时间和空间上的主动优势所采用的各种脚步动作的总称，是学习篮球技术和使用机动灵活战术的基础。脚步移动主要包括基本站立姿势、跑、急停、跨步、滑步、转身和攻击步等技术。下面简要介绍其中几种。

1. 基本站立姿势

基本站立姿势是脚步移动的准备姿势，以便于各种技术动作的开始和运用。

动作要领：两脚前后或左右开立，与肩同宽，两膝微屈，重心落于两脚间，上体稍前倾，两臂自然弯曲于体侧，两眼注视全场情况。

2. 跑

跑是最基本的移动技术，包括侧身跑、变速跑、变向跑、后退跑等技术。

（1）侧身跑。侧身跑是队员在跑动中为了抢位、摆脱防守、接侧向或侧后方的传球而采用的一种跑动方法。

动作要领：跑动过程中，两脚尖正对跑动方向，头和上体转向球的方向。

（2）变速跑。变速跑是队员在跑动过程中改变跑的速度（加速或减速）的一种方法。

动作要领：跑动过程中，加速时，上体前倾，两脚掌连续交替向后蹬地，同时迅速摆臂；减速时，上体直起，加大步幅，用前脚掌抵地，缓冲减速。

（3）变向跑。变向跑是队员在跑动中突然改变方向、速度来摆脱防守或堵截进攻的一种方法。

动作要领：由右向左变向时，右脚前脚掌内侧用力蹬地，脚尖内扣，上体向左倾斜，移动重心，左脚向左前方跨出迅速超越。

3. 急停

急停是进攻队员在快速跑动过程中，突然制动变成静止状态的一种方法。常用的急停方式包括跨步急停和跳步急停。

跨步急停

（1）跨步急停。动作要领：停步时，一只脚向前跨出一大步，脚跟着地过渡到全脚掌抵地，同时迅速屈膝，上体后仰。另一只脚紧随着地时，脚尖内旋，身体顺势侧

转，前脚掌内侧蹬地。两臂屈肘张开，保持身体平衡，如图 5–1 所示。

（2）跳步急停。动作要领：停步时，双脚起跳，上体稍后仰，两臂自然摆动，两脚同时平行落地，屈膝降重心，两臂屈肘张开，保持身体平衡，如图 5–2 所示。

图 5–1　跨步急停

图 5–2　跳步急停

4. 滑步

滑步是队员防守时移动的主要步法。常用的滑步包括侧滑步、前滑步和后滑步三种步法。

（1）侧滑步。动作要领：两脚平行站立，两膝较深弯曲，上体微前倾，两臂张开（根据进攻者的情况）。向左侧滑步时，左脚向左跨出一步落地的同时，右脚前脚掌内侧迅速用力蹬地，紧贴地面跟随左脚滑动，两脚保持一定距离。向右侧滑步时，动作相反。滑步时注意身体重心保持在两脚之间。

（2）前滑步。动作要领：开始滑步前，两脚前后开立，微屈膝，两臂前后张开。向前滑步时，身体重心前移，前脚向前跨一步，落地的同时，后脚迅速滑行跟进，完成向前滑一步，然后重复以上动作。

（3）后滑步。动作要领：撤步时，用前脚掌内侧蹬地，腰部用力向后转体，前脚后撤，同侧臂后摆，同时后脚的前脚掌碾地，当前脚后撤着地后，紧接滑步，保持合理的防守姿势和位置。

5. 转身

转身是队员以一只脚做轴（中枢脚），另一只脚蹬地向前或向后跨出，身体顺势转动，以改变身体方向的一种方法。转身包括前转身和后转身两种方式。

（1）前转身。动作要领：转身时（以右脚为中枢脚），左脚前脚掌向外蹬地，同时身体重心右移，左脚经体前向右跨一步，同时中枢脚以前脚掌为轴（脚跟提起）用力蹍地旋转，身体顺势右转，如图 5–3 所示。

（2）后转身。后转身和前转身的动作要领相仿，不同的是后转身时移动的脚向自己身后跨步使身体改变方向，如图 5–4 所示。

图 5–3　前转身

图 5–4　后转身

（二）传接球

传接球是篮球比赛中队员之间有目的地转移球，以更好地配合全队进攻的有效手段。因此，传接球是组织全队进攻配合的纽带，也是提高进攻质量的重要环节。下面将对传接球方法进行简要介绍。

1. 接球

接球是队员获得球的动作，是抢篮板球和断球的基础。接球包括双手接球和单手接球两种方法。

（1）双手接球。双手接球包括双手接胸部高度的球、双手接头部高度的球、双手接低于腰部的球、双手接反弹球、双手接地滚球等方法。以双手胸前接球为例，动作要领：两眼注视来球方向，两臂向来球方向伸出，十指自然分开。当双手触及球时，手臂顺势引球，将球持于胸腹之间。

（2）单手接球。动作要领：两眼注视来球方向，右臂微屈，伸向来球方向，手掌呈勺形，五指自然分开。当手指触及球时，右臂顺势引球，左手立即帮助右手，双手持球于胸腹间，如图 5–5 所示。

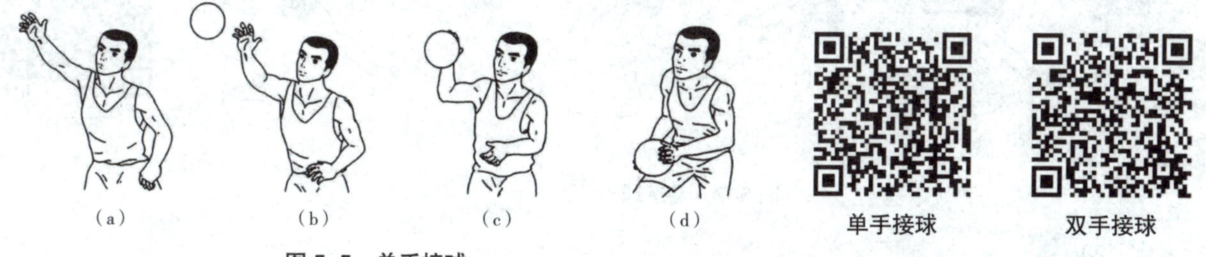

图 5–5　单手接球

2. 传球

传球包括双手胸前传球、双手低手传球、双手头上传球、单手肩上传球、单手胸前传球、单手低手传球、单手背后传球、单手体侧传球和勾手传球等方法。下面对双手胸前传球和单手肩上传球进行简要的介绍。

（1）双手胸前传球。双手胸前传球是一种最基本、最常用的传球方法，适用于不同方向、不同距离的传球。

动作要领：双手持球时，两脚开立，两膝微屈，重心落于两脚间，双手十指自然分开，两拇指相对，呈“八”字形，指根以上部位持球两侧，掌心空出，持球于胸腹之间；传球时，两臂迅速向传球方向前伸，当手臂将要伸直时，快速抖腕，同时两拇指用力下压，食指、中指用力拨球，将球传出。

（2）单手肩上传球。单手肩上传球是一种常用于中、远距离传球的方法，其特点是球飞行速度快，利于抢到后场篮板后发动长传快攻。

动作要领：右手传球时，左脚向传球方向迈出半步，同时右臂引球至右肩上方，左手离球，左肩对着传球方向，重心落于右脚上。右脚内侧蹬地转身，同时迅速向前挥臂，手腕前屈，通过食指、中指拨球，将球传出，如图 5–6 所示。

图 5–6　单手肩上传球

（三）运球

运球是持球队员连续按、拍从地面反弹起来的球的动作。运球不仅是比赛中个人进攻的有力手段，也是组织全队进攻和同伴间战术配合的桥梁。

运球包括高运球、低运球、体前变向换手运球、后转身运球、运球急停急起、胯下运球等。下面将对高运球、低运球、体前变向换手运球和胯下运球进行简要介绍。

1. 高运球

高运球是球反弹的高度在腰、胸之间的运球方法，一般用于无防守的快速运球。

动作要领：运球时，微屈膝，上体稍前倾，目平视，以肘关节为轴，前臂自然伸屈，用右手按拍球的后上方，控制球的落点在身体右前方，球的反弹高度在胸、腹之间，如图 5-7 所示。

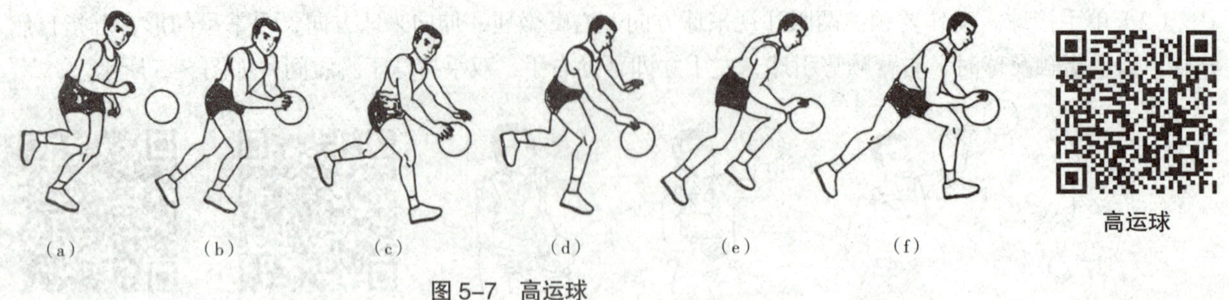

图 5-7　高运球

2. 低运球

当持球队员接近防守队员或防守队员来抢球时，持球队员为保护球或摆脱防守，常采用低运球方法。

动作要领：运球时，抬头，目视前方，双膝深屈，上体前倾，用上体、腿和另一只手臂保护球。同时，用手短促地按、拍球，控制球的反弹高度在膝关节以下，如图 5-8 所示。

图 5-8　低运球

3. 体前变向换手运球

当防守队员堵截运球队员的进攻路线或运球队员运球接近防守队员时，运球队员可运用体前变向换手运球摆脱和突破对手，以右手运球为例。

动作要领：从右向左变向突破时，按压球的右后上方，使球经体前右侧反弹至左侧前方，右脚向左腿前方跨出，上体左转侧看，以臂、腿、上体保护球，同时换左手按压球的后上方，左脚跨出并用力蹬地突然加速。体前变向换手运球一般运用于对方紧逼时，利用突然改变运球方向的加速摆脱防守。

4. 胯下运球

动作要领：运球跨步急停后，两脚前后开立，左脚在前，重心落于两脚间，右手按、拍球的右上方，使球从两腿之间穿过，换左手运球，右脚向左前跨出，完成一次胯下运球。

（四）投篮

投篮包括原地投篮、行进间投篮、跳起投篮、补篮和扣篮等，其中原地投篮、行进间投篮、跳起投篮是三种最常用的投篮手段。

1. 原地投篮

原地投篮可分为双手头上投篮、双手胸前投篮、单手头上投篮和单手肩上投篮四种形式。下面以原地单手肩上投篮为例作简要介绍。

动作要领：右手投篮时，右脚在前，左脚稍后，两膝微屈，重心落在两脚之间。右手五指自然分开，手腕后屈，持球于右肩上，左手扶球的侧下部。投篮时下肢蹬地发力，身体随着向前上方伸展，同时抬肘伸臂，手腕前屈，用食指、中指拨球，使球通过指端飞出。球离手时，手臂要随球自然跟送，脚跟微提起，如图 5-9 所示。

原地单手肩上投篮

图 5-9　原地单手肩上投篮

2. 行进间投篮

行进间投篮是篮球比赛中广泛应用的一种投篮方法，包括行进间单手肩上投篮、行进间单手低手投篮、行进间双手低手投篮、反手投篮和勾手投篮等。下面以右手投篮为例，介绍行进间单手低手投篮的动作要领。

动作要领：运球队员结束运球变为双手持球的同时，右脚跨出第一步；左脚跨出第二步落地时，前脚掌用力蹬地向前上方起跳，右腿屈膝自然上提，右手将球引至右肩侧上方；腾空到最高点时，左手离球，右手托球，右臂向前上方伸展；接近球篮时，手腕、手指上挑，将球投出，如图 5-10 所示。

行进间投篮

图 5-10　行进间单手低手投篮

3. 跳起投篮

跳起投篮主要包括原地跳起投篮（原地跳起单手肩上投篮和原地跳起单手头上投篮等）和急停跳起投篮（接球急停跳起投篮、运球急停跳起投篮和跳起转身投篮）两种形式。无论哪种形式，最后的投篮出手都与原地单手肩上投篮的动作相同。下面简要介绍原地跳起单手肩上投篮的动作要领。

动作要领：从基本姿势开始，双脚蹬地，同时双手持球快速上摆并举球至额头前上方，待身体达到最高点时，在空中完成原地单手肩上投篮，投篮后自然落地，如图 5-11 所示。

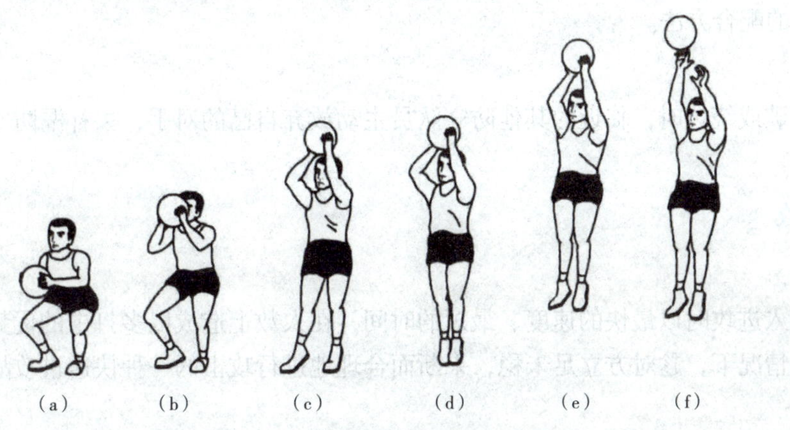

跳起投篮

图 5-11　原地跳起单手肩上投篮

二、篮球基本战术

（一）进攻战术

1. 传切配合

传切配合是两三名队员利用传球和切入组成的简单配合，指进攻队员把球传给同伴后，利用快速起动、改变方向及身体虚晃等假动作摆脱防守队员，切入篮下接球投篮的一种简单的进攻方法。

2. 策应配合

策应配合是进攻队员背对或侧对球篮接球，并以自己为枢纽，与同伴相互配合而形成里应外合的进攻方法。

3. 掩护配合

掩护配合是进攻队员选择正确的位置，运用合理的技术，以身体挡住同伴的防守队员的移动路线，给同伴摆脱防守、进攻对方创造机会的一种配合方法。掩护配合多用于突破人盯人防守。

（二）防守战术

防守战术基础配合是两三名队员在防守中运用协同防守配合的方法，它包括挤过、穿过、交换防守、关门、夹击、补防等防守配合，是组成全队防守战术的基础。

1. 挤过配合

挤过配合是当掩护队员在进行掩护的一刹那，被掩护的防守队员主动上前，靠近自己的防守对象，并随其移动，从两名进攻队员之间侧身挤过去，继续防守自己对手的配合方法。

2. 穿过配合

当进攻队员进行掩护时，防守掩护的队员主动后撤一步，让被掩护的防守队员及时从自己和掩护队员之间穿过去，以便继续防守住自己的对手，称为穿过配合。

3. 交换防守

交换防守是当对方进行掩护或策应时，两名防守队员及时交换自己防守对手的一种配合方法。

4. 关门配合

关门配合是当进攻队员持球突破时，防守突破的队员向侧后滑步，同时，临近突破一侧的防守队员迅速向进攻队员的突破路线滑动，与防守突破的队员靠拢，像两扇门一样地关起来，堵住持球突破队员的一种配合方法。

5. 夹击配合

夹击配合是两个防守队员利用有利的区域和时机，封堵持球队员的传球路线，造成持球队员传球失误或违例的一种协同防守的配合方法。

6. 补防配合

当防守队员被对手突破或绕过时，临近的其他防守队员主动放弃自己的对手，去补漏防守的配合方法，称为补防配合。

（三）快攻与防守快攻

1. 快攻

快攻是指在由防守转入进攻时以最快的速度、最短的时间，在人数上造成以多打少的优势，或在人数相等或人数少于对方的情况下，趁对方立足未稳，果断而合理地进行攻击的一种快速进攻战术。快攻共有以下三种形式。

（1）长传快攻。长传快攻是防守队员在后场获球后，立即快速地用一次或两次传球给迅速超越对手的同伴进行投篮的一种配合方法。

（2）短传快攻。防守队员获球后，立即以快速的短传推进和快速跑动获得投篮机会的一种配合方法。

（3）结合运球突破快攻。在防守中获球后，在不便于传球的情况下，应快速运球推进创造寻找配合机会，以提高快攻的速度和威力。

2. 防守快攻

防守快攻是防守战术的主要组成部分。它是在进攻转入防守的刹那间，快速地、有组织地制约对方的反击速度和破坏对方快攻路线的配合方法。

防守快攻的要点包括：①提高投篮命中率，拼抢篮板球；②堵截快攻第一传和接应；③对方队员抢获篮板球后二夹一进行封堵第一传；④提高以少防多的能力；⑤防守篮下队员。

（四）区域联防

区域联防是由进攻转为防守时，防守队员迅速退回后场，每个人分工负责防守一定的区域，严密防守进入该区域的球和进攻队员，并与同伴协同防守的集体防守战术。

区域联防要求合理地分配队员的防守区域，在分工负责防守区域的基础上，五个队员必须协同一致，积极随球移动，加强对有球一侧的防守，做到“近球者紧，远球者松；有球者上，无球者补”。区域联防的战术队形常用的有“1–3–1”队形、“1–2–2”队形、“2–1–2”队形、“2–3”队形等。区域联防应根据进攻队的特点和本队的条件来决定采用哪种站位队形进行防守。

第三节 篮球的基本规则

一、篮球运动场地

对于国际篮联主办的正式比赛，球场面积要求是长 28 m、宽 15 m。其他区域性的国内比赛也可使用长 26 m、宽 14 m 的现存球场。

二、五人制篮球比赛

（一）比赛通则

每场比赛由两个队参加，每队出场 5 名队员，如果某队在场上准备比赛的队员不满 5 名，比赛不能开始。

比赛分两种：上下半时制和四节制。

（1）上下半时制，每半时 20 min，中间休息 10 min 或 15 min。到终场得分相等时，打决胜期 5 min，直至决出胜负。

（2）四节制，比赛由 4 节组成，每节 12 min。第 1 节和第 2 节之间、第 3 节和第 4 节之间的休息时间为 2 min；第 2 节和第 3 节之间的休息时间为 15 min。如果第 4 节结束时得分相等，要延长 5 min 作为决胜期继续比赛，必要时可延长几个决胜期，直到分出胜负为止。

（二）违例部分

违例是违反规则，罚失去球权，将球判给对方队在最靠近发生违例的地点掷界外球。

1. 带球走规则

（1）确定中枢脚。队员静立时接球或双脚同时着地接到球，可用任何一脚作为中枢脚。一只脚抬起的一刹那，另一只脚就成为中枢脚。队员在移动或运球中接到球，如果脚先后着地，只能用先着地的脚作为中枢脚。

（2）确定中枢脚后，在传球或投篮时，可抬起中枢脚，但必须等球离手后，中枢脚才能落回地面。开始运球时，在球离手前，不能抬起中枢脚。

2. 运球规则

（1）运球开始。队员控制球后，将球掷、拍或滚在地面上，并在球触及另一队员前再触及球为运球开始。

（2）运球结束。运球过程中，队员用双手同时触球或使球在一手或两手中停留的瞬间运球即完毕。

3. 球回后场规则

（1）划分前、后场。

对方球篮的端线与中线之间的场区（不包括中线）是某队的前场；本方球篮的端线与中线之间的场区（包括中线）是某队的后场。

（2）球回后场违例。

①前场控制活球队的队员使球进入后场。

②球进入后场后，最先触球的是控制球队队员，则构成球回后场违例。

4. 罚球规则

（1）罚球队员规则。

①可用任何方式投篮，但罚球队员在处理球时，必须在 5 s 内投球离手；投篮的球必须从篮圈上方进入球篮或触及篮圈。

②在球触及篮圈前不得触及罚球线或罚球线前的地面。

③不得做假动作罚球。

④当球已在飞向球篮的途中不得触及球。

⑤判罚。违反规则，罚中不得分；如果是仅有的一次罚球或最后一次罚球，则将球判给对方队员在罚球线的延长部分掷界外球。

（2）非罚球队员规则。

①不得占据非罚球队员无权占据的位置区。

②在球离开罚球队员的手之前不得进入限制区、中立区域或离开位置区。

③不得干扰罚球队员。

④当球在飞向球篮的途中不得触及球；当球与篮圈接触时，不得触及球篮或篮板。

⑤双方队同时违例，违例不究，球中篮计得分；罚球不成功，由双方任一队员跳球重新开始比赛。

⑥罚球队员的同队队员违例，球中篮计得分；罚球不成功，判给对方队员掷界外球。

⑦罚球队的对方队队员违例，球中篮计得分；罚球不成功，判给罚球队员重罚一次。

5. 时间规则

（1）3 s 规则。某队在场上控制球并且比赛计时钟正在走动时，该队队员不得在对方的限制区内停留超过持续的 3 s。

（2）8 s 规则。当一名队员在后场获得控制活球时，该队员必须在 8 s 内使球进入前场。

（3）24 s 规则。当一名队员在场上获得控制一个活球时，该队员应在 24 s 内设法投篮，并且投篮的球只有在进入篮圈或触及篮圈时，24 s 装置才能复位。

6. 干扰球规则

（1）当投篮的球在飞行中下落，并完全在篮圈水平面之上时，进攻或防守队员不可以触及球；在投篮中，当球碰击篮板后并完全在篮圈水平面之上时，也不可以触及球。

（2）当投篮的球接触篮圈时，进攻或防守队员都不得触及球篮或篮板。

（3）判罚。①如果进攻队员违例，不能得分，将球判给对方队员在球线的延长部分掷界外球。②如果防守队员违例，判给投篮队员得 2 分；如在 3 分投篮区投篮，则判得 3 分。

（三）犯规部分

犯规是违反规则的行为，含有与对方队员的身体接触或有违反体育道德的举止。

1. 侵人犯规及其判罚

（1）一般性侵人犯规。一般性侵人犯规主要有阻挡、非法用手、拉人、推人、非法掩护和带球撞人等，上述情况要登记犯规队员的每一次侵人犯规。如果对没有做投篮动作的队员犯规，则由非犯规队在距犯规地点最近的界外掷界外球；如果对已在做投篮动作的队员犯规，投球中篮，要计得分并判给一次罚球；如果 2 分投篮没有成功，则判给两次罚球；如果 3 分投篮没有成功，则判给三次罚球。如果是控制球队的队员发生犯规，由非犯规队在距犯规地点最近的界外掷界外球。

（2）双方犯规。双方犯规指两名对抗的队员大约同时发生接触犯规的情况。登记每个犯规队员一次侵人犯规，不判给罚球；如果犯规时，某队已经控制球或虽尚未控制球，但已拥有球权，则应判给该队掷界外球；如果双方犯规时，两队都不控制球，则由裁判根据轮流进攻的原则来判罚；如果双方犯规的同时投篮有效并得分，则由得分队的对方队员在端线掷界外球。

（3）违反体育道德的犯规。违反体育道德的犯规指队员蓄意地、过分地对对方队员造成侵人犯规。登记犯规队员一次违反体育道德的犯规，判给非犯规队两次罚球再加一次中线处掷界外球。

（4）取消比赛资格的犯规。取消比赛资格的犯规指侵人犯规、违反体育道德的犯规以及技术犯规中任何十分恶劣的不道德犯规。登记一次取消比赛资格的犯规，判给非犯规队两次罚球再加一次中线处掷界外球。

（5）特殊情况下的犯规。特殊情况下的犯规指在一起犯规或一起违例后的同一个停止比赛计时期间，又发生一起或多起犯规，登记每个犯规队员一次犯规。如果几乎同时宣判双方球队多起犯规，裁判员必须确定犯规发生的次序。双方球队的犯规涉及相同的判罚，它们要互相抵消；双方球队的犯规不涉及相同的罚则，要按犯规发生的次序判罚和执行。

2. 技术犯规及其罚则

技术犯规指所有不包括与对方队员发生接触的犯规。主要包括队员、教练员、替补队员或随队人员的技术犯规及比赛休息时间内的技术犯规。

（1）队员技术犯规。登记违反者一次技术犯规，并判给对方一次罚球再加一次中线处掷界外球。

（2）教练员、替补队员或随队人员的技术犯规。登记教练员一次技术犯规，判给对方两次罚球再加一次中线处掷界外球。

（3）比赛休息时间内技术犯规。如果是队员犯规，则登记该队员一次技术犯规，判给对方两次罚球，该犯规要计入全队犯规之中；如果是教练员或随队人员技术犯规，则对教练员进行登记，判给对方两次罚球，该犯规不计入全队犯规之中。

3. 全队犯规的处罚规则

（1）在每节比赛中，当一个队的队员侵人犯规或技术犯规累计达 4 次时，所有以后发生的队员侵人犯规都要判给对方两次罚球。

（2）如果是控制球队的队员犯规，则判给对方掷界外球。

（3）在任一决胜期内发生的所有全队犯规要看作第 4 节比赛发生犯规的一部分。

三、三人篮球规则

（一）场地

一个标准的三人篮球比赛场地应该是一块平坦的、无障碍物的硬质地面。从界线的内沿丈量，其尺寸是宽 15 m、长 11 m。场地需具有标准篮球场尺寸的部分，包括一条罚球线（5.8 m），一条 2 分线（6.75 m）和一个球篮下方的“无撞人半圆区”。

（二）比赛通则

1. 比赛时间、比分相同和加时赛

（1）常规比赛时间 (在官方比赛和推荐使用该时间的比赛中) 应为一节 10 min 的比赛。

在死球和罚球时比赛计时钟应被暂停。

（2）常规比赛时间和加时赛之间应有 1 min 的比赛休息时间。

（3）一次比赛休息时间开始于以下情况：介绍队员环节开始 (如果有)，但不晚于队员进入比赛场地时；如果要进行加时赛，常规比赛时间结束，比赛计时钟信号响时。

（4）一次比赛休息时间结束于以下情况：常规比赛或加时赛开始，在完成交换球后，球已在进攻队员手中时。

（5）如果常规比赛时间结束时两队比分相同，应进行加时赛。在加时赛中，率先得到 2 分的球队获胜。

（6）如果常规比赛时间结束，比赛计时钟信号响起时，或恰好在此之前发生了犯规，在常规比赛时间结束之后应执行最终的罚球。如果该罚球的结果需要进行加时赛，那么常规比赛时间结束之后发生的所有犯规，被视为比赛休息时间的犯规，应在加时赛开始之前执行罚球。

（7）如果比赛计时钟不可用，组委会可以自行决定比赛时长和“突然死亡”规则需达到的分数。国际篮联建议根据比赛时长设定相应限分 (10 min /10 分；15 min /15 分；21 min /21 分)。

2. 比赛的开始和结束

（1）比赛开始前，双方球队应同时进行热身。

（2）双方球队以掷硬币的方式决定第一次球权归属。获胜一方可以选择比赛开始时的球权或可能进行的加时赛开始时的球权。

（3）如果某队在场上准备比赛的队员不足 3 人，比赛不能开始。此条款仅适用于国际篮联三人篮球官方比赛。

（4）在完成交换球后，球已在进攻队员手中时，常规比赛时间或加时赛开始。

（5）当常规比赛时间结束，比赛计时钟信号响时，或在常规比赛时间内某队得到 21 分或 22 分时（“突然死亡”规则），无论哪种情况先发生，均表示常规比赛时间结束。

（6）当某队率先得到 2 分或更多分时，加时赛结束。

三人篮球具体比赛规则参见《国际篮联三人篮球规则》（2021 版）。

第六章 足 球

学习目标

知识目标：了解足球运动的起源、发展、特点；熟悉足球运动的基本技术动作；了解足球的基本比赛规则。

能力目标：掌握足球运动的基本技术、战术以及基本规则。

素质目标：懂得欣赏足球比赛，感受参与比赛的乐趣。

课程思政

教学内容	思政元素	教学内容与思政元素的结合
足球概述	文化交流 爱国主义 民族精神	足球运动是一项全球性的运动，通过足球概述的学习，培养国际视野和跨文化交流能力；具备为国家和民族的繁荣富强贡献力量的认知，培养爱国主义情感和民族精神。
足球基本技术动作	健康生活 团队合作 互助精神 竞争意识	通过足球基本技术动作的学习，养成良好的体育锻炼习惯和健康的生活方式，培养公平竞争的体育精神；认识到足球是一项高度依赖团队合作的运动，培养球员的团队合作意识和互助精神；形成积极的心态和坚定的信念，培养坚韧不拔的毅力、耐心与竞争意识。
足球的基本规则	尊重规则 尊重对手 体育道德	通过足球的基本规则的学习，知道应严格遵守足球比赛的规则，尊重比赛、尊重对手和尊重裁判，培养道德观念和纪律性；学会追求卓越、尊重他人和享受比赛，培养体育道德和人文素养。

第一节　足球概述

公元 16 世纪以后，足球运动在欧洲一些国家盛行起来。特别是 19 世纪下半叶，足球运动有了新的发展，尤其是在学校和教会组织中开展得较为广泛。不过当时还没有明文规定的场地、比赛方法和参赛人数。1846 年，英国剑桥大学为了适应本国各学校的比赛，制定了一个简单的规则，当时称之为“剑桥大学规则”，有一定的影响力。1857 年，英国成立了第一个足球俱乐部。1863 年 10 月 26 日，11 个足球俱乐部和学校在伦敦皇后大街弗里玛森酒店举行了会议，创立了英格兰足球协会，会上在“剑桥大学规则”的基础上制定了世界上第一个统一的足球竞赛规则，共有 14 条。因此，1863 年 10 月 26 日被世人公认为现代足球运动的诞生日。

1904 年 5 月 21 日，法国、比利时、西班牙、荷兰、丹麦、瑞典、瑞士 7 个国家足球协会的代表在巴黎召开会议，成立了足球国际性组织——国际足球联合会，英文缩写为“FIFA”，它是奥林匹克委员会的一个单项体育组织。截至 2021 年 8 月，已有 211 个国家或地区参加了国际足联，是世界上协会会员最多的国际单项体育组织，其总部设在瑞士的苏黎世。国际足联负责的国际比赛是：奥运会足球赛、世界杯足球赛、世界青年足球锦标赛、世界少年足球锦标赛、世界女子足球锦标赛、世界室内足球锦标赛等。

第二节　足球基本技术动作

一、足球运动基本技术

足球技术是组织与实现战术的前提，是战术配合的基础。足球运动的基本技术主要有以下几种。

（一）颠球

颠球是指用身体的某些部位连续地将处于空中的球轻轻击起的技术。颠球练习可用脚背正面、脚内侧、脚背外侧、大腿、头、肩、胸部等身体部位进行。

1. 脚背正面颠球

当球下落到膝盖高度时，脚向前上方摆动，用脚背击球的下部，击球时踝关节紧张，脚趾略向上翘。击球时用力均匀，使球始终控制在身体周围，如图 6–1 所示。

2. 大腿颠球

抬腿屈膝，用大腿的中前部位向上击球的下部，两腿可交替击球，如图 6–2 所示。

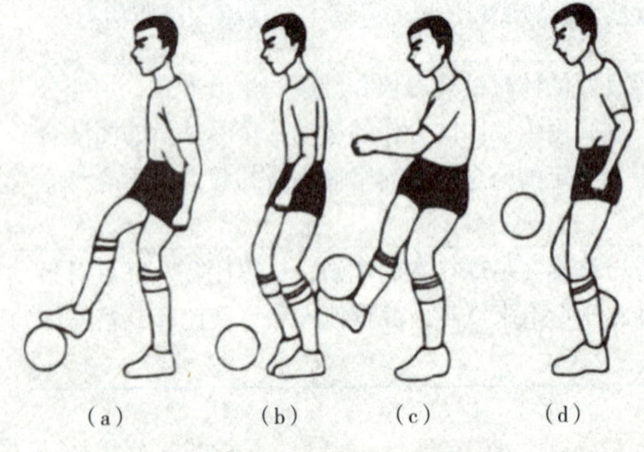

图 6–1　脚背正面颠球

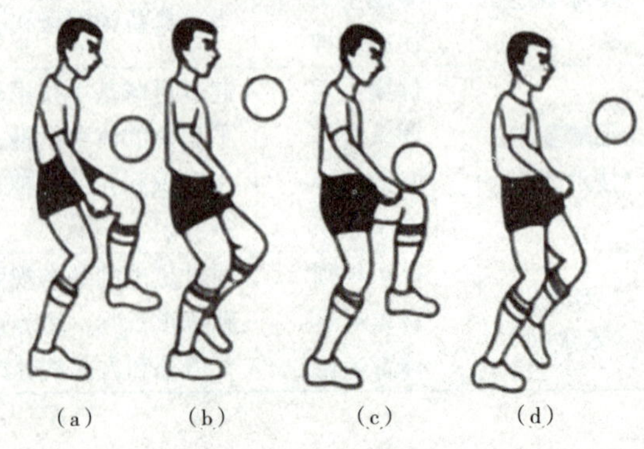

图 6–2　大腿颠球

3. 脚内侧颠球

支撑腿膝关节微屈，身体重心在支撑脚上。当球落至膝关节高度时，颠球腿屈膝盘腿，脚内侧向上摆，脚内翻，轻击球的底部，将球颠起，全身放松，如图 6–3 所示。

4. 脚外侧颠球

支撑腿膝关节微屈，身体重心在支撑脚上。当球落至膝关节高度时，颠球腿屈膝内扣，脚外侧向上摆，脚外翻，轻击球的底部，将球颠起，全身放松，如图 6–4 所示。

图 6–3 脚内侧颠球

图 6–4 脚外侧颠球

5. 头部颠球

两脚开立，膝盖微屈，用前额部位连续顶球的下部。

6. 各部位连续颠球

根据上述单一颠球技术动作要领，用各部位配合连续颠球，配合的部位越多，难度越大。

（二）运球

1. 脚背正面运球

脚背正面运球多在越过对手之后，且前方纵深距离较长，仍需要快速运球前进的情况下使用。

动作要领：跑动时，身体自然放松，上体稍前倾，两臂自然摆动，步幅不宜过大。运球脚提起时，膝关节弯曲，脚跟提起，脚尖下指，当脚迈步前伸至球时，用脚背正面向前推拨球前进。

2. 脚背外侧运球

动作要领：跑动时，身体自然放松，上体稍前倾，两臂自然摆动，步幅要小一些。运球脚提起时，膝关节弯曲，脚跟提起，脚尖稍内转，当脚迈步前伸至球时，用脚背外侧向前推拨球，使球直线运行。向前侧推拨球，可使球曲线或弧线运行。

3. 脚背内侧运球

动作要领：跑动时身体自然放松，上体稍前倾并稍向运球方向转动，两臂自然摆动，步幅要小些。运球脚提起时，膝关节弯曲，脚跟提起，脚尖稍外转，在迈步伸脚着地前，用脚背内侧向前侧推拨球，使球向前侧曲线或弧线运行。

4. 脚内侧运球

运作要领：运球时，支撑脚稍向前跨，踏在球的前侧方，膝关节稍弯曲，上体前倾并向里转。随着身体向前移动，运球脚提起，用脚内侧推球的后中部。

（三）踢球

踢球主要有脚内侧踢球、脚背正面踢球、脚背内侧踢球、脚背外侧踢球、脚尖踢球和脚跟踢球。

1. 脚内侧踢球

它是用脚内侧的趾关节、舟骨和跟骨所构成的三角部位接触球的一种踢球方法。脚与球的接触面积大，出球比较平稳、准确，但出球力量较小。

动作要领：踢定位球时，直线助跑，支撑脚踏在球的侧方 15 cm 左右处，膝关节微屈，在支撑脚着地的同时，踢球腿以髋关节为轴由后向前摆动，在前摆过程中屈膝外转，踢球脚的内侧正对出球方向，小腿加速前摆，脚尖稍翘起，脚掌与地面平行，用脚内侧部位击球的后中部，如图 6-5 所示。

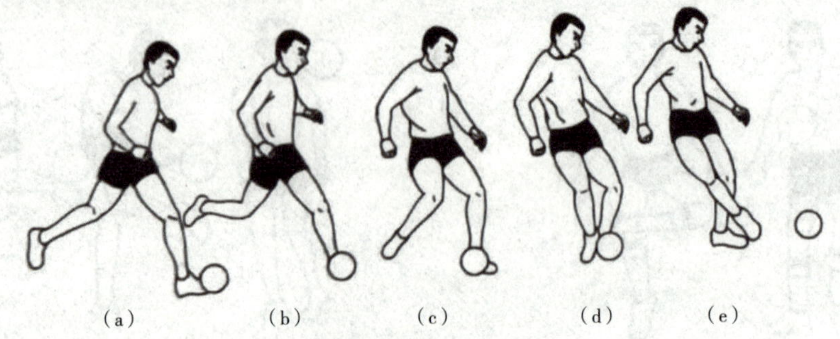

图 6-5　脚内侧踢球

脚内侧踢球时，在脚与球接触过程中有两种处理方法。

（1）推送的踢法。这种踢法在脚触球时，踢球腿要继续前摆，这样踢球脚与球接触的时间较长，出球易平稳。

（2）敲击踢法。踢球时，踢球腿的大腿摆动不大，只是小腿快速前摆击球，击球后，小腿突然停止前摆，该动作与球接触时间短促，动作有力。

2. 脚背正面踢球

脚背正面踢球是用脚背正面的楔骨和趾骨的末端构成部位触球的一种踢球方法。踢球腿的摆幅大，摆速快，踢球的力量大，出球的性能变化小，出球方向也比较单一。

动作要领：踢定位球时，直线助跑，最后一步稍大并要积极着地，支撑脚在球的侧方 10～12 cm 处，脚尖正对出球方向，膝关节微屈，踢球腿是在支撑脚前跨和助跑的最后一步趾高地面时，顺势向右摆起，小腿屈曲。在支撑脚着地的同时，以髋关节为轴，大腿带动小腿由后向前摆，当膝盖摆至接近球正上方的刹那，小腿做爆发式前摆，脚背绷直，脚趾扣紧，以脚背的正面击球的后中部，踢球腿随球继续提膝前摆，如图 6-6 所示。脚背正面踢定位球是初学者必须严格掌握的基本技术动作，而在比赛中，还常常用脚背正面踢反弹球、空中球等。

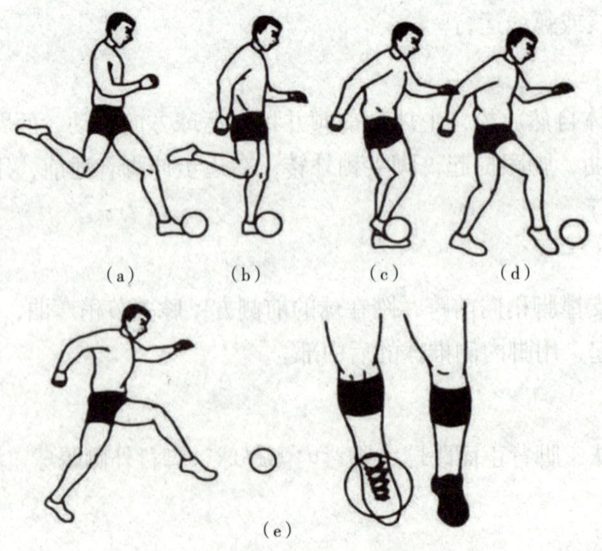

图 6-6　脚背正面踢球

（1）脚背正面踢反弹球。脚背正面踢反弹球时，要准确判断球的落点、落地时间和反弹路线，身体正对来球反弹方向，支撑脚在球的侧方。当球要落地时，踢球腿的小腿急速前摆，在球刚反弹离地时，以脚背正面击球的后中部。

（2）脚背正面踢空中球。脚背正面踢空中球（侧身踢空中球）时，首先要判断和确定好球的运行路线和好击球点，并使身体侧对出球方向，支撑脚跨上一步，脚尖指向出球方向，上体向支撑脚一侧倾斜。踢球脚的大腿带动小腿急速向出球方向挥摆，用脚背正面踢球的后中部，在摆腿踢球的过程中身体随之向出球方向扭转。在踢球的刹那，眼睛始终注视球，身体正对出球方向踢球后，面对出球方向。

（3）脚背正面踢倒勾球。脚背正面踢倒勾球时，支撑脚先向前跨一步，膝关节弯曲，上体后仰，踢球腿以髋关节为轴尽力向上方摆动。当球落到头的前上方时，用脚背正面向后勾踢。

（4）脚背正面挑起踢倒勾球。脚背正面挑起踢倒勾球时，先判断和确定好来球的运行路线和击球点，然后踢球脚上步蹬地起跳，同时另一腿上摆，使身体腾空后仰，眼睛注视来球。在另一腿下摆的同时，踢球腿以大腿带动小腿急速挥摆，两腿在空中呈剪式交叉，以脚背正面踢球的后中部，踢球后，两臂微屈，手掌向下撑地，手指指向出球的相反方向，屈肘。然后背部、臂部依次着地。

（5）脚背正面搓球。脚背正面搓球过顶时，摆动腿的动作是由后向前下方用力，脚掌贴擦地面，脚尖插入球底，踢球的底部，使球由脚尖经脚面向前上方回旋而出。

3. 脚背内侧踢球

脚背内侧踢球是用脚背内侧的几个楔骨、趾骨末端部位接触球的一种踢球方法。踢球腿的摆幅大、摆速快，踢球的力量大，由于助跑方向、支撑脚选位灵活性较大，出球的方向变化幅度较大。因此，这种踢法可踢出平直球、远距离弧线球等，也便于转身踢球。

动作要领：踢定位球时，斜线助跑，助跑方向与出球方向呈 45° 角。支撑脚以脚掌外沿积极着地，踏在球的侧后方 20～25 cm 处，屈膝，支撑脚脚尖指向出球方向，身体稍向支撑脚一侧倾斜。在支撑脚着地的同时，踢球腿以髋关节为轴，大腿带动小腿由后向前摆，当身体转向出球方向，膝盖摆到接近球的内侧正上方的刹那，小腿做爆发式前摆，脚尖稍向外转，脚面绷直，脚趾扣紧，脚尖指向斜下方，以脚背内侧踢球的后中部（踢高球时，击球的中下部），踢球腿随球继续前摆，如图 6–7 所示。脚背内侧踢定位球是初学者必须掌握的基本动作，作为提升，下面介绍脚背内侧搓踢过顶球、脚背内侧转身踢球等技巧动作要领。

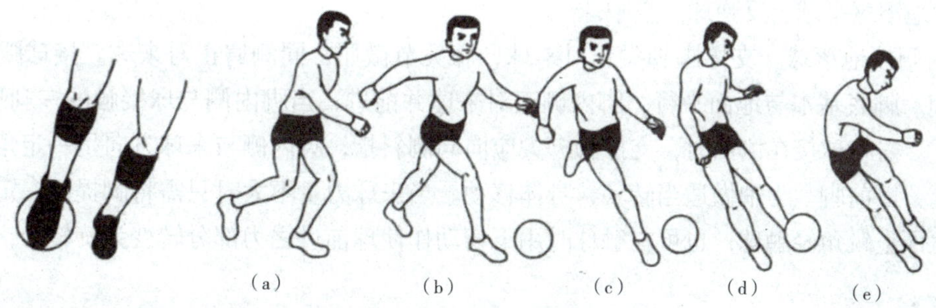

图 6–7　脚背内侧踢球

（1）脚背内侧搓踢过顶球。脚背内侧搓踢过顶球时，动作方法基本上与踢定位球相同。只是支撑脚踏在球的侧后方，踢球脚不要过于绷直，踢球的后下部，并稍有下切的动作，使球向前上方飞起并回旋。踢球脚不随球前摆。

（2）脚背内侧转身踢球。脚背内侧转身踢球时，助跑的倒数第二步要稍向出球的相反方向，即向球的侧前方跨出。在助跑最后一步蹬离地面时，略微跳动，同时身体转向出球方向，支撑脚以脚掌外沿着地，脚尖指向出球方向，上体侧前倾，膝关节弯曲。在支撑脚着地的同时，踢球腿以髋关节为轴，大腿带动小腿由后向前摆。当膝盖摆到接近球的内侧上方的刹那，小腿做爆发式前摆，脚稍外转，脚面绷直，脚趾扣紧，脚尖指向斜下方，用脚背内侧部位击球的后中部，踢球腿随球继续前摆。

4. 脚背外侧踢球

脚背外侧踢球是用脚背外侧部位接触球的踢球方法。它具备脚正面踢球的特点，另外，由于踢球时脚腕灵活性较大和摆腿方向变化较多等优点，是踢各种距离弧线球和弹拨、削球的主要方法。

动作要领：踢定位球时，助跑、支撑脚的位置和踢球腿的摆动，基本上与脚背正面踢球相同，只是用脚背外侧接触球。在踢球腿的膝盖摆到接近球的正上方的刹那，小腿做爆发式前摆时，膝盖和脚尖内转，脚面绷直，脚趾扣紧，以脚背外侧部位踢球的后中部，踢球腿随球继续前摆。实战中脚背外侧踢球可以踢弧线球、弹拨球等。

（1）脚背外侧踢弧线球。脚背外侧踢弧线球时，支撑脚踏在球的侧后方 15～20 cm 处，踢球脚的脚腕用力，并以脚背外侧踢球的后中部，摆腿的方向不通过球心，并向支撑脚一侧的前方继续摆动，以加大球的旋转。

（2）脚背外侧踢弹拨球。脚背外侧踢弹拨球时，踢球腿以膝关节为轴快速侧摆或侧前摆击球时，踝关节快速转动将球弹出，踢球脚快速收回。运用这种踢法可将球快速弹拨到踢球脚的外侧或侧前方。

5. 脚尖踢球

脚尖踢球是用脚尖部位接触球的踢球方法。

动作要领：脚尖踢球与脚背正面踢球动作大致相同，支撑脚踏在球的侧后方。击球时，脚背翘起，脚趾下扣，踝关节紧密用力并保持稳定，以脚尖击球的后中部稍偏下的部位。

（四）停球

停球也称接球，是足球运动基本技术的一种，比赛中可用除手和手臂以外的脚、大腿、腹部、胸部、头等部位接球，通常以脚为主，尤以脚弓和脚外侧使用最多。接球可分接地滚球、接反弹球和接空中球等。接球时运用推压、撤引等动作，将来球调整到有利于连接下一步动作（如传球、射门、带球等）的位置上。无论采用哪一种接球方法，动作结构都是由以下四个环节组成：观察和移动、选择接球的部位和接球方法、改变来球的力量、随球移动。

1. 脚内侧停球

这是用脚内侧部位停球的一种技术，由于脚触球面积大、动作简单，较易掌握。比赛中经常使用这种技术接各种地滚球平球、反弹球、空中球。

（1）脚内侧接地滚球。支撑脚脚尖正对来球，膝关节微屈，同侧肩正对来球。接球腿提膝大腿外展，脚尖微翘，脚底基本与地面平行，脚内侧正对来球并前进，当脚内侧与球接触的一刹那迅速后撤，把球接在脚下。需将球接在侧面时，支撑脚脚尖应向同侧斜指，脚内侧与来球方向呈一定角度触球，同时支撑脚提踵，以前脚掌为轴做适当转动，身体移动。当来球力量不大时只需将脚提到一定的高度，并使脚内侧与地面呈锐角轻触球；也可在触球时用下切动作使球前进之力部分转变为旋转力，而将球接在脚下。

（2）脚内侧接反弹球。根据来球的落点，及时移动到位，支撑脚与球落点的相对位置在球的侧前方，支撑腿膝关节微屈，身体向接球后球运行的方向偏移。接球腿提起小腿且放松，脚尖微翘，脚内侧对着接球后球运行的方向并与地面呈一锐角，当球落地反弹刚离地面时，大腿向接球后球运行的方向摆动，用脚内侧部位触压球的中上部。用这种方法接球时，也可在触球时使球产生旋转以达到接好球的目的，但应注意球的旋转状态并及时加以调整。

（3）脚内侧接空中球。根据来球的速度及运行轨迹，及时移动到位。若为抛物线较小的平空球，则应根据临场的实际情况选择适当高度的接球点，将接球腿抬起，使脚内侧部位对准来球的方向并前进，脚在接触球的一瞬间后撤并将球接在所需的位置上。

2. 脚背外侧停球

（1）脚背外侧接地滚球。将接球点放在接球腿一侧，支撑腿膝关节微屈。接球腿提起屈膝，脚内翻使小腿和脚背外侧与地面呈一锐角，并对着接球后球运行的方向，脚离地面的高度应略等于球的半径，然后大腿向接球后球运行的方向推送，同时身体随球移动。

（2）脚背外侧接反弹球。根据来球的落点及时移动到位，支撑脚站在来球落点的侧后方，除触球部位外，其他环节均与脚背外侧接地滚球相同。

3. 脚背正面停球

这种方法多用于接有较大抛物线的来球。根据球的落点，及时移动到位，脚背正面上迎下落的球，当球与脚面接触的一瞬间，接球脚与球下落的速度同步下撤，此时大腿膝关节、踝关节、脚趾均保持适度的紧张，脚尖微翘将球接到需要的地方，如图 6–8 所示。

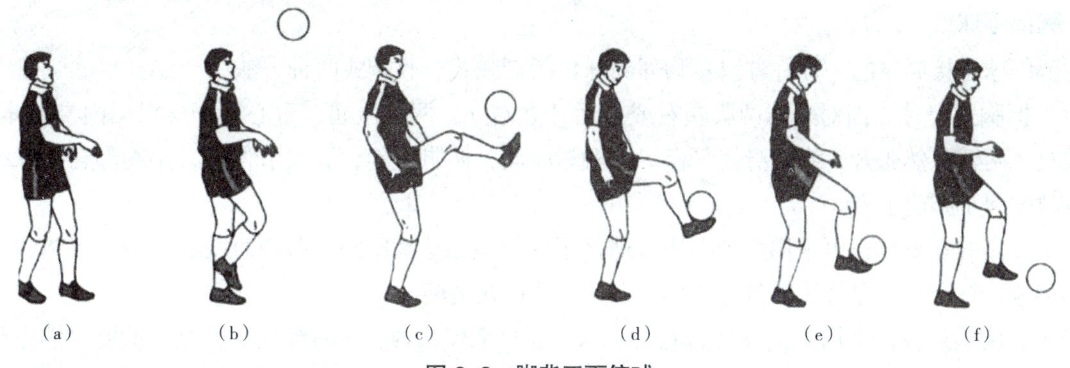

图 6–8　脚背正面停球

脚背正面接高空落下的球时，也可以将脚微抬起，并适度背屈。在球接触脚背的瞬间，踝关节放松，将球接到身体附近。

4. 脚底停球

脚底停球技术便于掌握，易于将球接到合适位置，故常被用来接各种地滚球和反弹球。

（1）脚底接地滚球。身体正对来球方向，移动向前迎球，支撑脚站在球的侧面（或前或后均可），脚尖正对来球方向，膝关节微屈。同时接球腿提起，膝关节微屈，脚背略屈，使脚底与地面小于 45° 角（且脚跟离开地面），一般以前脚掌接触球的上部为宜。在触球瞬间，接球脚可轻微屈（前脚掌下点）将球停住，也可根据需要在接球同时将球推向前方或拉向身后。

（2）脚底接反弹球。根据来球落点，及时前移迎球，支撑脚站在落点侧后方，脚尖正对来球方向，球落地瞬间，用前脚掌去触球的中上部，微仰膝，用脚掌将球接在体前。若需接在身后，则应在触球瞬间继续屈膝，将球压住，并以前脚掌为轴旋转 90° 以上。

5. 大腿停球

大腿停球一般可以用来接抛物线较大的高空球和略高于膝的低平球，如图 6–9 所示。

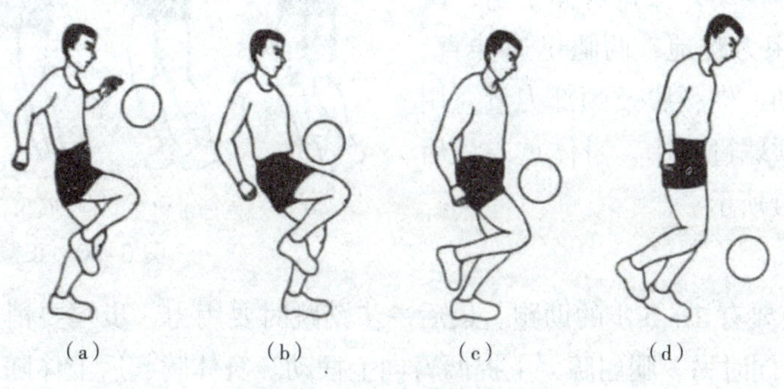

图 6–9　大腿停球

（1）接抛物线较大的下落球。面对来球方向，根据球的落点迅速移动到位，接球腿大腿抬起，在球与大腿接触的瞬间，大腿下撤，将球接到需要的位置上。

（2）接低平球。面对来球方向，根据来球高度，接球腿大腿微屈送髋前迎来球，在球与大腿接触的瞬间，下撤大腿，使球落在所需要的位置上。

6. 腹部停球

在激烈的比赛中为了抢点控制球，也可以使用腹部停球。

（1）接反弹球。接球者的身体正对来球方向跑动。判断好球的落点，身体前倾，腹部对准落地反弹的球，腹直肌保持紧张，推压球前进；也可在触球瞬间身体侧转，将球接向所需要的侧面。

（2）接平空球。来球较突然且与腹部同高时，应先挺腹，在腹部与球接触瞬间迅速含胸收腹，将球接下来。

7. 胸部停球

胸部停球是接高球的一种好方法。胸部停球包括挺胸式、收胸式两种方法。

（1）挺胸式停球。面对来球两脚左右或前后开立站立，两膝微屈，重心置于支撑面内，上体后仰，下颌微收，两臂自然张开，维持身体平衡。接触球瞬间，两脚蹬地，膝关节伸直，用胸部轻托球的下部使球微微弹起于胸前上方。

对于较高的平直球也可采用这种办法将球接于胸前但触球瞬间膝关节由直变屈，脚由提踵状态变成全脚掌落地，整个身体保持接球时的姿势，下撤将球接在胸前。

（2）收胸式停球。多用于接齐胸高的平直球。面对来球，两脚左右或前后开立，两臂自然张开，挺胸迎球，触球瞬间收胸、收腹、臀部后移将球接在体前。若需将球接在体侧，则触球瞬间转体将球接在转体后相应的一侧。

8. 头部停球

高于胸部的来球可用头部停球。

动作要领：根据球的运行路线，面对来球，用前额正面接触球的中下部，下颌微抬，两臂自然张开，提起伸膝，触球瞬间全脚掌着地，屈膝、塌腰、缩颈，全身保持上述姿势下撤将球接在附近。

（五）头顶球

顶球技术是传球、射门、抢截的有效手段，特别是争高空球时头顶球技术更为重要。顶球应该用前额骨触球。顶球一般分为正额顶球和额侧顶球两种。具体方法有原地顶球、助跑顶球、跳起（单脚和双脚）顶球和鱼跃顶球等。

1. 正额原地顶球

动作要领：面对来球，两脚前后开立，膝微屈，重心放在两脚上。顶球前，上体后仰，重心移到后腿上，两臂自然摆动，保持身体平衡，两眼注视来球。顶球时用力蹬地，两腿迅速伸直，上体由后向前快速摆动，借腰腹及颈部力量，用前额正面将球顶出。顶球过程中，身体重心从后腿移到前腿，如图 6-10 所示。

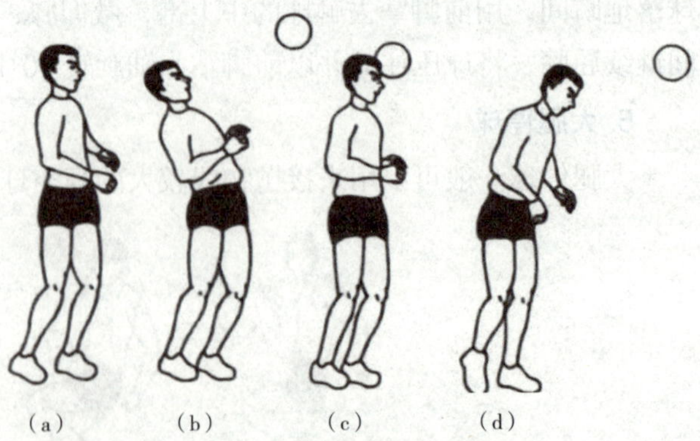

（a）　（b）　（c）　（d）

图 6-10　正额原地顶球

2. 单脚跳起顶球

动作要领：起跳前要有 3～5 步的助跑。最后一步踏跳时要用力，步幅要稍大些，踏跳脚以脚跟先着地再迅速移到脚掌，同时另一腿屈膝，上提两臂向上摆动。身体腾起后上体随之后仰。顶球时，上体由后向前摆动，借助腰、腹和颈部力量将球顶出，然后两脚自然落地。

3. 双脚跳起顶球

动作要领：两膝先弯曲，然后两脚蹬地向上跳起，同时两臂屈肘上摆，上体后仰，两眼注视来球，接着两臂自然张开，以保持身体平衡。当跳到最高点并在来球接近身体垂直线时，收腹、甩头，用正额将球顶出。

（六）抢截球

抢截球是一种足球运动技术。它是将对方控制或传出的球占为己有，或破坏对方对球的控制的技术，也是比赛中由守转攻的主要手段。抢截球可分抢球和断球两种，有正面抢截、侧面抢截和铲球等动作方法。

1. 正面抢截

动作要领：两脚前后稍开立，两膝稍屈，身体重心下降，并平均落在两脚上，面向对手。当对方带球脚触球即将着地或刚刚着地时，立即抢球。抢球脚的脚弓正对球，并跨出一步，膝关节弯曲，上体前倾，身体重心移至抢球脚上。如对方已有准备，在双方脚同时触球时，脚触球后要顺势向上提拉，使球从对方脚背滚过，身体迅速跟上，把球控制住。双方上体接触时，抢球人可用合理部位冲撞对方，使之失去平衡，将球控制在自己脚下。

另外，还可以用弓步抢球。抢球时，向斜前方跨步，两脚前后开立，重心稍下降，以维持身体平衡。先用前脚脚弓堵球，紧接着后脚脚弓再堵球，两脚动作频率要快，使对方无法处理球。

正面抢截适用于对方带球队员迎面而来的情况。

2. 侧面抢截

动作要领：当与对方平行跑动争球时，身体重心要降低，两臂贴紧身体。在对方靠近自己的脚离地时，可用肩和上臂做合理的冲撞动作，使对方身体失去平衡，从而把球抢过来。

侧面抢截适用于防守队员与带球进攻的队员并肩跑动，或二人争夺迎面来球时，双方都可采用这种抢截。

3. 铲球

铲球分为脚掌铲球和脚尖（脚背）铲球。

动作要领：当防守人追至距运球人右后方 1 m 左右时，可用右脚掌或左脚尖（脚背）进行铲球。在运球人的左侧时，则用左脚掌或是右脚尖（脚背）进行铲球。

如用右脚掌铲球，可在运球人刚刚将球拨出时，先蹬左腿，跨右腿，膝关节弯曲，以脚外侧从地面滑出，用脚掌将球踢出。然后小腿、大腿、臀部、上体依次着地，身体随铲球动作向前滚动。

如用右脚尖（脚背）铲球，左腿要用力蹬地，右腿向前跨出，以脚外侧从地面滑出。在脚快要触球时，可用力弹小腿，将球踢出。然后铲球腿的小腿、大腿，臀部依次着地，上体向铲球腿方向翻滚，两手撑地起立。

铲球是抢截技术中较困难的一种，一般是在用其他方法抢不到球时才运用。

（七）掷界外球

掷界外球是足球比赛中除守门员外唯一可以使用手的技术动作。

1. 原地掷界外球

动作要领：身体面对出球方向，两脚前后开立，屈膝后仰，两手自然张开，拇指相对持球的后侧部并屈肘置球于头后。掷球后，后脚用力蹬地，依次进行摆体收腹、挥臂、甩腕，迅速有力地将球掷向预定目标。

2. 助跑掷界外球

动作要领：助跑轻松自然，垫步的同时双手持球举过头顶。当最后一步踏地时，后脚开始蹬地，并且按照原地掷界外球的方法将球掷出。

（八）守门员技术

守门员在足球比赛中是非常重要的，是球门的最后一道关卡，守门员需要练习脚步移动、选位、接球、传球等技术。

1. 准备姿势

动作要领：两脚左右开立，约与肩同宽，两膝自然弯曲，身体稍向前倾，两脚跟稍提起，重心放在前脚掌上，两臂自然弯曲，掌心向下，两眼注视来球。

2 脚步移动

守门员的脚步移动有侧滑步移动和交叉步移动。

（1）侧滑步移动。从准备姿势开始，两脚顺序向斜侧方移动，两脚与球门线呈 60° 左右的角。侧滑步移动多用于扑近侧来球。

（2）交叉步移动。移动时，两脚交叉向斜侧方移动，两脚与球门线呈 60° 左右的角。交叉步移动多用于扑远侧来球。

3. 选位

选位对守门员来说非常重要，应根据射门队员与球门角度以及距离选择位置。

4. 接球

动作要领：接球时，两手自然张开，拇指相对，食指与拇指呈一桃形，要接触球的中后部，触球部位以手指为主，手掌上端轻微触球，掌心不能触球。在接球的一刹那，两手要有缓冲动作，将球接入手中。

二、足球运动基本战术

足球运动基本战术是指在足球比赛中，为了战胜对方，根据主客观情况所采取的个人行动和集体配合的方法。

（一）比赛阵形

1. 阵形演变

足球比赛阵形是指为了适应攻守战术的需要，队员在场上的位置排列和职责分工的基本形式。各阵形的名称按队员排列的形状而定。阵形的序列由后向前依次为守门员、后卫、前卫和前锋。守门员的职责是固定的，一般不列入比赛阵形中。目前较为常见的比赛阵形有 4–2–4、4–3–3、3–5–2 和 4–4–2 等。例如，4–4–2 阵型为 4 名后卫、4 名前卫和 2 名前锋。

2. 各个位置的职责

（1）边后卫。防守对方的边锋及其他进攻队员在边路的活动，破坏对方由边后发动的进攻。同时，还可利用助攻式运球来直接威胁对方球门。

（2）中后卫。中后卫有突前中后卫和拖后中后卫之分。前者主要任务是盯守对方突前的最有威胁的中锋，因而又被称为盯人中后卫；后者则主要担负整个防线的指挥任务，其站位经常处于其他防守队员后面，一般被称为自由中卫。

（3）前卫。前卫通常称为中场队员。中场是一个非常重要的区域，控制了中场也就得到了比赛的主动权，因此比赛各队往往都在中场投入较大力量。

（4）前锋。足球前锋位于前场，是球队进攻的第一线，主要任务是进攻对方争取得分。防守时应在前场或回撤至中场阻击对方进攻，必要时才回防至本方半场协助防守。

（二）进攻战术

1. 个人进攻战术

个人进攻战术包括采取有效措施摆脱对方防守队员、跑动到有利位置接应队友传球、运球突破对方防线寻求射门机会等，其目的是进球得分。

2. 局部进攻战术

局部进攻中常用二过一战术配合。二过一战术配合是指在局部地区两名进攻队员通过连续传球和跑位，突破一名防守队员的配合。

（1）跳墙式二过一。当防守队员逼近正在运球进攻的队员时，进攻队员将球传给队友，队友接球后直接将球传至对方防守队员身后的空当，进攻队员快速切入空当，接应队友的传球的一种战术配合。

（2）直传斜插二过一。进攻队员将球直传给队友，当对方防守队员逼近控球队友时，队友将球传至对方防守队员身后的空当，进攻队员立即斜插入空当，接应队友的传球的一种战术配合。

（3）斜传直插二过一。当对方防守队员逼近正在运球的进攻队员时，进攻队员将球传给队友，然后直插到对方防守队员身后的空当，接应队友传球的一种战术配合。

3. 整体进攻战术

（1）快速反击。比赛中当攻方进攻时，后卫线往往压至中场附近，防守人数也由于进攻和助攻而相对减少，此时如能抓住对方防区空隙较大和回防较慢的机会，乘其失球发动快速反击，往往能取得较好的效果。快速反击是最有威胁的进攻手段，突然地快速反击、快速的传切配合能实现有效进攻。快速反击要有组织，配合得要极为默契，必须进行专门训练，否则很难在比赛中实施。

（2）中路进攻。中路进攻是指在对方半场中部发起的进攻。中路进攻的特点是进攻人数多、配合点多、破门机会多，但由于对方中路防守严密，突破难度较大。

（3）边路进攻。边路进攻是指在对方半场两侧地区发起的进攻。边路进攻可充分利用场地的宽度，拉开对方的防线，使对方边路场区的防守队员分散、防守相对薄弱，以便进攻队员利用对方边路的空当突破防线，再通过传中等方式创造射门机会。

（三）防守战术

1. 个人防守战术

（1）选位。防守队员根据位置职责和临场情况，选择适当的防守位置。防守队员选位的地点一般应在本队球门中心与被防守队员所构成的直线上。

（2）盯人。防守队员对进入本方防守区域内的对方队员实施监控，并及时封堵对方队员接球或传球。

2. 局部防守战术

（1）保护。一名防守队员在防守对方队员持球进攻时，另一名防守队员在其身后选择适当位置进行协助防守的战术配合。

（2）补位。一名防守队员的防守出现漏洞时，另一名防守队员及时上前弥补漏洞的战术配合。通过队友间的相互补位，可以有效遏制和破坏对方的进攻。

（3）围抢。在局部区域内，多名防守队员同时围堵对方控球队员，以达到抢截或破坏对方进攻目的的战术配合。

3. 整体防守战术

整体防守战术主要包括盯人防守、区域防守和混合防守等。

（1）盯人防守。盯人防守是指每个防守队员都有各自明确的防守对象，对方队员移动到哪里就要紧跟盯防到哪里。

（2）区域防守。区域防守是指每个队员负责自己的防守区域，并在该区域内盯人防守。

（3）混合防守。混合防守是盯人防守与区域防守相结合的防守方法。一般情况下，要对对方中场组织队员和持球进攻队员采用盯人防守，对其他队员采用区域防守。

第三节　足球的基本规则

一、场地

球场长度不得多于 120 m 或少于 90 m（国际标准为 100～110 m），球场宽度不得多于 90 m 或少于 45 m（国际标准为 64～75 m）。在任何情况下，球场边线的长度必须大于球门线的长度，场地各线宽度不超过 12 cm。

二、比赛规则

（一）队员人数与服装

一场比赛每队上场队员不得多于 11 名或少于 7 名，其中必须有一名守门员。在由国际足联、洲际联合会或国家协会主办的正式比赛中，每场比赛每支球队允许换 5 人，每支球队每场比赛最多可以进行 3 次换人。

同队队员的服装（包括上衣、短裤和护袜）颜色必须一致，并与对方队有明显区别。守门员的服装颜色必须与双方其他队员及裁判员有明显区别，并且队员不能佩戴任何可能伤害到自己或别人的配饰。

（二）比赛时间

正式比赛每场为 90 min，分上、下两个半场，每半场为 45 min。除经裁判员同意外，两个半场之间的休息不得超过 15 min。如比赛需决出胜负，90 min 内战平，双方需打加时赛。加时赛共计 30 min，分为上、下半场，每半场 15 min，中间不休息。如加时赛后仍未分出胜负，则进行点球决胜。

（三）计胜方法

球的整体从门柱间及横梁下越过球门线外沿的垂直面，而此前未违反竞赛规则，计为攻方进一球。在比赛中进球数较多的队为胜者。如两队进球数相等或均未进球，则比赛为平局。竞赛规程中应说明，若比赛结束时结果为平局，是否采用决胜期或国际足球理事会同意的其他步骤来决定。

（四）越位

1. 判断越位的时间

判断队员是否处于越位位置的时间是同队队员踢或触及球的一瞬间，而不是该队员接获球时。

2. 判断越位的条件

（1）进攻队员处在对方半场。

（2）进攻队员处在球的前面。

（3）进攻队员于对方球门线之间，对方队员不足 2 人。

（4）接同伴的球或干扰比赛，获得利益。

上述四条缺一不可，若缺少任何一条，队员均不处于越位位置。

3. 判罚

当同队队员踢或触及球的一瞬间，队员处在越位位置，并且裁判员认为该队员有干扰比赛或干扰对方队员的行为才判罚越位犯规。此时裁判员应判由对方队员在越位地点踢间接任意球。如果该队员在对方球门区内越位，则可以在越位时所在球门区内任何地点执行该任意球。

4. 不应判罚越位的情况

（1）裁判员认为，队员仅仅是处在越位位置。

（2）如果队员处在越位位置直接接得球门球、角球、界外球和裁判坠球时，也不判该队员越位。

（五）犯规与不正当行为

1. 判罚直接任意球

如果队员在比赛中出现下列情形之一，将被判为犯规，并判由对方在犯规地点踢直接任意球。

（1）踢或企图踢对方队员。

（2）绊摔或企图绊摔对方队员。

（3）跳向对方队员。

（4）从背后或带有危险性地冲撞对方队员。

（5）打或企图打对方队员。

（6）推对方队员。

（7）在抢截对方队员控制的球时，于触球前触及对方队员。

（8）拉扯对方队员。

（9）向对方队员吐唾沫。

（10）故意手球（不包括守门员在本方罚球区内）。

2. 判罚间接任意球

如果守门员在本方罚球区内违反下列五种犯规中的任何一种，将判给对方踢间接任意球。

（1）当手控制球后在发出球之前持球超过 6 s。

（2）在发出球之后未经其他队员触及，再次用手触球。

（3）用手触及同队队员故意踢给他的球。

（4）用手触及同队队员直接掷入的界外球。

如果队员出现下列情况，也将判给对方踢间接任意球：

（1）动作具有危险性。

（2）阻挡对方队员。

（3）阻挡对方守门员从其手中发球。

（4）因其他任何犯规而停止比赛，被警告或罚令出场。

3. 警告与罚令出场

黄牌警告。凡队员犯有下列七条中任何一条者将被出示黄牌警告：

（1）有非体育道德行为。

（2）以语言或行动表示异议。

（3）持续违反规则。

（4）延误比赛重新开始。

（5）当以角球或任意球重新开始比赛时，不退出规定的距离。

（6）未得到裁判员许可进入或重新进入比赛场地。

（7）未得到裁判员许可故意离开比赛场地。

红牌罚下。队员违反下列七条中任何一条者将被出示红牌罚令出场：

（1）严重犯规。

（2）暴力行为。

（3）向对方或其他任何人吐唾沫。

（4）用故意手球破坏对方的进球或明显的进球得分机会。

（5）用可能被判为任意球点球的犯规破坏对方明显的进球得分机会。

（6）使用无礼、侮辱或辱骂性的语言及动作。

（7）在同一场比赛中受到第二次警告。

（六）任意球

任意球分为直接任意球和间接任意球两种。无论是直接还是间接任意球，踢球时必须将球放定，踢球队员在球未经其他队员触及前，不得再次触球。

1. 任意球的位置

（1）罚球区内的任意球。

属于守方的间接或直接任意球：所有对方队员距球至少 9.15 m（约 10 码）；所有对方队员应站在罚球区外直到比赛进行；当球被直接踢出罚球区比赛即为进行；可以在球门区内任何一点踢任意球。

属于攻方的间接任意球：所有对方队员距球至少 9.15 m（约 10 码），直到比赛进行，除非他们已经站在本方球门柱之间的球门线上；当球被踢并移动时比赛即为进行；在对方球门区内踢间接任意球时，应在距犯规发生地点最近的、与球门线平行的球门区线上执行。

（2）罚球区外的任意球。

所有对方队员距球至少 9.15 m，直到比赛进行；当球被踢并移动时比赛即为进行；在犯规发生地点踢任意球。

2. 违规 / 判罚

如果球未被直接踢出罚球区进入比赛：应重踢。

由除守门员外的队员踢球门球。踢球队员在其他队员触球前再次触球（用手除外），则由对方在犯规发生地点踢间接任意球。踢球队员在其他队员触球前故意用手触球，则由对方在犯规发生地点踢直接任意球；如果犯规发生地点在本方罚球区内，则判罚球点球。

（七）点球

当比赛进行中，一个队在本方罚球区内违反了可判为直接任意球的 10 种犯规之一而被判罚的任意球，应执行罚点球。点球可以直接进球得分。在每半场比赛或决胜期上下半场结束时，应允许延长时间执行完罚点球。

（八）球门球

球门球是重新开始比赛的一种方法。球门球可以直接射入对方球门得分。

判为球门球：当球的整体不论在地面或空中越过球门线，而最后触球者为攻方队员，且不是进球得分时。

程序：由防守方从球门区内的任何一点踢球；对方应在罚球区外直至比赛进行；踢球队员在其他队员触球前不得再次触球；当球被直接踢出罚球区，比赛即为进行。

由守门员踢球门球：比赛进行后，守门员在其他队员触球前再次触球（用手除外）；由对方在犯规发生地点踢间接任意球。

比赛进行后，守门员在其他队员触球前故意用手触球：如果犯规发生地点在本方罚球区外，由对方在犯规发生地点踢直接任意球；如果犯规发生地点在本方罚球区内，由对方在犯规发生地点踢间接任意球。

对于其他任何违反此规则的：应重踢。

（九）角球

当队员踢或触球的整体在空中或地面从球门外超出本方球门线时，由对方队员将球的整体放在离球出界处较近的角球弧内踢角球。踢角球时，在比赛恢复前，对方队员距球至少 9.15 m。队员踢出角球，如果球击中门柱或处于场内的裁判员而弹回，该队员补射，应判连踢犯规，进球无效。

（十）掷界外球

掷界外球是重新开始比赛的一种方法。掷界外球不能直接进球得分。

判为掷界外球：当球的整体不论从地面或空中越过边线时；判给最后触球队员的对方；从球越过边线处掷界外球。

1. 程序

在掷出球的一瞬间，掷球者应面向比赛场地；任何一只脚的部分站在边线上或边线外的地上；使用双手将球从头后经头上掷出；掷球队员在其他队员触球前不得再次触球；球一进入比赛场地，比赛即为进行。

2. 违规 / 判罚

由除守门员外的队员掷界外球。

（1）如果比赛进行后，掷球队员在其他队员触球前再次触球（用手除外）：由对方在犯规发生地点踢间接任意球。

（2）如果比赛进行后，掷球队员在其他队员触球前故意用手触球：由对方在犯规发生地点踢直接任意球；如果犯规发生地点在掷球队员本方罚球区内，则判罚点球。

3. 由守门员掷界外球

（1）如果比赛进行后，守门员在其他队员触球前再次触球（用手除外）：由对方在犯规发生地点踢间接任意球。

（2）如果比赛进行后，守门员在其他队员触球前故意用手触球：如果犯规发生地点在守门员本方罚球区外，由对方在犯规发生地点踢直接任意球；如果犯规发生地点在守门员本方罚球区内，由对方在犯规发生地点踢间接任意球；如果对方队员不正当地阻碍掷球队员或分散其注意力将因非体育道德行为被警告并出示黄牌。

对于其他违反此规则的：由对方掷界外球。

第七章 排　球

学习目标

知识目标：了解排球运动的起源与发展；了解排球运动的特点及价值；熟悉排球运动的技术动作；了解排球的基本比赛规则。

能力目标：掌握排球运动的基本技术与战术。

素质目标：学会欣赏排球比赛，感受参与排球比赛的乐趣。

课程思政

教学内容	思政元素	教学内容与思政元素的结合
排球概述	体育锻炼 健康生活 顽强拼搏	通过排球概述的学习，形成良好的体育锻炼习惯和健康的生活方式，培养积极健康的生活态度；形成积极向上的态度，培养意志力和抗压能力及顽强拼搏精神。
排球基本技术动作	团队合作 顽强拼搏 自我挑战 创新精神	通过排球基本技术动作的学习，认识到排球是一项集体运动，每个技术动作的执行都离不开团队的配合，提升集体荣誉感和团队协作能力；掌握排球运动的技术动作，培养顽强拼搏与自强不息的精神；知道应不断学习和创新排球技术动作，培养自我挑战与不断创新的精神。
排球的基本规则	公平竞争 遵守规则 体育精神 道德修养	通过排球的基本规则的学习，认识到排球比赛应公正、公平，培养公平竞争的精神与高尚的体育道德风尚；知道应严格遵守比赛规则，自觉在生活和工作中遵守各种规章制度和法律法规，培养规则意识和自觉意识；学会尊重裁判的判罚和决定，培养体育精神和道德修养。

第一节 排球概述

排球运动是一项两队对抗，每队 6 人，分两排站位，以中间球网为界，根据规则以身体任何部位击球过网而决定胜负的球类运动。

排球运动是 1895 年美国人威廉·莫根发明的，最初是在室内球网两边用篮球胆拍来拍去使球不落地的一种游戏，取名 Volleyball，意为“空中飞球”。因为它是成排站位打球的，所以中国人称之为排球。

1947 年 4 月，国际排球联合会在法国巴黎成立，现在已成为拥有 200 多个会员国的体育组织。

1964 年，排球运动被正式列为奥运会比赛项目。目前，世界性的比赛有世界排球锦标赛、世界杯排球赛、奥运会排球赛和世界排球联赛。最早的排球比赛，场上每队 16 人，站成 4 排，每排 4 人。它具有激烈的对抗性、技术的全面性、高度的技巧性和攻防技术的两重性等特点。排球这项体育运动不仅可以提升人体的各项机能以及多项身体素质，而且还能培养机智、果断、沉着、冷静等心理品质和集体主义精神。

排球在 1905 年传入中国。中国女排在 1981—1985 年的世界杯排球赛中，连续获得了“五连冠”。2004 年雅典奥运会上中国女排重夺世界冠军。中国女排在世界性比赛中所表现出来的一往无前的气概，被人们誉为“女排精神”，激励着中国各行各业的工作人员克服困难，为社会的发展进步贡献力量。

排球最高级的组织机构为国际排球联合会，简称国际排联（FIVB），截至 2020 年 9 月，共有 222 个协会会员，分属欧洲、亚洲、非洲、中北美和加勒比地区、南美 5 个洲级排球联合会。中国排球协会是中华全国体育总会的团体会员，是中国奥林匹克委员会承认的全国性专项运动协会。

第二节 排球基本技术动作

一、排球运动基本技术

排球技术是指运动员在排球比赛中所采用的合理击球动作和完成动作必不可少的其他配合动作的总称。基本技术有准备姿势、移动、发球、垫球、传球、扣球和拦网。

（一）准备姿势

准备姿势和移动是排球运动中各项技术的基础，其目的是迅速起动、快速移动地接近球。准备姿势的好坏直接影响脚步的移动和技术动作的质量。判断、准备和起动的衔接是学习的关键，起动快慢是学习的难点。

1. 动作要领

两脚左右开立，略宽于肩，脚尖向前，稍向内，脚跟稍提起，两腿弯曲，膝关节投影点超过脚尖，上体前倾，重心靠前，两臂自然弯曲，双手置于腹前，上体放松，两眼注视来球，随时准备启动、移动或做相应的动作，如图 7–1 所示。

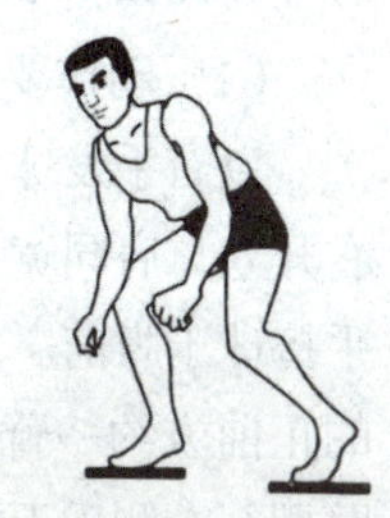

图 7–1 准备姿势

2. 练习方法

（1）徒手做准备姿势。

（2）看手势做准备姿势。教师向上举手，学生直立；平举时，学生做半蹲式准备姿势。

（3）跑动过程中看到信号或听到哨音，向前跨一步做半蹲、稍蹲、低蹲的准备姿势。

（4）两人一组做半蹲准备姿势。

（二）移动

1. 动作要领

在准备姿势和起动的基础上，队员根据完成技术动作和战术配合的需要，灵活运用各种步法进行移动。在准确判断之后要快速移动，边移动边注视来球，使身体尽快接近球并做好击球的准备姿势。根据来球的距离和速度采用不同的移动步法。

（1）跨步法。当来球较低，离身体一两步之内，可采用跨步法。移动时，一脚蹬地，另一脚向来球方向跨出一大步，上体前倾，使重心移至跨步脚上，另一脚适当伸直或随重心移动而跟着上步，呈击球的准备姿势。

（2）跑步法。球的落点距身体较远时，采用跑步法。跑步时，应迅速起动，跑动的最后阶段要逐渐降低重心，做好击球前的准备姿势。

（3）并步法。当来球离身体一步左右时，可采用并步法。移动时，移动方向的同侧脚先向移动方向跨出一步，当跨出脚落地时，另一脚迅速并上，呈击球前的准备姿势。

（4）后退法。当来球落点在身后时采用后退法。移动时，身体保持稍低的姿势，两脚交替快速向后退步，重心应保持在体前。

（5）交叉步法。当球在体侧或体前侧距离 2 m 左右时，可采用交叉法。若向右移动，起动时，上体稍向右转，左脚从右脚前向右交叉迈出一步，然后右脚再向右跨出一步，同时身体转向来球方向，呈击球前的准备姿势。

2. 练习方法

（1）将球抛向不同的方向，练习者用不同步法迅速将球接住。

（2）练习者以坐、蹲、卧等不同姿势，听信号后快速起动冲刺 6 m，然后放松慢跑回。

（3）两人面对站立，呈半蹲准备姿势。双手互拉，由其中一人主动做向前、后、左、右的移动，另一人跟随做。

（4）徒手做各种方向的移动练习。以半蹲准备姿势站立，看手势做向前、后、左、右的移动，包括一步或两步移动。

（三）发球

发球是队员在发球区内自己抛球后，用一只手或手臂将球击入对方场区的一种击球方法。发球是比赛和进攻的开始。发球按性能一般可分为旋转球与飘球两大类。旋转球有侧面下手发球、正面上手发球、勾手大力发球等，飘球有正面上手发球和勾手飘球等。各类发球的抛球、击球、用力是重要环节，抛球和击球是教学的难点。下面介绍侧面下手发球和正面上手发球。

1. 侧面下手发球

（1）动作要领。

以右手发球为例。左肩对网站立，两脚左右开立与肩同宽，两膝微屈，上体稍前倾，左手持球于腹前。发球时，将球垂直上抛在身体的正前方约一臂距离，离手约 30 cm，同时右臂摆至右侧后下方。引臂后，利用右脚蹬地和向左转体的动作，带动右臂迅速向前挥动，在体前腹部高度用掌根击球的后下方。击球后，身体应转成面向球网，如图 7-2 所示。

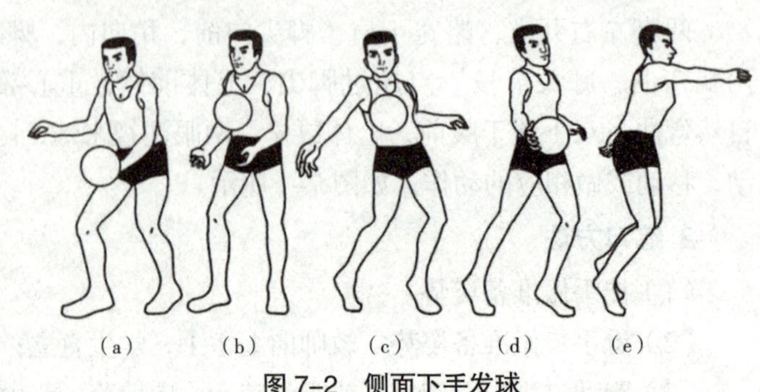

图 7-2　侧面下手发球

（2）练习方法。

①徒手练习。体会身体的协调用力和挥臂的动作及路线。

②抛球练习。球抛起要垂直向上，人和球的位置与抛起高度要适当。

③对墙发球练习。距墙 6～8 m，注意击球手法和击球部位，球击到墙要有一定高度。

④近、远距离隔网发球练习。两人一组相距 8～10 m，逐渐到端线外隔网发球。

2. 正面上手发球

（1）动作要领。

以右手发球为例。面对球网，两脚前后开立，左脚在前，重心偏于右脚，左手持球于身前。发球时将球抛向右肩上方约高出击球两个球的地方，右臂同时抬起，屈肘后引，肘与肩平，上体移向右侧转动，挺胸展腹。击球时，利用蹬地、收腹、挥臂的力量，用全掌击球的后中下部，手腕向前推压，如图 7–3 所示。

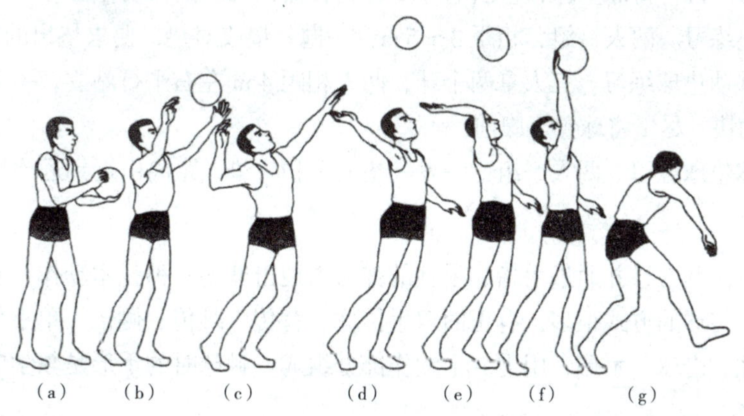

图 7–3 正面上手发球

（2）练习方法。

①徒手发球练习。两人一组，体会完整动作过程，主要是挥臂动作。

②对墙发球练习。距墙 3～5 m，墙上定个参照物，发出的球尽量打中参照物。体会抛球与击球时的手臂挥动配合。

③近、远距离隔网发球练习。两人一组，相距 6～8 m，逐渐到端线外发球，体会击球用力和动作的连贯性。

④发直线球和斜线球。将对方场区一分为二，固定发球位置，然后要求发直线球和斜线球，同时，要求发球要稳、要准。

（四）垫球

垫球是用手臂从球的下部，利用来球的反弹向上击球的技术动作。垫球主要用来接发球和接扣球。垫球技术种类很多，可分为接发球垫球、接扣球垫球、接拦回球垫球和垫击二传球。各种垫球技术教学的难点是击球，即击球点和击球部位。下面介绍正面双手垫球。

1. 动作要领

根据来球路线迅速取位，使球尽量保持在腹前。双手重叠互握，掌根并拢，拇指平行。两臂伸直相夹并外旋成平面。垫球时重心降低。两臂前伸插入球下，击球点保持在腹前，取好击球角度，手臂夹紧，利用蹬地、提肩、顶肘、压腕的动作，用腕上 10 cm 左右的小臂内侧构成的平面将球击出，如图 7–4 所示。

图 7–4　垫球

2. 练习方法

（1）固定球垫击练习。两人一组，一人持球于腹前，另一人做垫击动作，体会击球部位的感觉，掌握好插、夹、提、移、蹬、跟动作。

（2）自垫球练习。自行将球垫起，垫出的球要有高有低，巩固垫球动作。

（3）抛垫、对垫练习。两人一组，相距 3～5 m，一抛一垫或对垫，要求垫出的球有适当高度。

（4）三人两球移动垫球练习。三人拿两个球，两人相距 4 m 左右平行站立，一人向前抛球，另一人移动垫球，要求移动快，尽量将球置于腹前。

（5）接发、扣球垫球练习。两人一组，一发一垫或一扣一垫，距离由近到远，尽量将球垫到位。

（五）传球

传球是利用全身协调力量并通过手指、手腕的弹力去迎击球的一种技术动作。它在组织进攻、串联攻防中起纽带作用。传球的方式很多，有正面双手传球、背传、跳传、侧传、单手传等。这些传球动作是由准备姿势、迎球、击球、手形、用力五个动作部分组成。触球时的手形是教学中的重点和难点，下面介绍正面双手传球。

1. 动作要领

根据来球迅速移动到传球合理位置。当球接近额前时，两手在脸前，呈半圆形，主动迎球。两拇指呈“一”字形，食指、中指托住球的后下部，无名指、小指在球两侧辅助控制球，如图 7–5 所示。触球瞬间，手指、手腕适当绷紧，用手指、手腕的弹力和蹬地、伸膝、伸臂的协调力量，在额前上方约一球距离将球传出，如图 7–6 所示。

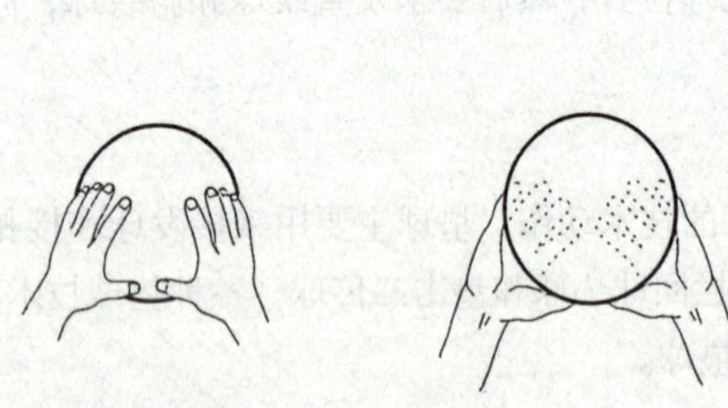

图 7–5　传球手部动作

图 7–6　传球

2. 练习方法

（1）徒手传球练习。两人一组徒手做传球动作，徒手模仿传球的蹬地、伸膝、伸臂，在额前上方用正确手形做推送动作。

（2）抛球练习。轻轻将球在额前抛起，在额前上方用正确手形将球接住，检查手形和击球点正确与否。

（3）自传练习。向上一高一低传球，体会传球手形和手触球部位。

（4）对墙传球练习。向墙上固定目标连续传球或自传一次再向墙上固定目标传一次，体会身体协调伸展及手的推送动作。

（5）平网对传练习。两人一组，平行站于网前，传高球和传平球交替进行，体会网前传球动作。

（6）网前移动传球练习。4 人一组，站位编号如图 7–7 所示，4 号位站一人，6 号位站一人，2、3 号位之间站两人，2、3 号位传向 4 号位，4 号位传向 6 号位，6 号位传向 2、3 号位，2、3 号位传球后跑到进攻限制线后，两人交替移动传球，体会实践中的移动传球动作。

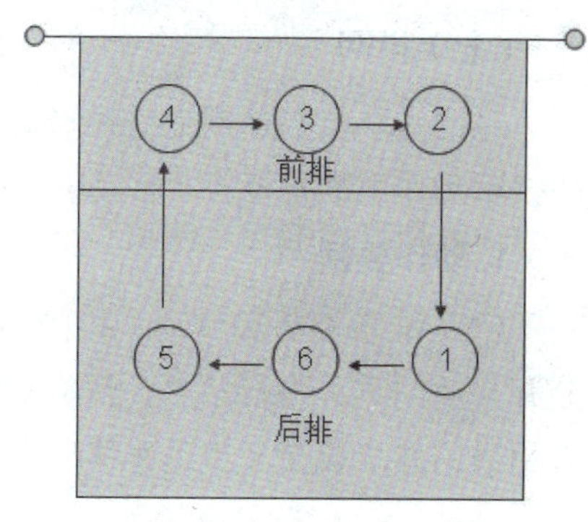

图 7–7　排球站位示意图

（六）扣球

扣球是练习者跳起到空中，利用身体的爆发力和快速挥臂，以全手掌击球的一种技术动作。它是排球技术中最有效的进攻方法。扣球包括正面扣球、勾手扣球、扣快球等。在扣球动作环节中，选择好起跳点及起跳时机，保持好人与球的位置是扣好球的基础，挥臂击球是完成扣球动作的关键环节，起跳时机、击球准确性是学习的难点。下面介绍正面扣球，如图 7–8 所示。

1. 动作要领

（1）助跑起跳。一般采用两步或三步助跑。两步助跑时，左脚先向球的落点方向迈出一步，紧接着右脚根据球的落点调整步幅，确定位置跨出一大步，同时左腿跟上，双脚落地后，立即用力蹬地起跳。起跳时，两臂由后经腹前屈臂向上猛摆，配合起跳。

（2）挥臂击球。起跳后，要挺胸展腹，上体稍向右转，右臂向上向后挥起，肘高于肩，左臂上摆在头前，身体呈反弓形。挥臂时，以迅速转体、提肩、收腹动作发力，带动肩、肘、腕各关节或鞭打动作向前上方挥出。击球时，手呈勺形包满掌，击球的后中上部。

（3）落地。双脚前脚掌先着地，再过渡到全脚掌着地，随势屈膝、收腹、缓冲落地。

图 7–8　正面扣球

2. 练习方法

（1）助跑起跳练习。听口令做两步助跑起跳练习，体会助跑、起跳的衔接和节奏。

（2）挥臂击球手法练习。徒手做扣球挥臂击球动作，一人双手执球于头上，另一人扣固定球，体会挥臂动作、手法及击球部位。

（3）原地对墙自抛自扣或原地自抛起跳扣球。两人相距 6～7 m，自抛起跳对扣，体会人与球的位置，起跳时机、挥臂击球动作。

（4）结合二传扣球练习。扣球人在限制线附近传球至二传处，由二传进行传球，扣球人用助跑起跳扣过来的球，巩固扣球的完整技术动作。

（七）拦网

拦网是队员在球网上空拦阻对方击球过网的一种技术动作，它是一种具有进攻性的防御技术。拦网的技术动作由准备姿势、移动、起跳、空中击球和落地五个部分组成。

1. 动作要领

（1）准备姿势和移动。拦网的准备姿势与一般的准备姿势不同。队员面对球网，距离 30cm，两脚分开与肩同宽，平行站立，两膝稍屈，上体稍前倾，两臂弯曲置于胸前。当判断出对方进攻点时，一般采用横向并步或交叉步迅速移动，并降低重心做好起跳准备，如图 7–9 所示。

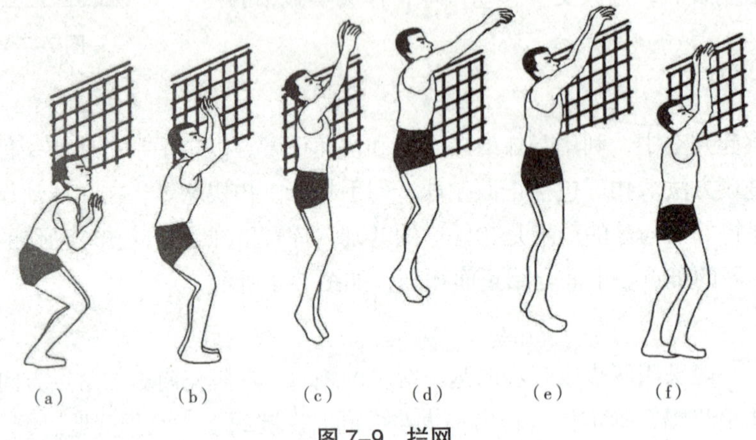

图 7–9　拦网

（2）起跳。两脚用力蹬地，两臂在体侧前方划小弧用力上摆，带动身体垂直向上跳起。起跳后，稍收腹，以便控制平衡和延长腾空时间。

（3）空中拦截。在身体腾空后，两手从胸前向头上方伸出，两臂向上伸直并有提肩动作，两手平行上举，尽量接近球。当手触球时，两手要紧张，手腕下压“盖帽”捂球。

（4）落地。拦网后身体要自然下落，先以前脚掌着地，随之屈膝缓冲身体落地力量，同时迅速做好下一个动作的准备。

2. 练习方法

（1）原地做拦网的徒手动作，体会手向上直伸、拦球的动作。

（2）教师站在高台上双手持球，学生轮流起跳拦网，体会起跳拦网动作。

（3）两人隔网相对站立，做向左（或右）移动一步起跳拦网，体会移动拦网动作。

（4）双人拦网移动起跳配合练习。2、4 号位网前各站一人，3 号位网前站两人，听口令后，两名 3 号位队员分别向左、右移动，与 2、4 号位队员配合拦网。

（5）扣、拦练习。教师在网前 2、3、4 号位扣球，队员轮流做拦网练习。

二、排球基本战术

（一）阵容配备和信号

1. 阵容配备

阵容配备是合理使用本队队员的一种组织手段。目的是把全队的力量有效地组织起来，最大限度地发挥每个队员的特长和作用，发挥总体优势。

（1）“2–4”配备。2 个传手安排在对称位置上，其余的安排作扣手。这样在前后排都能保持 1 个传手和 2 个扣手，便于组织多种进攻战术，这种配备在一般球队中常被采用。

（2）“3–3”配备。一个扣手间隔一个传球队员，这样在任何轮次上，前后排都保持 1～2 个传手和扣手，便于组织开展“插上”和“两次球”战术，也便于转为“中一二”“边一二”的进攻战术。

（3）“4–2”配备。安排 4 个进攻队员、2 个二传队员，4 个进攻队员又分为 2 个主攻和 2 个副攻，二传、主攻、副攻各成对站位。

（4）“5–1”配备。如全队队员的扣球、传球和防守技术较全面时，为了加强进攻，可采用 5 个扣球队员和 1 个传球队员的配备。传球队员在前排时，打“中一二”“边一二”战术或“两次球”战术；传球队员在后排时，则采用“插上”战术。

在规则允许的条件下，为了最大限度地发挥每个队员的特长，弥补由于队员身高、技术的不平衡带来的缺陷，以达到最佳整体效益，可采用交换位置的方法。交换位置一般采用两种方式：前排队员之间的换位和后排队员的换位。

前排队员之间的换位：前排把二传、主扣和拦网队员换到最有利的位置，后排队员的位置交换也是如此。交换的时机是发球队员发球的一刹那。

后排队员的换位：把善于防守的队员换到防守任务重的区域上，二传队员换到易于行进间“插上”的 1 号或 6 号位置上。

2. 信号联系

快速多变进攻战术的实现，必须通过信号联系来统一场上队员的行动。概括来说信号联系有两种方式：语言和手势。队员在场上要根据具体情况进行选择。

语言联系：用语言直接进行联系，其中可将战术编成代号，也可真假反用，真假结合。

手势信号联系：可通过事先确定的各种手势，进行规定的战术配合，手势一般由二传队员和进攻队员发出。

（二）个人战术

1. 一传

本队集体战术成功的基础就是一传，因此多变的集体战术要求有多变的一传个人战术，主要包括组织快攻、两次球战术、交叉战术和短平快战术。

2. 二传

二传队员是组织全队战术的核心，二传个人战术主要利用时间差、位置差、空间差和动作的变化为进攻创造有利的形势。

（1）二传队员可根据本队的特长组织集中与拉开，近网、中网与远网，弧度高与弧度低等传球技术，组织进攻战术。

（2）可根据对方拦网部署，选择拦网薄弱环节强攻。

（3）掌握对方心理特点，利用多种战术变化，打乱对方的防守步骤。

（4）根据临场情况处理球或调整球。

3. 发球

根据临场比赛的情况，采用发准确性球控制落点，发攻击性球和不同性能的球，从而达到直接得分和削弱对方进攻战术的目的。

（1）加强攻击性发球。尽量准确地发出弧度平、速度快、力量大、旋转性强或飘度大的攻击性球，以破坏对方一传并争取直接得分。

（2）控制落点的发球。可将球准确地发到对方两个队员之间的连接区、前区、后区死角、三角地带或对方交换位置活动区，以破坏对方一传。

（3）发给一传差、信心不足、连续失误、情绪不稳、精力分散的对方队员。

4. 扣球

（1）扣球时避开拦网队员的手。扣球时运用路线的变化，灵活采用扣直线、斜线和小斜线等；运用转体、转腕扣球技术，达到突然改变扣球线路的目的；运用扣球或吊球技术，从拦网队员上方进行突破；运用时间差扣球，使对方达不到拦网目的。

（2）扣球时利用拦网队员的手。利用打手出界来破坏对方严密的拦网；运用轻扣技术，使球随拦网队员的手一起落下。

（3）根据临场情况采用的扣球战术。运用二次球扣球或佯传突转扣球，使对方来不及拦网；找人找点扣球，找对方技术差的队员或寻找空当进行扣球。

5. 拦网

拦网是被动技术，要变被动为主动，关键在于隐蔽，造成对方扣球队员判断错误，从而使本方拦网成功。

（1）在估计到对手扣球威力不大时，要防止对方吊球、轻扣等。

（2）如发现扣球队员要打手出界或平扣时，可在空中及时将手撤回，造成对方扣球出界。

（3）拦网队员可站直拦斜、站斜拦直、正拦侧堵、侧堵正拦，并可运用取位（即站位选择）和空中变化的假动作迷惑对方。

（4）有时可制造假象，使对方受骗。如假装露出中路空当，引诱对方队员扣中路，待对方扣中路之后突然拦关门球。

（三）接发球及其进攻战术

接发球进攻，简称一攻。一般由一传、二传、扣球三部分组成。接发球进攻战术有以下三种形式。

1. “边一二”进攻战术

接发球时，把球垫给前排 2 号位队员，由他传给 3、4 号位队员扣球。它的特点是两个进攻队员可以互相配合，起一定的掩护作用，而且可以有较多的战术配合变化，它的攻击性比“中一二”战术高。“边一二”战术除去组织两人定位定点扣以外，还可以组织以下几种战术变化，特别是 3 号位队员的进攻面大，路线多。

（1）“前交叉”战术。4 号位队员扣快球，3 号位队员从 4 号位身后交叉扣一般低球。

（2）“快球掩护拉开”战术。3 号位队员上前扣快球或做佯攻，掩护 4 号位打拉开球。

（3）“短平快掩护拉开”进攻战术。4 号位队员扣短平快球，3 号位队员掩护；或 4 号位队员掩护，3 号位队员扣球。

（4）“围绕”战术。4 号位队员扣拉开球，3 号位队员绕到 2 号位二传队员的身后进攻。运用“围绕”战术时，2 号位的二传队员应稍靠 3 号区站位，做背传球不宜太拉开。

（5）“掩护夹塞”战术。3 号位队员扣短平快球或佯作进攻掩护，4 号位主攻队员向内直插起跳扣半高球（俗称夹塞）。

（6）重叠进攻战术。可以是 3 号位队员扣球或佯装进攻掩护，4 号位队员跑到 3 号位队员后扣半快球；也可以是 4 号位队员佯扣，3 号位队员扣半快球。

2. “中一二”进攻战术

这是进攻战术中最简单、最基本的战术形式。由 3 号位队员做二传把球传给 2 号位或 4 号位队员扣球。

“中一二”战术的特点：战术容易组成，变化少，只能有两点进攻；战术意图易被对方识破；突然性和攻击性小。

“中一二”战术有以下两种。

（1）跑动掩护进攻。为了增加战术的突然性，可以通过主、副攻手的跑动、换位和相互掩护，变定点进攻为活点进攻，设法摆脱对方的集体拦网，造成一对一的局面。

（2）集中与拉开。二传队员根据临场情况向 2 号位或 4 号位队员忽而集中、忽而拉开的传球迷惑对方拦网。

3.“插上”进攻战术

“插上”进攻战术是指本方一个后排队员在对方发球时，迅速跑到前排担任二传，使前排有三个人进攻的形式。它的特点是可组成多种快速多变的战术配合，使得对方拦网判断困难。

“插上”战术的几种战术变化如下。

（1）“梯次”进攻。这也是在快球掩护的基础上形成的一种战术。进攻时利用 3 号位队员扣快球或作掩护，另一队员在 3 号位队员的背面起跳扣球。由 4 号位队员跑动至二传队员面前扣快球，运用快球掩护造成对方拦网队员起跳。此时，二传队员改传为平高球，供跟上来的 3 号位队员进攻；由 3 号位队员跑动打快球，2 号位队员在他身后扣梯次战术的半高球。

（2）中间快球、两边拉开。3 号位队员打快球或快球掩护，24 号位队员两边拉开进攻，这是“插上”进攻的最基本打法，在实战中运用较多。这种打法能充分利用球网的全长组织进攻，可以破坏对方集体拦网，但对方可以组成人盯人，一对一的单人拦网。两边拉开进攻时，4 号位可运用一般拉开或平拉开快球，2 号位可运用背快球或背平快球。

（3）交叉进攻。这是在快球掩护的基础上形成的战术变化。交叉进攻又可分为“前交叉”和“后交叉”两种。“前交叉”进攻战术：4 号位队员内切快球掩护，3 号位与 4 号位队员做交叉跑动扣球，完成战术配合后，可自然换位，成死球后再各返原位。“后交叉”进攻战术：3 号位队员快球掩护，2 号位队员与 3 号位队员交叉跑动，绕至二传队员前面扣半快球或半高球。

第三节　排球的基本规则

一、场地

排球运动的比赛场地包括比赛场区和无障碍区，其形状为对称的长方形。比赛场区为 18 m×9 m 的长方形，其四周至少有 3 m 宽的无障碍区。比赛场区上空的无障碍空间从地面量起至少高 7 m，其间不得有任何障碍物。国际排联世界性比赛场地边线外的无障碍区至少宽 5 m，端线外至少宽 8 m，比赛场地上空的无障碍空间至少高 12.5 m。

球网高度：球网架设在中线上空，高度男子为 2.43 m，女子为 2.24 m。标志杆高出球网 0.8 m。

二、比赛用球

球是圆形的，由柔软皮革或合成革制成外壳，内装橡皮或类似质料制成的球胆。颜色应是一色的浅色或彩色。国际排联世界性比赛中使用的合成革球或彩色球须经国际排联同意并符合其标准。球的圆周为 65～67 cm，重量为 260～280 g，气压为 0.40～0.45 kg/cm^2。国际排联世界性比赛应采用三球制。

三、比赛队及队员装备

一个队最多有 12 名队员、1 名教练员、1 名助理教练员、1 名训练员及 1 名医师。全队队员的服装包括上衣、短裤和袜子，必须统一、整洁且颜色一致，后排自由防守队员除外。运动鞋必须是没有后跟的柔软轻便的胶底或皮底鞋。队员上衣必须标有号码，序号为 1～18。号码必须在身前和身后的中间位置，并与上衣的颜色明显不同。禁止佩戴可能造成伤害及有利于人为加力的物品。

四、比赛方法

（一）胜一球

一回合是指从发球击球起至该球成死球止。如果发球队获胜，则得 1 分，继续发球；如果接发球队获胜，则获得发球权，同时得 1 分。

（二）胜一局

每局先得 25 分并同时超出对方 2 分的队胜一局。当比分为 24∶24 时，比赛继续进行至某队领先 2 分为止。

（三）胜一场

胜三局的队伍胜一场。如果 2∶2 平局时，决胜局（第五局）打至 15 分并领先对方 2 分获胜。

五、比赛常见犯规

（一）发球犯规

1. 发球时的犯规

（1）击球前，球未抛起或未脱离托球的手。由第一裁判员判定。

（2）发球队员在发球区外发球。由第一裁判员及靠近发球队员的司线员判定。

（3）发球次序错误。记录员核对发球次序错误后，应立即鸣哨报告裁判员。

（4）第一裁判员鸣哨后，8 s 内未将球发出。

2. 发球击球后的犯规

（1）球触及任何障碍物，或在进入对方场区前触及本队队员。

（2）发出的球没有通过球网的垂直面。

（3）界外球（包括球的触地点完全在界线外，球触及障碍物，球的整体或部分从过网区以外过网，等等）。

（4）球越过发球掩护的个人或集体。

此外，发球时球触网后落入对方场内为好球。以上均由第一裁判员判定。

（二）界内、界外球的判别

球的整体落在比赛场区或部分触及比赛场区的线，为界内球；球的整体落在界线以外，或球触及场外物体、天花板或非比赛成员等，或球触及标志杆、网绳、网柱或球网标志杆以外部分，或球的整体或部分从非过网区完全越过球网的垂直面均判定为界外球。对界内、外球的判定由第一裁判员负责，司线员给予提示。

（三）击球时的犯规

1. 持球

持球的判断可依据三个方面的因素考虑：一是停留时间过长；二是击球不清晰；三是几种击球动作，例如携带球、捞球和推掷球等。由第一裁判员负责判定。

2. 连击

连击是指一名队员连续击球两次或球连续触及他身体的不同部位，但拦网后接球、接一传除外。如

发生持球或连击违例，则判对方得分。由第一裁判员负责判定。

3. 四次击球

规则规定每队最多击球三次（拦网除外），第三次必须将球击过网进入对方场区，否则即为四次击球犯规。四次击球由第一裁判员负责判定，第一裁判员未察觉的明显的四次击球，第二裁判员可以用手势向第一裁判员提示。

4. 对同时触球的判断

同队的两名队员或更多队员可以同时触球。在两名队员同时触球时，应认为该队是两次击球（拦网除外）。两名队员同时去击球，但仅一名队员触到球则认为该队是一次击球。两名不同队的队员在球网上空同时触球后，比赛继续进行，接球的一方仍可击球三次。由第一裁判员负责判定。

5. 借助击球

队员有意借助同伴或任何物体去击球，为借助击球犯规。由第一裁判员负责判定。

（四）进攻性击球犯规

除发球和拦网以外，所有直接向对方发出的击球都是进攻性击球。当球的整体通过球网垂直面或触及对方队员时，算完成进攻性击球。前排队员可以对任何高度的球完成进攻性击球，但触球时球必须在本场区上空；后排队员可以在后场区对任何高度的球完成进攻性击球，但不能在前场区将整体高于球网的球直接击入对方场区。此项犯规由第一裁判员负责判定。

（五）拦网的犯规

拦网是队员靠近球网，将手伸向高于球网处阻挡对方来球的行动。只有前排队员允许拦网。两名或三名队员彼此靠近进行拦网为集体拦网，其中一人触球则完成拦网。在一个动作中，球可以迅速而连续触及一名或更多拦网队员，拦网后可由任何一名队员进行第一次击球，包括拦网时已经触球的队员。拦网时队员可以将手或手臂伸过球网，但不得影响对方击球。

1. 过网拦网

当对方进攻性击球前或击球时，在对方空间拦网并触球为过网拦网犯规。判断过网拦网犯规的依据是进攻性击球队员与拦网队员触球时间的先后。由第一裁判员负责判定。

2. 后排队员拦网

后排队员靠近球网，在高于球网处阻挡对方来球并触及球，则为后排队员拦网犯规。由第一、第二裁判员共同负责判定。

3. 拦发球

在前场区拦对方发过来的球并触及球则为拦发球犯规。由第一裁判员负责判定。

（六）球网附近的犯规

1. 网下穿越

在不妨碍对方比赛的情况下，允许队员在网下穿越进入对方空间。允许队员的一只脚或双脚越过中线触及对方场区，但同时脚的一部分还须接触中线或置于中线上空。除脚以外，不允许队员身体的任何部分接触对方的场区。在比赛中断后，队员可以进入对方场地。由第二裁判员负责判定，第一裁判员同样有权判定。

2. 触网

比赛进行中，队员触及球网则视为犯规。由第一、第二裁判员共同负责判定。一般第一裁判员负责网上沿的犯规判定，第二裁判员负责网上沿以下部分的犯规判定。

3. 过网击球

在对方场区空间内击球为过网击球犯规。判断过网击球犯规的依据是击球点是否在对方场区空间。如击球点在本场区上空，击球后手随球过网是允许的，不判为过网击球犯规（拦网除外）。由第一裁判员负责判定。

（七）队员的场上位置和轮转

在发球队员击球时，双方队员（发球队员除外）必须在本场区内各站两排，每排三名队员，一个队前后排关系为三个同列关系。同列的前排队员必须有一只脚的一部分比其相应的同列后排队员的双脚距离中线更近，相等距离也不可以。同排（前排或后排）的左边或右边队员的一只脚的一部分必须比其同排中间队员的双脚距离同侧边线更近，相等距离也不可以。球发出后，队员可以在本场区和无障碍区的任何位置上。轮转是接发球队获得发球权后，该队队员必须按顺时针方向轮转一个位置（如 2 号位队员转至 1 号位发球，1 号位队员转至 6 号位）。

当发球队员击球时，如果队员不在其正确位置上，则构成位置错误犯规，判错误方失 1 分，并把队员恢复到正确的位置。如没有按规定进行轮转，应立即纠正其错误并判失分。

记录员应准确地确定其错误从何时发生，从而取消该队自错误发生以后的所得分，但对方得分仍然有效。如不能确定轮转错误中所得的分数，则仅给予失 1 分的判罚。

发球队一方的位置错误由第一裁判员判定；接发球一方的位置错误由第二裁判员判定。

（八）队员的替换错误

每一局每队最多可替换 6 人次，每次替换时可以同时替换一人或多人，自由防守队员的替换不在此列。自由防守队员应身着与本队不同颜色的服装，他在后排位置上可以替换任何一名队员（正在进行发球的队员除外）。他可以不经过裁判员的允许就进行替换，并且不受换人次数的影响。但自由防守队员不能参加本队的进攻，同时不能轮转至前排。

每局开始上场阵容的队员在同一局中可以退出比赛和再次上场各一次，而且只能回到原阵容的位置上。替补队员每局只能上场比赛一次，替补开始上场阵容的队员，而且他只能由被他替换下场的队员来替换。换人还有特殊替换、被判罚出场的替换、不合法的替换等。

（九）暂停的有关规定

每局比赛中，每队最多可请求两次暂停。所有暂停时间为 30 s。国际排联世界性比赛的第一局至第四局中，每局另外有两次时间为 60 s 的技术暂停，每当领先队达到 8 分或 16 分时自动暂停。

决胜局（第五局）没有技术暂停，只有每队可以请求的、时间为 30 s 的正常暂停。暂停时双方运动员必须退出比赛场区到球队附近的无障碍区接受教练员的指导和安排。

（十）延误比赛

延误比赛为全队的犯规行为，同一局中第一次延误，应判其延误的警告，再次出现则判延误判罚。延误比赛共包括以下几种情况。

（1）换人延误时间。由第二裁判员向第一裁判员报告，第一裁判员判定。

（2）在裁判员鸣哨恢复比赛后，拖延暂停的时间。

（3）请求不合法的替换，在同一局中再次提出不符合规定的请求。

（4）场上队员拖延比赛的继续进行。

第八章 乒乓球

学习目标

知识目标：了解乒乓球运动的发展与特点；了解世界乒乓球重大赛事；了解乒乓球竞赛的基本规则。

能力目标：掌握乒乓球运动的基本技术与战术。

素质目标：学会欣赏乒乓球比赛，并积极参与此项运动，体会乒乓球运动的乐趣。

课程思政

教学内容	思政元素	教学内容与思政元素的结合
乒乓球概述	公平竞争 促进交流 和平友谊 道德修养	通过乒乓球概述的学习，学会在比赛中尊重对手、尊重裁判，遵守比赛规则，培养公平竞争的精神和体育道德观念；认识到乒乓球比赛能够促进国际交流与和平友谊，培养社交能力和人际关系；在竞争中保持公正和尊重，培养个人素质和道德修养。
乒乓球基本技术动作	坚韧不拔 精益求精 快速反应 团队协作 互助精神	通过乒乓球基本技术动作的学习，认识到乒乓球基本技术动作需要经过长时间的练习和打磨才能掌握，培养坚韧不拔的品质；认识到乒乓球的技术动作需要精细的操作，培养精益求精的精神；认识到乒乓球比赛中球速快、变化多，培养快速反应和应变能力；认识到乒乓球的双打比赛需要两个人的密切配合和协作，培养团队协作与互助精神。
乒乓球的基本规则	公平竞争 尊重规则 尊重对手	通过乒乓球的基本规则的学习，认识到应遵循乒乓球的比赛规则，尊重裁判的判罚，培养公平竞争的意识和高尚的体育道德；学会尊重对手，培养不屈不挠、坚持不懈的体育精神。

第一节　乒乓球概述

乒乓球运动起源于19世纪的英国，是由网球运动发展演化而来的，故被称为“桌上网球”，英文为Table Tennis。乒乓球由赛璐珞制成，因被击打于球台和球拍之间发出“乒乓、乒乓”的响声而得名。1926年国际乒乓球联合会成立（简称国际乒联），1928年国际乒联将“乒乓”名称正式确定下来。

如今乒乓球运动已经从一种游戏发展成为一项举世瞩目的体育运动项目。世界乒乓球运动的发展可划分为以下几个阶段。

（1）欧洲鼎盛时期。最初乒乓球的打法简单，胶皮出现后，欧洲选手削下旋球的防守型打法在当时占据绝对优势。

（2）日本震动世界乒坛。日本队利用海绵拍，使用长抽打法称霸乒坛，以进攻型的上旋球击败了欧洲的下旋削球。在第19—25届世乒赛期间，日本队获得了49个冠军中的24个。乒乓球运动的优势从欧洲转到了亚洲。

（3）中国队崛起。中国队创造了具有“快、准、狠、变”独特技术风格的直拍近台快攻打法。在第26—28届世乒赛中，中国队共获得21个冠军中的11个。同时把世界乒乓球运动推向了一个新的发展阶段。

（4）欧洲队复兴，欧亚对抗。欧洲选手学习并发展了中国快攻和日本弧圈球打法的优点，创造了弧圈球结合快攻和快攻结合弧圈球两种新打法，走上了复兴之路。

（5）进入奥运时代。1988年乒乓球被列为奥林匹克运动会的正式比赛项目，从此，各国更加重视对乒乓球运动的普及和提高。

1988年汉城（今首尔）奥运会上乒乓球首次成为正式比赛项目以来，中国几乎完全垄断了这一项目的金牌，乒乓球成为中国体育代表团的优势项目。中国乒乓球队取得了辉煌的战绩，创造了世界体坛罕见的长盛不衰的历史。乒乓球也被世界公认为中国的“国球”。

知识拓展

世界乒乓球重大赛事简介

1. 世界乒乓球锦标赛

每两年举办一届，比赛项目分单双年。双数年举行男、女团体赛；单数年举行男、女子单打，男、女子双打以及男女混合双打5个单项比赛。2024年举办了第57届世界乒乓球锦标赛。

2. 世界杯乒乓球赛

1980年5月，中国香港乒乓球会举办了第1届世界杯乒乓球比赛。此赛事每年举办一届，世界排名前16的选手参加比赛，比赛项目为男子单打、女子单打、男子团体和女子团体。

3. 奥运会乒乓球比赛

1988年，乒乓球运动被列入第24届奥运会比赛项目，包括男子单打、男子双打、女子单打、女子双打4项。2008年，第29届奥运会乒乓球比赛项目改为男子团体、男子单打、女子团体、女子单打4项。2020年，第32届奥运会乒乓球大项中新增了混双项目。

4. 国际乒联职业巡回赛

此赛事创始于1996年12月，首次比赛由中国乒乓球协会主办，总决赛由中国天津承办从此每年一届，成为国际乒坛的一项传统赛事。每届比赛设几个分站赛和总决赛，本赛事共设男子单打、女子单打、男子双打和女子双打4个项目。

第二节　乒乓球基本技术动作

一、乒乓球运动基本技术

（一）握拍、站姿与步法

1. 握拍方法

（1）直板握拍法。拍前，以食指第二指关节和拇指第一指关节扣拍；拍后，其余三指自然弯曲贴于拍的上 1/3 端这种握法称中钳式，如图 8–1 所示。直板握拍的特点是手腕灵活，处理台内球容易。

（2）横板握拍法。中指、无名指、小指自然弯曲握住拍柄，拇指压在球拍正面，食指自然伸直放于球拍的背面，虎口贴于拍肩，如图 8–2 所示。此握拍法适用于快攻型、弧圈型或攻削结合型打法。

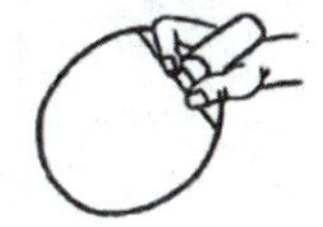

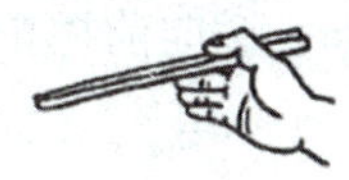

图 8–1　直板握拍法

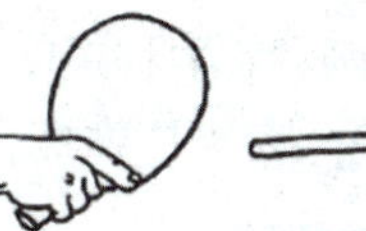
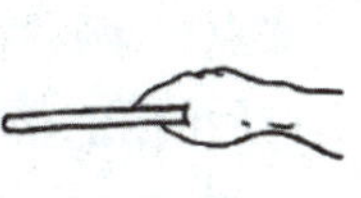

图 8–2　横板握拍法

2. 站位

打乒乓球时的基本站位应根据不同类型的打法、个人技术特点和身体特点来选定。一般情况如下（以右手握拍为例）。

左推右攻打法的基本站位：在近台偏左，距球台 30～40 cm。

两面攻打法的基本站位：在近台中间偏左，距球台 40～50 cm。

弧圈球打法的基本站位：在中台偏左，距球台 50 cm 左右。

两面拉弧圈球的基本站位：在中间略偏左。

攻削结合型打法的基本站位：在中远台。

3. 击球前身体的基本姿势

两脚开立，比肩稍宽，保持身体平稳，脚跟稍提起，前脚掌着地，两膝微屈，上体略前倾，重心置于两脚之间。下颌稍内收，两眼注视来球，持拍手自然弯曲，置于身体右侧，手腕适当放松。

4. 步法

（1）单步。以一只脚的前脚掌为轴，另一只脚向前、后、左、右的某个方向移动一步。其多在来球离身体不远的情况下使用。

（2）跨步。一只脚向来球方向跨出一大步，另一只脚跟着移动。其多在来球急、角度大的情况下使用。

（3）滑步。两脚几乎同时向来球方向蹬地，离球远的脚先落地。其多在来球角度较大、球速较快时使用。

（4）交叉步。离球远的脚朝来球方向跨出一大步，并从前面超过另一只脚，两脚在身前交叉，另一只脚再向来球方向移出一步。交叉步多在来球离身体较远的情况下使用。

（二）发球

1. 平击发球

平击发球一般不带旋转，它是初学者需掌握的最基本的发球方法，也是掌握其他复杂发球方法的基础。以下以乒乓球运动右手发球为例来说明。

动作要领：正手发球时，左脚在前，身体稍向右转。左手掌心托球，置于身体右侧，右手持拍也置于身体右侧。发球开始时持球手将球向上抛起，同时右臂稍向后引拍，在球略低于网时，持拍手从身体右后方向前挥拍，拍形稍前倾，击球的中上部。击球后，前臂和手腕继续随势向前挥动，身体重心移至前脚。击出的球先落在本方台面，弹起后再落到对方台面，如图 8–3 所示。

图 8–3　正手平击发球

反手发球时，右脚在前，球向上抛起后，右手持拍从身体左后方向前挥动，拍形稍前倾，击球中上部。

要点：①将球置于掌心上，手掌伸平，然后将球抛起；②向前挥拍时，拍形稍前倾，击球中上部；③击球后的第一落点应在球台的中区。

2. 反手发急球

反手发急球的球速快，弧线低，前冲力大。以攻为主的运动员用这种发球易发挥速度上的优势，能迫使削球运动员后退接球，利于加强攻势。

动作要领：右脚稍前，持拍手位于身前。在持球手将球轻轻向上抛起的同时，持拍手向左后方引拍，拍形稍前倾，用前臂和手腕发力，击球中上部，击球点应与网同高或比网稍低，第一落点靠近本台端线。

发弹击式急球时，把球向上抛起后，持拍手微向后上方引拍。击球时比反手发急球用的手腕弹击力量更大一些，主要靠手腕发力，因此比前一种发球难度更大。

反手发急下旋球与发急球动作上的区别：球拍必须略微后仰，增大拇指压拍的力量，使拍触球的中下部；前臂在向前、向右挥动的同时，必须附加向下的力量，使球取得越网的必要高度，否则球的着台点就会接近中区，而使发球失误。

要点：①抛球后，球降至约与网同高时击球；②击球时，拍形稍前倾，击球中上部，同时手臂向前迅速挥拍（发急下旋球时，拍形稍后仰，击球中下部）；③发球的第一落点要靠近端线。

3. 反手发右侧上 / 下旋球

右侧上 / 下旋转力强，对方挡球后，向其左侧上 / 下反弹。

动作要领：反手发右侧上旋球，右脚稍前，持拍手位于身前，持球手位于身体左侧。发球时，拍与球接触的刹那，前臂带动手腕，用力向右下方挥动，同时前臂略向内旋，拇指压拍，使拍面逐渐向左倾斜，从球的正中部向右上方摩擦，球的第一落点距端线约 20 cm，越网落到对方的左角。

反手发右侧下旋球与发右侧上旋球动作上的区别在于触球的一刹那，拍面略微后仰，拍从球的中下部向右侧下摩擦，球从本方台面弹起后，越网落到对方左角，如图 8–4 所示。

要点：①击球前，拍形稍向右倾斜，前臂和手腕由左向右挥动；②击球时，拍从球的正中部向右上方摩擦击出的球是右侧上旋；③拍稍后仰，从球中下部向右侧下摩擦击出的球是右侧下旋。

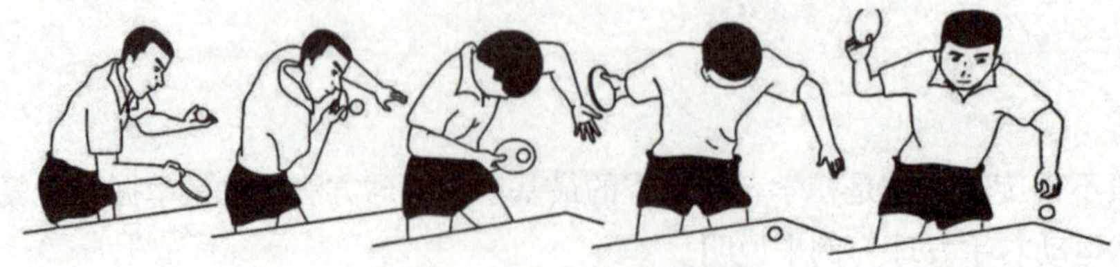

图 8–4　反手发右侧下旋球

4. 正手发急球

正手发急球的球速急，落点长，冲力大，球的飞行弧线向左偏斜，从右角发斜线能发出角度较大的球，使对方回接困难，能迫使削球运动员后退接球。

动作要领：将球抛起后，持拍手向后引拍，前臂放松，使球拍顺势下降，好像把球拍在体侧做一次向后的小绕环动作。当球降到约与网同高时，手臂迅速向左前方挥动，拇指压拍，拍面略向左偏斜，拍触球的刹那，手腕向左上方抖动，使拍从球的右侧向右侧上摩擦。球的第一落点距端线 20 cm，越网落到对方右角。

要点：①击球前，拍形向左偏斜，前臂放松；②击球时，前臂和手腕由右侧向左前上挥动，拍从球的右侧向右侧下摩擦；③发球的第一落点要靠近端线。

5. 正手发左侧上 / 下旋球

正手发左侧上 / 下旋球的球速一般不会很急，左侧上 / 下旋转力较强，对方挡球后，向其右侧上 / 下反弹。

动作要领：发左侧上旋球，左脚在前，抛球时，持拍子向右上方引拍，手腕略向外展，球回落时，手臂迅速向左下方挥动，食指压拍，拍面略向左偏斜，待球约与网等高时击球，前臂和手腕用力向左挥动，同时前臂略向外旋，使拍从球的正中部向左侧上摩擦。球的第一落点距端线约 20 cm，越网落到对方左角。

发左侧下旋球与发左侧上旋球动作上的区别是手臂应从右后上方向前下挥动，使拍从球的中下部向左侧下摩擦，拍触球的刹那，前臂略向外旋。

要点：①击球前，拍形稍向左偏斜，前臂和手腕由右向左挥动；②击球时，拍从球的正中部向左上摩擦；③发左侧下旋球时，拍稍后仰，从球的中下部向左侧下摩擦。

6. 正 / 反手发转与不转球

正 / 反手发转与不转球的球速较慢，前冲力小，主要是发球手法近似，以旋转变化来迷惑对方，使其回接困难。发下旋短球能控制对方攻势，发不转球易使对方接出高球或出界，为进攻创造机会。

动作要领：发下旋短球时，左脚稍前，抛球时将拍引至肩高，手腕略向外展，拍面稍后仰，球回落时，手腕和前臂迅速向前下方发力，摩擦球的中下部，拍触球时手腕的发力要大于前臂的发力，这样才能发出比较强烈的下旋球。

发不转球与发转球动作上的区别在于拍触球的刹那减小拍形后仰角度，并稍加前推的力量，使作用力线接近球心，从而形成不转球。

反手发转与不转球多用于横拍选手。发球时，拍触球的刹那拍形稍躺平，从球的中下部向底部摩擦，手腕的发力要大于前臂的发力。

反手发不转球时，拍触球的刹那拍形稍立起，击球的中下部，手臂迅速向前方稍加推的力量将球发出，以前臂的发力为主。

要点：①抛球不宜过高，发球前手腕和前臂放松，击球时向前下方摩擦发力；②发转球时，拍形稍后仰，从中下部向底部摩擦；③发不转球时，拍形减小后仰角度，并稍加前推的力量。

7. 发短球

发短球的击球动作小，出手快，球落到对方球台后的第二跳不出台。发短球可以牵制对方，使对方不易发力还击。

动作要领：发短球主要靠手腕和前臂摩擦发力，往前的用力不要太多，可以加上回收的力量。这样就能发出旋转比较强的短球。摩擦球的部位同发侧上 / 下旋和下旋长球相同，只是要求第一弹跳在本方球台中段，这样才能以短球控制对方。

要点：①抛球不要太高，等球下降时再击球；②击球时，手腕和前臂要敢于摩擦发力（手腕的力量要多于前臂的力量）；③尽可能和发长球的动作相似，使对方不易判断。

（三）接发球

1. 接急球

当对方用反手发过来左角急球时，一般用推挡回接。如回斜线球应尽可能角度大些，注意手腕外旋，用拍触球的左侧面，使对方难以侧身抢攻或快速变为直线。有时也可回中路靠右或以直线反袭空当。如果用反手攻球或削球回接则必须移步后退，等来球前进力减弱时再回击，这样易于发挥自己的力量并提高准确性。

遇对方发过来的急下旋球，如用推挡回接，必须使拍面稍后仰，用拍触球的左侧下部，同时手腕旋转将球推过去。还可以用推下旋方法回接，等球跳到高点期时，拍形稍仰，手腕固定地往前下方推出去。如用侧身回击急下旋球，要适当加大提拉的力量，又要注意加快前臂内旋的速度，这样才易将球回得准确。用反手攻球接发球时，同样要适当加大提拉的力量，又要注意加快前臂外旋的速度。

横板两面攻选手可用反手拉弧圈的方法回接。首先要稍后退，拍形稍前倾，在球下降期击球的中部或中下部，将球拉过去。有时也可采用搓球回接。由于来球的前进力强，所以首先应后退，等来球前进力减弱时再向前下方用力，将球搓过去。但这种回接方法速度慢，容易造成被动，不宜过多采用。

2. 接短球

当对方发来近网的短球时，可用“以短回短”的办法，把球也回到对方近网处，使其不易发力进攻。要使回球的落点短，则应该注意接球时身体保持稳定，特别是在击球时必须控制住身体的前冲力量，在球拍触球的刹那控制住板型（接上旋球板型稍下压，接下旋球板型稍仰），迅速减力，做回收的动作，将球接过去。

还可以用快攻的方法回接。当球跳到高点期，拍形稍前倾，击球的中上部，靠手腕和前臂的力量迅速发力回击。回接下旋球要注意适当加大提拉的力量。如采用快搓的方法回接，要在球跳到高点期时，使板型稍竖起，靠手腕和前臂的力量快速摩擦球，利用速度和落点控制对方。

遇对方发来的下旋短球，可用搓球回接。搓球时，除了拍面要略后仰外，还应向前下用力送球。如来球下旋力强，则向前用力要相对加大，使回球的弧线增高，以免下网。

3. 接左侧上 / 下旋球

当对方发来左侧上旋球时，可用推挡回接。推接时，最稳妥的办法是将球拍略向左偏斜，并迅速使拍面稍前倾，然后用力将球推压过去。若要把球推回到对方的右角，则拍面正对对方右角，并用力将球推到靠近边线的地方。若要把球推回到对方的左角，则拍面应对着对方球台中央，尽量利用拍面的偏斜角度抵消来球的左侧旋力。

另外，也可以用侧身攻球或反手攻球来回接。在触球的刹那，除控制好拍面外，还要注意击球的板型要下压一些，主要靠手腕和前臂发力回击。如用削球回接左侧上旋球，除使拍面稍向左偏斜外，还要注意拍面略竖直，手臂加大向前下方摩擦的力量，以免将球回高。

当对方发来左侧下旋球时，可用搓球或削球去回接。接球时，拍面应略向左偏斜，拍形稍后仰、前臂向前下方用力切球。如来球的旋转力强，则向前用力要相对加大，但搓球与削球回接时击球时间有所不同：削球回接时必须稍迟些，或在下降期击球；搓球在下降前期击球。以抽球回接左侧下旋时，最好是用提拉的方法。接球时，拍面略向左偏斜，并适当加大提拉的力量，这样才易提高准确性。

4. 接右侧上 / 下旋球

当对方发来右侧上旋球时，可用推挡回接。推接时，最稳妥的办法是先将球拍略向左偏斜。并迅速使拍面稍前倾，然后用力将球推压出去。若要把球推回到对方的左角，则拍面正对对方左角，并用力将球推到靠近边线的位置。若要把球推回到右角，则拍面应对着对方球台中央，尽量利用拍面的偏斜角度来抵消球的右侧旋力。还可以用侧身攻球、反手攻球或削球来回接右侧上旋球。但注意拍面应稍向右偏斜，其他动作要领与接左侧上旋球相同。

当对方发来右侧下旋球时，可用搓球或削球去接。接球时，拍面应略向右偏斜，其他动作要领与接左侧下旋球相同。

以抽球回接右侧下旋球时，最好是用提拉的方法。接球时，拍面略向右偏斜，并适当加大提拉的力量，这样才易提高准确性。

上述各种接发球方法，只是初学者应当懂得的基本知识，这里还没有全面地谈到回球落点的控制以及回球时力量运用的问题。这些问题有待于运动员在反复练习过程中逐步加以研究和解决。特别是对付多变的成套发球，如高抛发球、侧上 / 下旋球和转与不转等发球，球的变化更为复杂，因而就有必要经常进行练习和认真研究，不断提高接发球的能力，以适应比赛的需要。

（四）挡球和推挡球

1. 挡球

挡球球速慢，力量小，动作简单，容易掌握，是初学者入门的技术。反复练习挡球可以熟悉球性，体会击球时的拍形变化，提高控制球的能力。在对方攻击时，挡球还能作为防御的一种手段。

图 8–5　挡球

动作要领（以右手为例）：两脚平行或左脚稍前，身体离球台约 50 cm。击球前，前臂与台面平行伸向来球；拍触球时，前臂和手腕稍向前移动，主要是借助对方来球的反弹力将球挡回。在上升期，击球的中部，拍形与台面接近垂直。击球后，迅速收回球拍，还原成击球前的准备姿势，如图 8–5 所示。

2. 减力挡

减力挡能减弱回球的力量。

动作要领：站位与挡球相同。在触球刹那，手臂前移的动作要骤然停止，甚至要根据来球情况把球拍轻轻后移，用以减弱来球的反弹力。要想减力挡控制得好，必须善于根据来球力量和上旋强度的大小调节拍形角度，并掌握好触球瞬间球拍后移的动作。

3. 快推

快推是借力还击，回球速度快，力量较轻。在发挥速度优势的同时能起到助攻作用；落点变化好，能袭击对方空当。

动作要领：左脚稍前，或两脚平行，自然开立，身体离台约 50 cm。持拍手上臂和肘关节内收，前臂略向外旋；击球时，前臂开始向前推击，同时手腕旋转，食指压拍，拇指放松使拍形前倾；在上升期，击球中上部，将球快推回去；击球后，手臂继续前送，手腕配合旋转使球拍下压。

4. 加力推

加力推回球力量重，球速快，击球点较高。充分发挥手臂前推力量，能压制对方攻势，有利于争取主动。

动作要领：加力推的击球时间比快推稍慢一些。在准备推挡时，前臂向后收，使球拍稍微提高一些，并及时根据来球弹起的高度，调整好拍形角度，在上升期后段或高点期击球中上部。主要靠前臂向前推压发力。击球时，拍形应固定，手腕不加转动。

5. 快挡

快挡是横拍技术，动作简单，回球速度快。如落点控制好，也可以取得一定的主动权。它与削球结合起来不仅使球产生旋转的变化，而且改变了回球的速度，为反攻创造机会。用它来接突击球、回击弧圈球和对方发来的急球都有很好的效果。

（1）反手快挡。球拍置于身前，前臂自然弯曲。准备击球时，拍稍向后移。如挡直线，当球从台面弹起时，前臂向前迎球，拍形稍前倾，使拍面对着对方右角，在上升期击球中上部；如挡斜线，手腕在触球刹那稍向外转动，使拍面对着对方左角，触球的左侧上部。

（2）正手快挡。准备击球时，前臂稍向右后方移动。如挡直线，当球从台面弹起时，前臂向前迎球，手腕略向外展，拍稍微竖起，使拍面对着对方左角，在上升期击球中上部，拍形稍前倾；如挡斜线，手腕稍向内转，使拍形对着对方右角，触球的中上部。

（五）攻球

1. 正手攻球

攻球是乒乓球比赛中争取主动权和获得胜利的重要技术。它具有快速有力的特点，能体现积极主动、快速进攻的指导思想。学习攻球应先从正手攻球开始。在初步掌握动作后，再练习正手快抽、远抽、拉抽、台内抽球、扣杀及侧身正手抽球等技术。

（1）正手快抽。正手快抽站位近，动作小，球速快，借球的反弹力还击，能缩短对方准备回击时间，争取主动，为进攻创造条件，也可直接得分。若运用得好，可以充分发挥近台快攻的作用。

动作要领：左脚稍前，身体离球台约 50 cm。击球前，持拍手臂要向右前伸迎球，前臂自然放松，球拍呈半横状。当球从台面弹起时，前臂和手腕向前上力挥动，并配合内旋转腕的动作，使拍形前倾，在上升期击球中上部；拍触球刹那，拇指压拍，同时加快手腕内旋速度，使拍沿球体做弧形挥动。击球后，挥拍至头部高度。

横拍击球时，手臂要自然弯曲，手腕与前臂近乎呈直线并约与地面平行。前臂和手腕稍向前上方用力，击球时间、部位和拍形与直拍基本相同。

（2）正手远抽。正手远抽站位远，动作大，力量大，要主动发力击球，并待来球前进力减弱时回击。对攻中，力量配合落点变化能争取主动或直接得分，被动防御时也可用这种打法进行反击。

动作要领：左脚稍前，身体离球台 1 m 以上。击球前，持拍手臂向身后方引拍，球拍呈半横状，拍形稍后仰。击球时，手臂由后向前挥动。球拍触球前，前臂在上臂带动下向前边挥边转，使拍形逐渐前倾，在下降期前段，击球中部或中下部；球拍触球的刹那，前臂加速用力向前上方加力，击球后，手臂随势向前上方挥动，上臂前送，前臂和手腕向上将球拍挥至头部高度，同时上体左转，重心移至左脚。

横拍正手击球时，手臂向后引拍，手腕稍下沉，球拍呈横状，然后向前击球时间、部位和拍形与直拍基本相同。

（3）正手扣杀。正手扣杀动作大，力量大，球速快，攻击性强，在还击半高球时，能充分发挥击球的力量，是得分的一种重要手段。

动作要领：左脚稍前，击球前持拍手臂向右后方引拍，并稍高于台面，球拍呈半横状；待球弹起到高点时，上臂带动前臂由后向前转动；将触球时，前臂加速用力向左前挥击，手腕跟着转动。在高点期前后击球中上部，拍形稍前倾；球拍触球的刹那，整个手臂的力量应发挥到最大限度，同时腰部配合向左转动，触球点一般在胸前 50 cm 左右；击球后，要随势将球拍挥至左胸前，上体左转，重心由后脚移至前脚。

（4）正手提拉。正手提拉站位稍远，动作较慢，由下向上挥击，球速不是很快，靠主动发力击球。它是还击下旋球的有效方法，攻削球时能为扣杀创造条件。在战术改变前或在被动时也可用它作为过渡。

动作要领：左脚稍前，身体离球台约 60 cm。击球前，持拍手臂向身后下方引拍，球拍比半横状略下垂一些，拍形稍后仰；当球从高点开始下降时，上臂由后向前上方挥动；在将触球前，前臂加速用力向左上提拉，同时配合手腕动作向上摩擦球，在下降期击球中部或中下部，拍形接近垂直；遇来球低或下旋较强时，腰部应配合用力；击球后，要随势将球拍挥至额前，重心移至左脚。

（5）正手抽台内球。正手抽台内球站位近，动作小，击球点在台内，用前臂发力击球，是还击近网球的一种积极方法。

动作要领：站位靠近球台，上步时上臂和肘部前移，前臂伸进台内迎球，应低于球弹起高度。球拍将触球时，前臂和手腕轻轻向上用力，配合内旋转腕动作，拇指压拍；在下降期前期，击球中下部，拍形稍后仰；击球后，收回前脚，迅速还原。如来球低、落点近、下旋强，前臂向上用力要大，手腕转动的速度要加快。如来球落点近、弹起较高，手臂要外张。在伸进台内即将触球时，迅速带动前臂向前下方用力挥击。手腕在触球刹那转动要快，在高点期前后击球中上部，拍形稍前倾。如来球较高又具有下旋力，上臂要迅速由后向前迎球，肘部朝后下方，在将要触球时，前臂向前上方用力；球拍触球时，要配合转腕动作使拍从球的中部向中上部擦击。

（6）侧身正手抽球。侧身正手抽球站位偏左角，利用侧身发挥正手攻球作用，与推挡结合能发挥正手攻球威力，在还击下旋球时能为进攻创造机会，是近台快攻运动员的重要技术，也是争取得分的重要手段。

动作要领：侧身正手抽球首先要迅速移动脚步，取好位置。根据来球不同落点，可用换步、跳步或后退交叉步，有时也可垫步上前或后退来做侧身动作。当侧身移步完成时，身体侧向球台，左脚在前，上体稍前倾，腹部后收。根据来球情况可以在侧身位置用快抽、拉抽、扣杀等技术。有时来球很快、逼近身体，脚步已来不及后退，这时应迅速转身收腹，重心迅速移至左脚，使球拍贴身，然后手臂向前上方挥击。

（7）正手杀高球。正手杀高球击球点高，动作大，力量大。它是还击高球的一种有效方法。

动作要领：左脚稍前，身体右转。持拍手的上臂向后移动，前臂从后下在身体右侧做绕环动作使手臂拉开，随即向上抬起，然后上臂从上向下挥动，拍形前倾，前臂和手腕同时下压，在头与肩之间的高度击球中上部。击球后，手臂随势下压，将球拍挥至身体左侧，同时上体配合左转，重心移至左脚，如图 8–6 所示。

图 8–6　正手杀高球

（8）正手打回头球。正手打回头球时借来球前冲力进行还击，回球速度快，它是对付对方进攻正手挡球时所采用的一项技术动作，在防御中能起到以快制快的作用。

动作要领：当判断对方来球落在自己球台右角空当时，上体右转，右脚向右跨步，同时持拍手臂向右移动，前臂和手腕迅速向来球方向伸出，球拍呈半横状，拍形宜垂直；随着前臂以连贯的动作向前上挥拍，迎击来球，在高点期前后击球中上部，拍形稍前倾；击球后，肘关节向下，球拍随势向前挥动。

2. 反手攻球

（1）反手快抽。反手快抽站位近，动作小，球速快，借来球的反弹力还击，是两面攻的重要技术之一，也是推中结合反手攻的一种重要手段。如果与正手攻球配合得好，可以充分发挥近台快攻的作用。

动作要领：右脚稍前，身体离球台约 40 cm。持拍手臂自然弯曲，将球拍移至腹前偏左的位置。击球时，前臂和手腕向右前上方挥动，同时配合外旋转腕动作，使拍形前倾，在上升期击球中上部；击球后，随势将球拍挥至右肩前。

横拍击球时，手臂在体前自然弯曲，手腕与前臂近乎呈直线，拍柄稍微向下。当球从台面弹起时，前臂向右前上方挥拍，触球的刹那手腕配合向外转动。时间、部位和拍形与直拍基本相同。

（2）反手快攻。反手快攻动作小，球速快，借来球的反弹力还击。在近台快攻中可发挥速度上的优势。它是横拍的一项基本技术。

动作要领：右脚稍前，前臂自然弯曲，将球拍引至腹前偏左处，肘部稍前；当球从台面反弹时，前臂带动手腕向右前方挥动，在上升期击球中上部，拍形稍前倾，借来球的反弹力将球拨回；击球后，手腕向前，前臂外旋，球拍顺势挥至右肩前。

（3）反手远抽。反手远抽站位远，动作大，力量较重，主动发力击球。在对攻中可以发挥较重的击球力量，配合落点能争取主动或直接得分。被动防御时，可以反击。

动作要领：右脚稍前，身体离球台 1 m 以外。击球前，持拍手的上臂和肘关节靠近身体，前臂向左下方移动，将球拍移至腹前偏左的位置，拍形稍后仰；击球时，手臂由后向前挥动，前臂在上臂带动下，向前方用力，同时配合向外转腕动作，在下降期击球中下部；击球后，前臂顺势前送，肘关节离开身体，将球拍挥至头部高度，身体重心移向右脚。

横拍反手抽球时，前臂在上臂带动下由左向右前上方挥动，同时腰部配合用力。击球时间、部位和拍形与直拍基本相同。

（4）反手拉抽。反手拉抽站位稍远，动作较大，靠主动发力击球，是还击左方来的下旋球的一种方法。在搓球或攻削球时运用它能争取主动或直接得分。

动作要领：击球前，持拍手臂的上臂靠近身体，前臂向左下方移动，将球拍移至腹前偏左的位置，球拍略下垂并稍低于台面，拍形稍后仰；击球时，上臂稍向前，同时配合向外转体动作，前臂向右前上方迅速挥动，在下降期击球中部或中下部，腰部应辅助用力；击球后，顺势将球拍挥至额前，身体重心移至右脚。

（六）搓球

搓球是近台还击下旋球的一种基本技术，比赛中经常用它为拉弧圈球创造条件。它与攻球结合可形成反攻战术。搓球可用于接发球，必要时用它作为过渡，如图 8-7 所示。

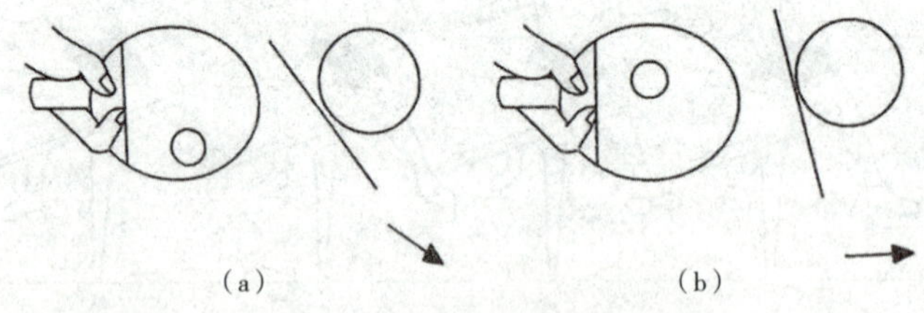

图 8-7　搓球

1. 慢搓

慢搓动作幅度较大，回球速度稍慢。旋转变化运用得好，可以为进攻创造条件或直接得分。

动作要领：反手慢搓的站位是右脚稍前，身体离球台约 50 cm，持拍手向左引拍。击球时，前臂和手腕向前下方用力，同时配合内旋转腕的动作，拍形后仰，在下降期后段击球中下部；击球后，球拍随势前送。横拍搓球时，拍形略竖，击球后前臂向右下方挥摆。击球时间、部位和拍形与直拍基本相同。

正手慢搓的站位是左脚稍前，身体稍向右转。击球前，手臂向右上方引拍，然后前臂和手腕向左前下方用力搓球，在下降期击球中下部。

2. 快搓

快搓动作幅度较小，回球速度较快，能借助来球的前进力回击。它是对付削球和搓球的一种方法。

动作要领：右脚稍前，身体靠近球台。来球在身体左侧时，可运用反手搓球。击球时，前臂迅速前伸，上臂跟随向前，拍形稍后仰，利用上臂前送力量，在上升期击球中下部。来球在身体右侧，可以运用正手搓球。搓球时，身体稍向右转，手臂向右前上引拍，然后前臂和手腕向前下方用力，在上升期击球中下部。

3. 搓转与不转球

快搓和慢搓均能搓转球与不转球，主要取决于作用力是否通过球心，作用力通过球心则不转。搓球时力量大、切球薄，旋转力就强。搓转球时，前臂与手腕加速向前方用力，切球的中下部，用球拍的靠下部分触球以利于摩擦球。搓不转球和搓转球的动作相似，但前臂和手腕要多向前上方用力，用球拍的靠上部分或中间部分碰球，形成相对的不转球。

4. 摆短

摆短具有速度快、落点短（球过网不大向前走）和弧线低的特点，限制对方抢拉或抢攻颇具效果。

（1）站位近台，重心前移，臂伸前，上升前、中期击球。

（2）拍形较后仰，触球中下部。动作幅度很小，手腕在摩擦球时还有一定的减力动作。

5. 劈长

击球弧线直且急，落点往往靠近对方端线，若能与摆短结合运用，效果最好。击球的上升期后段或高点期，手腕、前臂用力向前下方砍去，发力较集中，动作幅度比摆短大。

6. 侧身正手搓球

侧身正手搓球的动作要领，除在击球前需移步侧身外，其他均与正手搓球相似。

（七）弧圈球

弧圈球是一种旋力非常强的进攻技术。比赛时运用弧圈球为快攻创造机会，被动时可作为过渡，主动时可发力拉冲直接得分。弧圈球的种类很多，现介绍正手高吊弧圈球、正手前冲弧圈球以及正手侧旋弧圈球的打法，如图 8–8 所示。

图 8–8 弧圈球

1. 正手高吊弧圈球

正手高吊弧圈球球速较慢，弧线较高，上旋性特别强，着台后向下滑落快，回击不当易出界或击出高球，可为扣杀创造机会。一般遇到低而转的来球时，打这种球比较多。

动作要领：两脚开立，右脚稍后，身体略向右转，两膝微屈，重心大部分放在右脚上。准备击球时，持拍手臂自然下垂，并向后下方引拍，右肩略低于左肩，拇指轻压拍柄使拍形略微前倾，呈半横立状，并使拍形固定；当来球从台面弹起时，手臂向前上方挥动，前臂在上臂带动下爆发性用力做快收动作；将要触球时，手腕向前上方加力，并在来球下降期用拍摩擦、击打球的中部或中上部；球拍摩擦球时，要注意配合腰部向左上方转动和右腿蹬地的力量；击球后，重心移至左脚。

2. 正手前冲弧圈球

正手前冲弧圈球的弧线低，旋转力强，球速快，着台后前冲力大。运用这种打法可直接得分，或为扣杀创造机会。

动作要领：两脚开立，右脚稍后，身体略向右转，重心放在右脚上，将球拍自然地拉向侧后（约与台面同高），拍形保持前倾，与地面呈 35°～40°。当球从台面弹起还未达到高点时，腰部向左转动，手臂向前上方挥出，前臂在上臂的带动下，迅速内收，手腕快速地做内旋动作，在高点期或下降期前用拍摩擦球的中上部，使之以较低的弧线落在对方的台面上；击球后，重心移至左脚。

3. 正手侧旋弧圈球

正手侧旋弧圈球带有强烈的上旋力及侧旋力，着台后下落快，还会出现拐弯现象，能增加对方回击的难度。

动作要领：击球准备姿势与加转弧圈球相似。但在击球时，拍形呈半横立状，并略向左侧，结合腰部向左转动的力量，上臂带动前臂和手腕做圆弧状挥动，在下降期用拍摩擦球的右中部或右中上部，使球带有强烈右侧上旋；击球后，重心移至左脚。

二、乒乓球运动基本战术

（一）发球抢攻战术

发球抢攻战术是快攻类打法中利用发球力争主动、先发制人的一项主要战术。运用发球战术的效果主要取决于发球的质量和第三板进攻的能力。发球抢攻战术因打法的类型不同而有所差异，常用的发球抢攻战术主要有以下几种。

1. 正手发转与不转球

用相似的手法发出转与不转的短球，使对方判断失误，从而形成正、反手抢攻的机会。

2. 侧身正手发左侧上 / 下旋球

以发左侧下旋短球为主，配合左侧上旋球，伺机抢攻。一般发左侧上 / 下旋短球到对方中路偏正手，使对方难以抢攻。

3. 反手发右侧上 / 下旋球

以发右侧下旋短球为主，配合右侧上旋球，伺机抢攻。一般发右侧上 / 下旋短球到对方中路，使对方难以抢攻。

4. 反手发急球或急下旋球

以反手发急长球至对方台面左右配合急下旋球，造成对方难以侧身或回球质量不高，伺机抢攻。

（二）接发球战术

接发球战术与发球抢攻战术同样重要，从某种意义上讲，接发球水平的高低可以反映队员的实战能力以及各项基本技术的应用程度，它对整个战局能否获得主动起着重要作用。常用的接发球战术有以下几种。

（1）直接抢攻。对对方发过来的长球，直接用快拉、快拨、快攻等手段抢攻，抢先上手，争取主动。

（2）用劈长、摆短等手段回接，使对方难以发力进攻，或回球质量不高，为自己抢先上手创造机会。

（3）用挑打或拧回接短球，伺机进攻，争取主动。

（三）搓攻战术

搓攻战术是进攻型打法的辅助战术之一。其主要是利用搓球的旋转和落点的变化来控制对方，为抢攻创造机会。这一战术在业余比赛中被普遍采用。常用的搓球战术有以下两种。

（1）慢搓与快搓结合，通过节奏和落点变化控制对方，伺机抢攻。

（2）搓转与不转球，结合落点变化，伺机抢攻。

（四）对攻战术

对攻战术是进攻型打法在相持阶段常用的一种重要战术，其主要适用于快攻类和弧圈类打法的队员。常用的对攻战术有以下几种。

（1）压左突右。用推挡或反手攻 / 拉连续压住对方反手位，寻找机会突击对方右边空当，伺机转正手进攻。

（2）调右压左。用推挡或反手攻 / 拉连续压住对方正手位，伺机突击对方左边空当。

（3）加、减力推压中路，攻两角，伺机抢攻。此战术主要是通过调节击球力量的轻重，变化击球节奏，以创造抢攻的机会。

（五）拉攻战术

拉攻战术是以攻为主的选手对付削球类打法的主要战术。常用的拉攻战术主要有以下几种。

（1）拉两角，攻击中路。以稳健的拉球攻两角，寻找机会扣或冲中路（近身球）。

（2）拉中路，压两角。以拉球中路（近身球）为主，然后扣杀左角或右角。

（3）拉反手，突击正手。拉球时，压住对方反手位，突然扣或冲杀正手直线。

（4）拉吊结合，伺机突击。以加转弧圈和前冲弧圈相结合，为连续冲或扣杀创造条件。

第三节　乒乓球的基本规则

一、场地和器材

（一）球

球为圆球体，直径为 40 mm；球重 2.7 g；球应用塑料或类似的材料制成，呈白色、黄色或橙色，且无光泽。

（二）球拍

球拍的大小、形状或重量不限，底板至少应有 80% 的天然木料。

（三）球台

球台应为与水平面平行的长方形，长 2.74 m，宽 1.525 m，离地面高 76 cm。球台四边应有一条 2 cm 宽的白线。双打时，各台区应由一条 3 mm 宽的白色中线划分为两个相等的“半区”。

二、乒乓球竞赛通则

（一）相关术语定义

（1）回合：球处于比赛状态的一段时间。

（2）球处于比赛状态：从发球时，球被有意向上抛起前、静止在不执拍手掌上的一瞬间，到该回合被判得分或重发球。

（3）重发球：不予判分的回合。

（4）一分：判分的回合。

（5）执拍手：正握着球拍的手。

（6）不执拍手：未握着球拍的手。

（7）击球：用握在手中的球拍或执拍手手腕以下部分触球。

（8）阻挡：对方击球后，处于比赛状态的球尚未触及本方台区也未超过比赛台面或其端线即触及本方运动员或其穿戴的任何物品。

（9）发球员：在一个回合中，首先击球的运动员。

（10）接发球员：在两个回合中，第二个击球的运动员。

（11）裁判员：被指定管理一场比赛的人。

（12）裁判助理：被指定在某些方面协助裁判员工作的人。

（13）运动员“穿或戴”的任何物品，包括他在一个回合开始时穿或戴的任何物品。

（14）球从突出台外的球网装置之下或之外经过，或回击的球越过球网后又回弹过网，均应视作已“超过或绕过”球网装置。

（15）球台的“端线”包括端线两端的无限延长线。

（二）合法发球

（1）发球时，球应放在不执拍手的手掌上，手掌张开和伸平。球应是静止的，在发球方的端线之后和比赛台面的水平面之上。

（2）发球员须用手把球几乎垂直地向上抛起，不得使球旋转，并使球在离开不执拍手的手掌之后上升不少于 16 cm。

（3）当球从抛起的最高点下降时，发球员方可击球，使球首先触及本方台区，然后越过或绕过球网装置，再触及接发球员的台区。在双打中，球应先后触及发球员和接发球员的右半区。

（4）从抛球前球静止的最后一瞬间到击球时，球和球拍应在比赛台面的水平面之上。

（5）击球时，球应在发球方的端线之后，但不能超过发球员身体（手臂、头或腿等身体部位除外）离端线最远的部分。

（6）运动员发球时，有责任让裁判员或副裁判员看清他是否按照合法发球的规定发球。

（7）在一场比赛中，如果裁判员怀疑发球员某个发球动作的正确性，并且他或者副裁判员都不能确信该发球动作不合法，而这种现象第一次出现时，裁判员可以警告发球员而不予判分。

（8）在同一场比赛中，如果运动员发球动作的正确性再次受到怀疑，不管是否出于同样的原因，不再警告而判失一分。

（9）无论是否第一次或任何时候，只要发球员明显没有按照合法发球的规定发球，他将被判失一分，无须警告。

（10）运动员因身体伤病而不能严格遵守合法发球的某些规定时，可由裁判员作出决定免予执行，但须在赛前向裁判员说明。

（三）合法还击

对方发球或还击后，本方运动员必须击球，使球直接越过或绕过球网装置，或触及球网装置后，再触及对方台区。

（四）比赛次序

在单打中，首先由发球员合法发球，再由接发球员合法还击，然后两者交替合法还击。

在双打中，首先由发球员合法发球，接发球员合法还击，然后发球员的同伴合法还击，再由接发球员的同伴合法还击。此后，运动员按此次序轮流合法还击。

（五）重发球

回合出现下列情况应判重发球。

（1）当发球员发出的球在越过或绕过球网装置时，触及球网装置，此后成为合法发球或被接发球员或其同伴阻挡。

（2）当接发球员或同伴未准备好时，球已发出，而且接发球员或其同伴均没有企图击球。

（3）由于发生了运动员无法控制的干扰，而使运动员未能合法发球、合法还击或遵守规则。

（4）裁判员或副裁判员暂停比赛。

（5）在双打时，运动员错发、错接。

（六）暂停比赛

在下列情况下可以暂停比赛。

（1）由于要纠正发球、接发球次序或方位错误。

（2）由于要实行轮换发球法。

（3）由于警告或处罚运动员。

（4）由于比赛环境受到干扰，以致该回合结果有可能受到影响。

（七）得一分

除被判重发球的回合，下列情况运动员得一分。

（1）对方运动员未能合法发球。

（2）对方运动员未能合法还击。

（3）运动员在发球或还击后，对方运动员在击球前，球触及了除球网装置以外的任何东西。

（4）对方击球后，该球越过本方端线而没有触及本方台区。

（5）对方阻挡。

（6）对方连击。

（7）对方用不符合要求的拍面击球。

（8）对方运动员或他穿戴的任何东西使球台移动。

（9）对方运动员或他穿戴的任何东西触及球网装置。

（10）对方运动员不执拍，手触及比赛台面。

（11）双打时，对方运动员击球次序错误。

（12）执行轮换发球法时，接发球运动员或其双打同伴，包括接发球一击，完成了13次合法还击。

（八）一局比赛

在一局比赛中，先得11分的一方为胜方，10分平后，先多得2分的一方为胜方。

（九）一场比赛

一场比赛一般采用五局三胜制或七局四胜制。

一场比赛应连续进行。但在局与局之间，任何一名运动员都有权要求不超过2分钟的休息时间。

第九章 羽毛球

学习目标

知识目标：了解羽毛球的起源与发展；熟悉羽毛球的基本技术动作与基本战术；了解羽毛球的基本规则。

能力目标：掌握羽毛球运动的基本技术、战术以及基本规则。

素质目标：学会欣赏羽毛球比赛，并积极参与此项运动，体会羽毛球运动的乐趣。

课程思政

教学内容	思政元素	教学内容与思政元素的结合
羽毛球概述	应变能力 身心健康 全面发展	通过羽毛球概述的学习，认识到羽毛球是一项全身运动，需要快速反应、及时应变，培养反应能力和应变能力，提升健康与活力；鼓励全面发展，培养意志品质和心理素质，促进身心健康。
羽毛球基本技术动作	体育精神 精益求精 团队协作	通过羽毛球基本技术动作的学习，认识到掌握羽毛球基本技术动作，需要长时间的练习和反复的训练，培养坚韧不拔的体育精神；认识到羽毛球运动需要关注细节，培养精益求精的精神；认识到羽毛球双打比赛需要团队成员的协作与互助，培养团队协作能力。
羽毛球的基本规则	公平竞争 尊重规则 尊重对手	通过羽毛球的基本规则的学习，知道应尊重规则，尊重裁判的判罚，培养公平竞争与尊重规则的意识；学会尊重对手，培养良好的竞技风范和公正公平的体育精神。

第一节 羽毛球概述

羽毛球运动最早出现在19世纪中叶。1870年，英国出现了用羽毛和软木做成的球和穿弦的球拍。1873年，英国公爵鲍弗特在格拉斯哥郡的伯明顿庄园里进行了一次羽毛球游戏，为了纪念此项运动的诞生地，伯明顿（Badminton）被作为羽毛球的英文名字而流传于世界。

1893年，英国成立了世界上第一个羽毛球协会。1899年，该协会举办了第一届全英羽毛球锦标赛（The All England Badminton Championships），此后每年举办一次，延续至今。羽毛球运动从不列颠诸岛流传到斯堪的纳维亚和英联邦各国，20世纪初又流传到亚洲、美洲、大洋洲，最后传到非洲。随着这项运动在世界上越来越多的国家开展，1934年成立了国际羽毛球联合会（今为世界羽毛球联合会），总部设在伦敦。1939年国际羽毛球联合会通过了各会员国共同遵守的《羽毛球竞赛规则》。20世纪20年代到40年代，欧美国家的羽毛球运动发展很快，特别是英国和丹麦，历届重大国际比赛的桂冠几乎都被他们所垄断，其次是美国和加拿大，也具有相当高的水平。1948—1949年举办了首届世界男子羽毛球团体赛（汤姆斯杯赛），马来西亚击败了美国、英国和丹麦等强队荣登榜首，从此开始了亚洲人称雄国际羽坛的时代。

知识拓展

国际重大的羽毛球赛事主要有：①全英羽毛球锦标赛；②汤姆斯杯赛；③尤伯杯赛；④世界羽毛球单项锦标赛；⑤苏迪曼杯赛（混合团体）；⑥奥运会羽毛球比赛。

第二节 羽毛球基本技术动作

一、羽毛球运动基本技术

羽毛球运动的基本技术主要有手法和步法。每一基本技术都有很多的技术动作，各个技术动作之间相互联系构成了羽毛球运动的基本技术系统。常用的羽毛球运动基本技术有握拍、发球、击球以及各种步法。

（一）握拍法

1. 正手握拍法

握拍法

握拍之前，先用左手拿住球拍，使拍面与地面垂直；再张开右手，使手掌下部靠在球拍的握柄底托部位，虎口对着球拍柄。小指、无名指、中指自然并拢，食指与中指稍稍分开，自然弯曲并贴在拍柄上，如图9-1所示。

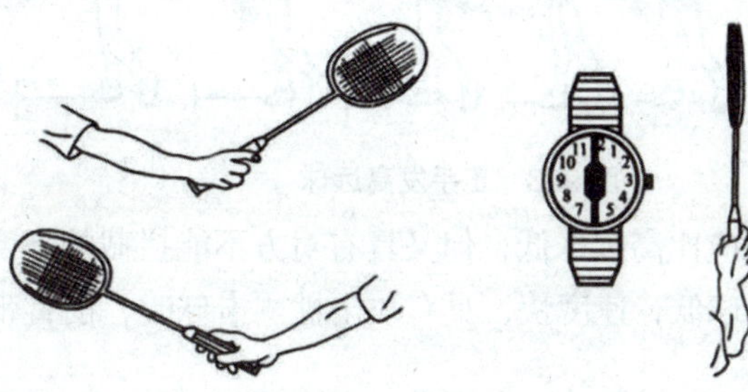

图9-1 正手握拍法

2. 反手握拍法

在正手握拍的基础上，拇指和食指将拍柄稍向外转，拇指顶点在拍柄内侧的宽面上或内侧棱上，中指、无名指和小指并拢握拍，柄端靠近小指根部，使掌心留有空隙，如图 9–2 所示。此时，球拍斜侧向身体左侧，拍面稍后仰。

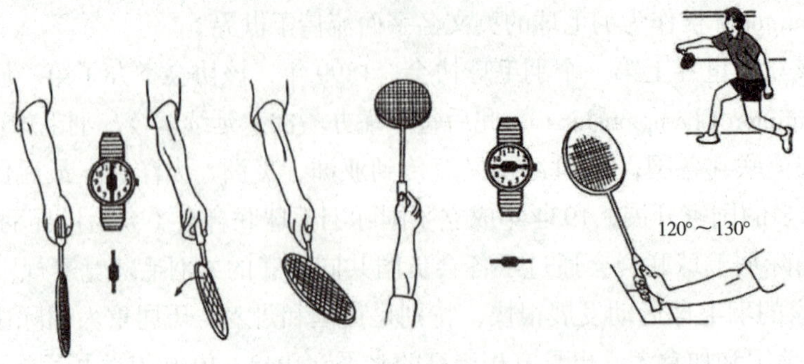

图 9–2　反手握拍法

（二）发球技术

发球有正手发球和反手发球两种。根据球在空中飞行的弧线，可分高远球、平高球、平快球和网前球等。

发球技术

1. 正手发球

单打发球员站在贴近中线距前发球线约 1 m 处，双打站位可稍靠近前发球线。左肩侧对球网（以右手握拍为例）。左脚在前，脚尖向网；右脚在后，脚尖向右。两脚间距与肩同宽，重心在右脚上，握拍手向右斜举，肘微屈，左手用拇指、食指、中指夹持羽毛球的中间部位，举在腹部右前方。

（1）发高远球。把球发得既高又远，使球几乎垂直落在对方发球线附近的发球区内。单打比赛时，常采用这种发球迫使对方退到底线去接球。

动作要领：发球时，持拍臂不要直臂，向后出摆应向前下方做回环动作过渡到引拍动作，并由前臂外旋。击球时，手腕伸展，重心前移，待球落到适当高度时，拍子向前上方挥动，前臂急速内旋，手腕屈收，屈指发力，用正拍面击球，如图 9–3 所示。

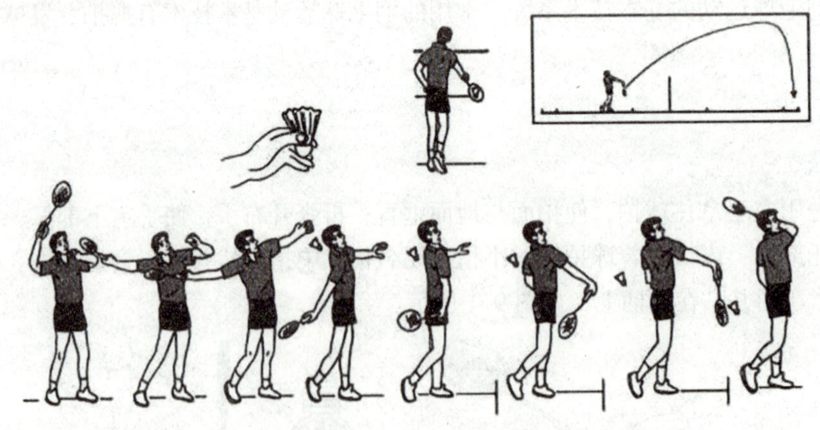

图 9–3　正手发高远球

（2）发平高球。发出球的弧线应比高远球低，但又具有对方不能拦截的高度飞向对方后发球线附近的发球区。平高球飞行弧线比高远球低，速度快，具有攻击性。击球时，前臂带动手腕发力，拍面向前推进。

（3）发网前球。发网前球是双打中主要采取的发球技术，发出的球贴网而过，落在对方前发球线附近的发球区内。挥拍的幅度要小，力量较轻，拍面稍后仰，可利用手腕和手指的力量从右向左横切推进，使球发在前发球线附近，如图 9–4 所示。

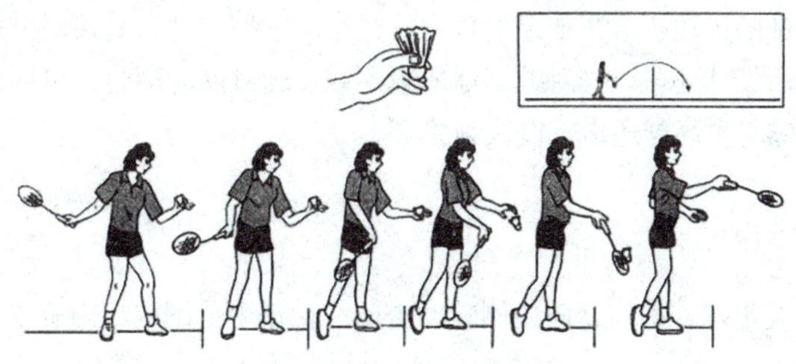

图 9–4 正手发网前球

（4）发平快球。发出的球既平又快，直接飞向对方后发球线附近的发球区内。这种球比平高球的弧线还低，速度更快。准备姿势同发高远球，站位稍靠后些。击球时，充分利用前臂、手腕的爆发力向前方用力，球直接从对方的肩上高度飞越到后场底线。

2. 反手发球

反手发球一般用于发平快球和发网前短球。反手发球的特点是动作小、出球快、对方不易判断。双打比赛中多采用此发球技术。

动作要领：发球时，站在发球区内较靠近发球线的位置上，右脚在前，左脚在后，上体自然伸直，重心放在右脚上，面对球网。左手以拇指、食指和中指捏住羽毛置于腹前腰下。右手反手握拍，肘部略抬起使拍框下垂于左侧。击球时，手腕的侧部或手部先外展，拇指用力横切推送，如图 9–5 所示。

图 9–5 反手发球

（三）接发球技术

比赛中发球方总是想方设法地利用多变的发球来增加接发球的难度，从而保持场上的主动。而接发球方也总是想尽一切办法做好充分准备来破坏发球方的意图，以求后发制人。接发球一般分为单打接发球和双打接发球。

1. 接发球准备姿势

单打的接发球站位离前发球线约 1.5 m 处，如果是在左发球区接球，一般选择有效发球区域中心位置站位。如果是在右发球区接球，则选择有效发球区域中心稍偏而靠近中线位置的站位。双打接发球站位应靠近前发球线。

动作要领：单打接发球应左脚在前，右脚在后，侧身对网，重心在前脚，后脚跟稍提起，含胸收腹，持拍于右侧前，两眼注视对方球拍及挥拍直至击中球。双打接发球准备姿势与单打接发球准备姿势大体相同。双打接发球时，重心可放在任一脚上，球拍高举于肩上，注意力高度集中，以便快速做出反应。

2. 接发球方法

在羽毛球比赛中，采用发球多变和发球抢攻来打乱接发球方的反击战术，是发球方夺取比赛主动权的重要手段。与此相适应，为了对付或克服发球方的发球，以求后发制人，接球方的接发球技术也就成为一项重要的基本功。接对方发后场高远球、平高球时，可用平高球、吊球或杀球进行还击。接发后场球可以说得到了一次主动的进攻机会，如果处理得好往往能掌握主动权。接对方发网前短球时，可用放网前球、勾对角球、推后场球还击。当对方发球质量不好、球过网太高时，可抓住机会扑球进攻。接对方发平快球时，可用杀球、平高球还击，以快制快。

（四）击球技术

1. 内旋击球

内旋击球，又称正旋击球，即前臂向内侧转动击球。在正手范围内，内旋击球很具杀伤力。

击球技术

动作要领：通过上肢和髋部的转动带动肘关节向前，肘关节要正对球网，同时前臂要转动（后仰保持重心稳定），手心冲脸，手臂拉伸，向前旋转（内旋）直至手背冲脸，球拍和前臂呈 90°，手腕在击球过程中随手背弯曲。

2. 外旋击球

外旋击球即前臂外旋（反方击球）击球。反手范围内外旋击球很具杀伤力。

动作要领：提高肘关节，直至最高，拍头指向地面，前臂首先内旋，不要停顿，肘部伸直，前臂反向外旋。在整个过程中手腕随手背弯曲，在击球和停止阶段肩并不转动。

（五）网前击球技术

1. 正手放网前球动作要领

（1）预先准备。凑近网前，右腿在前，上肢直立，采用钳式握拍法，如图 9–6（a）所示。在跑动中做好击球准备，右臂逐渐抬高于肩，身体右倾，转动前臂至正手状态使拍面与地面平行，如图 9–6（b）所示，掌心向上，拍头指球两边。

网前击球技术

（2）击球过程。球在下降过程中，拍头下沉，紧接着迅速抬平，轻轻将球击出，如图 9–6（c）～（e）所示，手腕要高于拍头。

（3）击球瞬间。稍微伸直前臂，击球的右前方，如图 9–6（e）所示，击球时机要早，越高越好，在上肢带动下身体向前运动，带动前腿膝盖弯曲，如图 9–6（f）～（g）所示，右脚的足迹以及跟上的后脚最后都在中心位置。

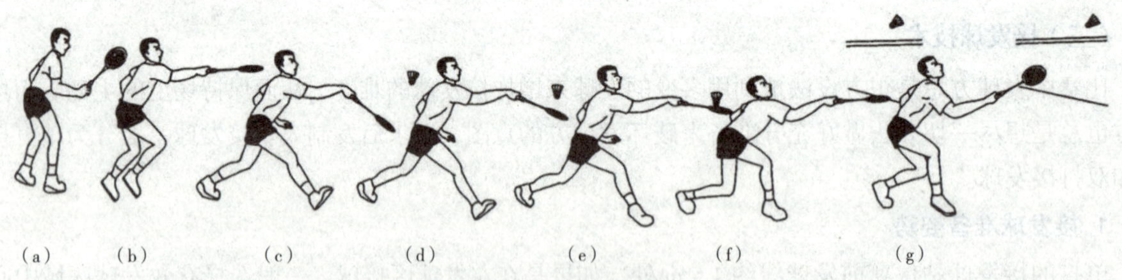

图 9–6　正手放网前球

2. 反手放网前球动作要领

（1）预先准备。凑近网前，右腿在前，保持上肢直立，采用钳式握拍法。在跑动中做好击球准备，右臂逐渐抬高于肩，身体左倾至反手状态，使拍头与地面平行，掌心向上，拍头指球网边。

（2）击球过程。球在下降过程中，拍头下沉，紧接着迅速抬平，轻轻将球击出，手腕要高于球拍头。

（3）击球瞬间。伸直的胳膊尽力向前，击球托靠前处，击球时机要早，越高越好。跑动过程中在上

肢带动下身体前移，使膝盖弯曲，右脚足迹以及跟上的后脚最后都回到中心位置。

3. 正手网前勾球动作要领

（1）预先准备。凑向网前，右脚在前，保持上肢直立，采用钳式握拍法。在移动过程中做好击球准备，右手从肩举到与头持平的位置，将拍子向右转到正手位置，拍头保持水平（与地面持平），手心向上，拍头指向网边。

（2）击球过程。在击球时拍头略有下沉，快速、短促地内旋前臂，将球横穿过网。

（3）击球瞬间。手臂尽力伸直，击球托的右侧下部，球拍头倾斜时击球，击球时机要早，点越高越好。击球过程中，上肢随弯曲的前膝盖弯曲而前弓，右脚足迹以及跟上的后脚在中心位置。

4. 反手网前勾球动作要领

（1）预先准备。凑向网前，右脚在前，保持上肢直立，采用钳式握拍法。在移动过程中做好击球准备，右手持拍从肩举到与头持平位置，将拍子向左转至反手位置，拍头保持水平（与地面持平），手背向上，拍头指向网边。

（2）击球过程。击球时拍头略有下沉，紧接着短促外旋前臂（外旋），将球横穿过网。

（3）击球瞬间。手臂尽力伸直，手背随手腕转动击球托的左下部，球拍头倾斜时击球，击球时机要早，点越高越好。运动过程中，上肢随弯曲的前膝盖前弓，右脚足迹以及跟上的脚在中心位置。

5. 正手搓球动作要领

（1）预先准备。凑向网前，右腿在前，上肢直立，采用钳式握拍法。在运动过程中做好击球准备工作，弯曲的右臂举高于头，球拍转成正手位置，拍头保持水平（与地面持平），手心向上，拍头指向网边。

（2）击球过程。在移动过程中提高手腕，拍头下沉，手腕高于拍头，紧接着右手持拍向球刺去（搓球），球从网边飞过来时开始做刺的动作。

（3）击球瞬间。手臂轻轻弯曲凑向右前，跑动时上肢随膝盖弯曲，右脚足迹以及跟上的后脚始终在中心位置。

6. 反手搓球动作要领

（1）预先准备。凑向网前，右腿在前，上肢直立，采用钳式握拍法。在运动过程中做好击球准备工作，弯曲的右臂上举高于头，球拍左转至反手位置，拍头保持水平（与地面持平），手心向上，拍头指向网边。

（2）击球过程。在移动中提高手腕，拍头轻微下沉，手腕要高于拍头，球从网边飞过时开始做刺的动作，紧接着右臂向前伸刺球（搓球）。

（3）击球瞬间。手臂轻轻弯曲凑向左前。跑动时上肢随膝盖弯曲，右脚足迹和跟上的后脚始终在中心位置。

7. 正手扑球动作要领

（1）预先准备。爆发力十足地凑向网前，右脚在前，上肢直立。采用正手握拍法。在运动过程中完成击球准备，拍头要高过头顶，在下一步时要与网边持平，向右转动球拍，拍网正对球网，肘关节向下，拍头向上。

（2）击球过程。出脚时拍头回收，手腕用力使手背向下压，击球者不要停顿，立即展开肘部，迅速手臂内旋，展腕发力将球向下扣去。

（3）击球瞬间。球过网后，飞行至击球者体前，高于网边时击球，动作要快，迅速完成后收腿，两腿在中心位置。

8. 正手挑球（垂直）动作要领

（1）预先准备。拍头朝下，凑向网前，右脚在前，在跑动过程中轻轻将握拍手臂外旋，后向转动（开始挥拍），拍头指向边线，上肢直立。

（2）击球过程。当右脚着地后，向前挥拍，前臂继续外旋，手腕随手背弯曲，拍头指向后场，前臂快速有力内旋，手腕展开，球过手后，在膝盖右前方击球，继续旋转手臂，球拍挥向身体左侧，收右脚，回到中心位置。

9. 反手挑球（垂直）动作要领

（1）预先准备。拍头指向球网，凑向网前，以右脚在前为结束，跑动过程中完成击球准备。做好反手握拍动作，拍头指向身体左侧，应尽早做好准备，拍头向上，右肘弯曲。

（2）击球过程。肘关节快速上举，前臂内旋，拍头向右髋挥去，手背冲脸，腕关节随手背弯曲，不做停顿，快速有力地展开前臂，外旋，球低于手时再展开手臂左侧，右脚前击球，前臂转动（外旋）向上，此时上肢和肩卡住不动，上肢不转动，只是击球手臂在动，收脚回到中心位置。

（六）中场击球技术

1. 正手接杀球动作要领

中场击球技术

（1）预先准备。做好基本的防守动作，上肢移动，预先准备，观察球路，转移身体重心至脚，肘关节在体前，采用基础握拍法，左脚不动，右脚向边线方向伸出，同时拍子扣腕迎向来球的方向，右脚脚后跟支起（身体下探），同时前臂轻轻外旋，重心移到右腿。

（2）击球过程。前臂内旋，上肢倾向一侧，前臂、手上抬，拍子轻轻触球，击球点在身体一侧，继续向网边方向举拍，直起右腿，回到中心位置，做好再次击球的准备。

2. 反手接杀球动作要领

（1）预先准备。从基本位置开始屈体，做好防守动作，上肢弯曲，重心转移至脚，采用反手握拍法。分腿（右脚在前），拍子握在体前（身体不动），观察球路（一瞬间）。

（2）击球过程。手腕随手背弯曲，拍子回到反手方向扣腕，肘关节迅速向前转，前臂内旋，膝弯曲，拍子迎着来球上挥，肘关节上抬到体前，拍头略下沉，前臂、手抬高，挥拍击球，拍头快速、轻柔地到达球下面，在体前击球，脚、膝盖、膝关节轻轻展开上提。

3. 正手平抽球动作要领

（1）预先准备。拍头向上，采用基本握拍法或力量型握拍法，向右侧出脚，脚尖指向右边线，在出脚时做好击球准备，同时右肩向后，击球手与头持平，在右侧，拍头向上，肘向下。

（2）击球过程。通过前臂外旋摆臂，肘向前带动手心向上，拍头指向手背之后，迅速内旋前臂，展开肘关节，抬到与肩平行的位置击球。

（3）击球瞬间。与肩平行在身体一侧或在体前一点，微屈肘，拍子左挥到与髋同高，手背朝脸，收脚，回到中心位置。

4. 反手平抽球动作要领

（1）预先准备。左脚向左伸出，身体随之转动，左脚脚尖指向边线，右脚马上随左脚向前迈，右肩朝向球网，拍头指向身体左侧，反手握拍，手腕随手背弯曲，肘关节向下，拍头向下。

（2）击球过程。肘抬到与肩持平，拍头在身体左侧下沉（摆动），前臂内旋，在肘与肩持平时展开，并且外旋手臂到反手位击球。

（3）击球瞬间。与肩持平，肘略弯曲，在体前击球，拍子挥到身体右侧，与肩持平，上肢不要弯，拍头冲网，收脚，迅速回到中心位置。

后场击球技术

（七）后场击球技术

1. 正手高远球动作要领

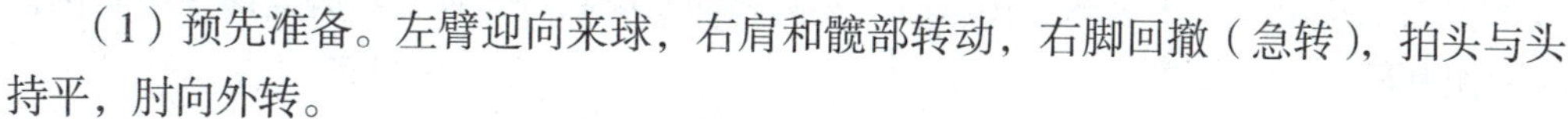

（1）预先准备。左臂迎向来球，右肩和髋部转动，右脚回撤（急转），拍头与头持平，肘向外转。

（2）击球过程。拍头在头后，向下沉的同时肘关节转动，拍头向下，肘关节在前。髋关节转动，重心在前脚，不停顿击球，手臂展开，前臂有力地内旋，在头顶处展开手臂击球，尽力向上伸，前臂继续转动，握拍手背朝向脸，右肩高于左肩，在身体左侧停止挥拍，脚步向前挪，之后迅速回到中心位置。

2. 正手吊球动作要领

（1）预先准备。左臂在前，朝向来球方向，右肩和髋向后转，右脚急转，脚尖朝向边线，拍与头持平，肘关节向外转动，看球。

（2）击球过程。拍头在头后，向下沉，同时肘关节向来球方向转动，拍头向下，肘关节向前，就像要击高远球那样，髋关节向前，重心在前脚，击球手臂立刻展开，前臂内旋，击球前一瞬间顿一下，胳膊与球拍呈一线，手臂伸直，内旋在头上击球，手臂向上伸，球划出弧线，右肩轻微向前转，握拍胳膊轻轻向髋关节移去。击球过程中脚逐步向前，之后迅速回到中心位置。

3. 正手杀球（急转之后）动作要领

（1）预先准备。右臂迎球上举，右肩随眼睛转动，右脚后撤（急转），脚尖朝向边线，拍头与头同高，肘关节向外转。

（2）击球过程。采用力量型握拍法，握紧，拍头在头后，向下沉，同时肘朝来球方向转动，拍头向下，肘关节向上；髋关节向前转，重心移到前脚，向前移动，持拍手臂迅速伸直，前臂内旋，展开手臂在头顶靠体前击球，伸直手臂；前臂继续旋转，手背冲脸，右肩在左肩前，结束旋转前臂，拍子向左侧挥去，这是一个逐步向前的跑动过程。之后迅速回到中心位置，握紧球拍。

4. 正手头顶吊球（斜线）动作要领

（1）预先准备。左臂对准来球抬起，右肩和髋明显转动，右脚后撤，急转，拍头与头持平，肘关节向外转，看球。

（2）击球过程。拍头在头后，向下沉，同时肘关节向击球方向转动（摆臂），拍头向下，肘关节向上；向前转动髋关节，重心移到前脚，击球手臂迅速有力地展开；击球时，拍头（拍面）倾斜；需内旋前臂，只要展开手臂，将拍面微侧在上手范围内击球即可，倾斜角度越小，击球越猛；击球的右侧，握拍胳膊与髋关节同高，慢慢停止挥拍，向前跟步。之后迅速回到中心位置，该技术具有迷惑性。

（八）步法

1. 后场正手后退步法

步法

（1）一步后退步法。由接球准备姿势起动，以左脚前脚掌为轴心，右脚向右侧后场区蹬地，在后转的同时，右脚后退一步，击球时，右脚蹬地向前交叉起跳。左脚右摆，击球后回中心位置。

（2）两步后退步法。起动后，右脚向来球方向后退一小步，左脚紧接着蹬地向右脚并一步，重心放在右脚上起跳接球。

（3）三步后退步法。起动后，右脚向来球方向后退一小步，左脚紧接往后交叉迈一步，重心放在右脚上起跳接球。

2. 前场正手上网步法

（1）一步步法。左脚往前蹬地，右脚前迈。

（2）两步步法。两脚掌接触地起动后，左脚向身体右侧前方来球方向迈出一小步，紧接着左脚用力蹬地，同时右脚经左脚又向前跨出一大步接球。接球后，左脚稍向右脚跟进靠拢，右脚立即往中心位置蹬地退回一步，左脚紧跟其后。

（3）三步步法。起动后，右脚迅速向身体右侧前方迈出一小步，左脚紧接着向前垫一小步并至右脚后跟处，同时左前脚掌用力蹬地，右脚又向前跨出一大步接球，右脚触地、回动。

3. 前场反手上网步法

（1）一步步法。右脚往前蹬地，左脚前迈。

（2）两步步法。两脚掌接触地起动后，右脚蹬地，左脚向身体左侧前方来球方向迈出一小步，同时右脚向前跨出一大步接球。接球后，左脚稍向右脚跟进靠拢，右脚立即往中心位置蹬地退回一步，左脚紧跟其后。

（3）三步步法。起动后，右脚迅速向身体左侧前方迈出一小步，左脚紧接着向前垫一小步并至右脚后跟处，同时左前脚掌用力蹬地，右脚又向前跨出一大步接球，右脚触地、回动。

4. 正手中场步法

（1）一步步法。判断来球后，脚前掌触地起动，左脚向身体右前侧右场区边线方向蹬地，右脚向来球方向转动。

（2）两步步法。起动后，左脚可向来球方向小垫一步，右脚紧接其后又跨一大步接球。

5. 反手中场步法

（1）一步步法。起动后，右脚用力向来球方向蹬地，左脚向左侧转髋的同时向来球方向跨一大步接球。左脚后跟着地，脚尖注意外展。

（2）两步步法。起动后，左脚向来球方向垫一小步，并向前方用力蹬地，同时身体向左侧转体，右脚紧随，用反手接球。

二、羽毛球运动基本战术

（一）单打战术

1. 发球战术

发球不受对方干扰，只要在规则允许的范围内，发球者可以随心所欲地以任何方式发到对方接球区的任何一点。采用变化多端的发球战术，常常能起到先发制人、取得主动的作用。因此，发球在比赛中占有重要地位。

（1）发后场高远球。这是单打中常用的发球，要求把球发到对方端线处，迫使对方后退还击，给对方进攻制造难度。发高远球虽然弧线高，飞行时间长，但由于离网距离远，球从高处垂直下落，后场进攻技术差的对手较难下压进攻。把球发到对方左、右发球区的底线外角处，能调动对方至底线边角，便于下一拍打对方对角网前，拉开对方的站位。

（2）发平高球。发平高球，球的飞行弧线较低，但对方仍然必须退到后场才能还击。由于球的飞行速度快，对方没有充裕的时间考虑对策，回球质量会受到一定的影响。对于球飞行弧线的控制，应看对方站位的前后和人的高矮及弹跳能力而定，以恰好不给对方半途拦截机会为宜。落点地选择基本与发高远球相同。

（3）发平快球。发平快球属于进攻性发球，球速很快，作为突袭手段如运用得当，往往能取得主动

权。但接球方若有所准备也能半途拦截，以快制快，发球方反会处于被动。发平快球时球的落点一般应在对方反手区或直接对准接发球方的身体，使其措手不及。

（4）发网前球。发网前球能减少对方把球往下压的机会，发球后立即进入互相抢攻。把球发到前发球内角，球飞行的路线较短，容易封住对方攻击自己后场的角度。发球到前发球线外角位能起到调离对方中心位置的作用，特别是在右场区发前发球线外角位能使对方反手区出现大片空当。

2. 接发球战术

接发球虽然处于被动、等待的状态，但由于发球受到诸多规则的限制，不能给接发球者带来太大的威胁。发球者只能将球发到对角线的接发球区内，而接发球者只需防守不到半个区域，却可还击到对方整个场区。所以，接发球者若能处理好这一拍，也可取得主动权。

（1）接发平快球。要观察对方的发球意图，随时做好准备。借用对方的发球力量快杀空当或追身都能奏效，也可借助反弹力拦在对角网前。

（2）接发网前球。可用平推球、放网前或挑高球还击。当对方发球过网较高时，要抢先上网扑杀。接发网前球的击球点应尽量抢高。

（3）接发高远球、平高球。一般可用平高球、吊球或杀球还击。但如果对方发球后站位适中，进攻时要注意落点的准确性。若用杀球、吊球还击，自己的速度要跟上。如果对方发球质量很好，就不要盲目重杀，可用高远球、平高球还击，伺机再攻，或者用点杀、劈杀、劈吊下压先抑制对方。

3. 进攻战术

（1）平高球压底线战术。用快速、准确的平高球打到对方后场两角，在对方不能拦截的前提下尽量降低球的飞行弧线，把对方紧压在底线，当对方回击半场高球时就可以扣杀进攻。使用平高球压底线时，如配合劈吊和劈杀可增加平高球的战术效果。一般情况下，平高球的落点和杀、吊的落点拉得越开，效果越好。

（2）逼反手战术。在比赛中后场的反手击球总是比正手击球使用得少。有的运动员还不能在后场用反手把球打到对方端线，所以对于对方的反手要毫不松懈地加以攻击。调开对方位置，使对方反手区露出空当，然后把球打到反手区，迫使对方使用反拍击球。

（3）防守反攻战术。这一战术是对付那种盲目进攻而体力又差的对手。比赛开始，先以高球诱使对方进攻，在对方只顾进攻而疏于自己的防守时即可突击进攻，或者在对方体力下降、速度减慢时再发动进攻。

（4）过渡球战术。过渡球是为了摆脱被动，为下一拍的反攻积极创造条件。被动时，首先应争取时间调整好自己的位置和控制住身体的重心，其次要利用球路变化打乱对方的进攻步骤。

（5）吊杀上网战术。先在后场以轻杀、点杀、劈杀配合吊球把球下压，落点要选择在场地两边，使对方被动回球。对方还击网前球时，迅速以搓球，或勾对角，或快速平推创造半场扣杀机会；若对方在网前挑高球，可在其向后退的过程中抱球直接杀向对方的身上。

（6）拉、吊结合杀球战术。此战术是把球准确地打到对方场区的四个角上，使对方每次击球都要在场上来回奔跑。使用这种战术时，对不同特点的对手要采用不同的拉、吊方法。对后退步法慢的可以多打前、后场；对盲目跑动的可使用重复球和假动作；对灵活性差的应多打对角线，尽量使对方多转身；对后场反手差的应通过拉开后攻反手，如能熟练地使用平高球、劈吊和网前搓、推、勾技术，快速拉开对方，伺机突击扣杀，则这一战术能取得更好的效果。

（二）双打战术

双打从发球开始就形成短兵相接的局面，进攻和防守都加强了，这就更加要求运动员技术全面，能攻善守，反应灵敏。特别是对发球、接发球、平抽、挡、封网、扑、连续扣杀、接杀挑高球及防守反击等诸多技术要求更高。两名队员配合默契，相互信任，打法上攻守衔接及站位轮转协调一致是打好双打的关键。

1. 发球

发球质量、路线的配合、弧线的制造、落点的变化对整个双打比赛的胜负意义极其重大。

（1）发球站位。发球的站位不同，对发球的飞行路线、弧线、落点和第三拍的击球都有影响。发球者紧靠前发球线和中线，这种站位始于反手发网前内角，球过网后球托向下，不易被对方扑击。发球者站位离前发球线半米、靠中线，这种站位发球的选择面较广，正、反手都可发网前球、平快球、平高球且各种路线都可以发。发球者站在离中线较远处，这种站位主要用于在右场区以正手和左场区以反手发平快球攻对方双打后发球线的内角位，配合发网前外角。

（2）发球路线。调动对方站位，破坏对方打法，避实就虚，抓住对方弱点发球抢攻，发球要有变化。发球时，网前要和后场配合，网前的内角、外角和底线的内角、外角配合，使对方难于首尾兼顾。

（3）发球时间的变化。接发球方在准备接发球时，注意力虽然高度集中，但因受到发球方的牵制，要等球发出后才能判断、起动、还击。因此，发球动作的快、慢也应在规则允许的范围内有所变化，不要让接发球方掌握规律。

2. 接发球

接发球虽然受发球方的牵制，属于被动等待，但由于规则对发球做了击球点不能过腰、球拍上沿必须明显低于发球员的手部、动作必须连续向前挥动（不许做假动作）、不能迟迟不发等诸多限制，所以使发球者发出的球不会具有太大的威胁。接发球方如果判断准确、起动快、还击及时，就能在对方发球质量稍差时杀、扑得手或取得主动权；反之，则会导致接发球失误或还击不利使自己陷入被动。

（1）接发内角位网前球。以扑或轻压对方两边中场及发球者身体为主要攻击点，配合网前搓、勾等其他线路。

（2）接发外角位网前球。除了以上攻击点外，还可以平推对方底线两角以调动对方一名队员至边角，扩大对方另一队员的防守范围。

（3）接发内角、外角位后场球。应以发球者为攻击点，力争扣杀追身球。如果起动慢了，可用平高球打到对方底线两角。一般发球者在后场发出球后，后退准备接杀的情况居多，这时可用拦截吊球，落点可选择在发球者的对角。

3. 进攻战术

（1）攻人战术。这是双打中常用的一种战术，就是以人为攻击目标。对付两名技术水平高低不一的对手时，一般都采用这种战术，对方两名队员实力相当时也可采用这一战术。集中力量攻击对方一名队员，常能起到“集中优势兵力打歼灭战”的作用；在另一队员过来协助时，又会暴露出空当，可在其仓促接应、立足不稳时偷袭对方。

（2）攻中路战术。守方左、右站位时把球打在两人的中间。这种战术可以造成守方两人抢接一球或同时让球，彼此难以协调；限制对手在接杀球时挑大角度高球调动攻方；有利于攻方的封网，由于打对方中路，对方回球的角度也小，网前队员封网的难度就小了。

（3）攻后场战术。这种战术常用来对付后场扣杀能力较差的对手，把对方弱者调动到后场后也可以使用。此战术多采用平高球、平推球、挑底线把对方一人紧逼在底线，使其在底线两角移动击球，在其还击出半场高球或网前高球时即可大力扣杀，取得该球的胜利或主动。如在逼底线两角时对方同伴要后退支援，则可攻击网前空当或打后退者的追身球。

第三节 羽毛球的基本规则

一、场地

羽毛球场地呈长方形，长 13.40 m，单打场地宽 5.18 m，双打场地宽 6.10 m。球场外面两条边线是双打场地边线，里面的两条线是单打场地边线，双打边线与单打边线相距 0.46 m。靠近球网 1.98 m 与网平行的两条线为前发球线，离端线 0.76 m 与底线相平行的线为双打后发球线。球场上各条线宽均为 4 cm，用白色、黄色或其他易于识别的颜色画出。

二、比赛项目及计分方法

1. 比赛的项目

羽毛球比赛项目分为男子单打、女子单打、男子双打、女子双打、混合双打、男子团体和女子团体。

2. 比赛的计分方法及规则

（1）比赛采用 21 分每球得分制，每场比赛采取三局两胜制，先得到 21 分的一方赢得当局比赛。每局双方打到 20 分平后，一方领先 2 分即算该局获胜；若双方打成 29 分平后，一方领先 1 分，即算该局取胜。

（2）得分者有发球权，如果本方得单数分，从左边发球；得双数分，从右边发球。在第三局或只进行一局的比赛中，当一方分数首先到达 11 分时，双方交换场区。

三、比赛中的站位

1. 单打

（1）发球员的分数为 0 或双数时，双方运动员均应在各自的右发球区发球或接发球。

（2）发球员的分数为单数时，双方运动员均应在各自的左发球区发球或接发球。

（3）如“再赛”，发球员应以该局的总的分数来确定站位。若总分为 15 分（单数），双方运动员均应在各自的左发球区发球或接发球；若总分为 16 分（双数），双方运动员均应在各自的右发球区发球或接发球。

（4）球发出后，双方运动员就不再受发球区的限制而可以自由击到对方场区的任何位置，运动员的站位也可以在自己这方场区的界内或界外。

2. 双打

（1）一局比赛开始和获得发球局的一方，都应从右发球区开始发球。

（2）只有接发球员才能接发球；如果他的同伴去接球或被球触及，发球方得 1 分。每局开始首先接发球的运动员，在该局本方得分为 0 或双数时，都必须在右发球区接发球或发球；得分为单数时，则应在左发球区接发球或发球。

（3）上述两条相反形式的站位适用于他们的同伴。

（4）任何一局的本方发球员失去发球权后，由该局首先发球员发球，然后首先发球员的同伴发球，接着由他们的对手之一发球，然后再由另一对手发球，如此传递发球权。

（5）运动员不得有发球错误和接发球的错误，或在同一局比赛中有两次发球。

（6）一局胜方的任一运动员可在下一局先发球，负方中任一运动员可先接发球。

（7）球发出后，运动员就不再受发球区的限制了，可在本方场区自由站位和将球击到对方场区的任何位置。

四、交换场区

（1）以下情况运动员应交换场区：第一局结束；第三局开始；第三局中或只进行一局的比赛进行至一方达到 11 分时。

（2）运动员未按以上规则交换场区，一经发现立即交换，已得分数有效。

五、合法发球

（1）发球时任何一方都不允许非法延误发球。

（2）发球员和接发球员都必须站在斜对角线发球区内发球和接发球，脚不能触及发球区的界线；两脚必须都有一部分与地面接触，不得移动，直至将球发出。

（3）发球员的球拍必须先击中球托，与此同时整个球必须低于发球员的腰部。

（4）击球瞬间球杆应指向下方，从而使整个拍头明显低于发球员的整个握拍手部。

（5）发球开始后，发球员的球拍必须连续向前挥动，直至将球发出。

（6）发出的球必须向上飞行过网，如果不受拦截，应落入接发球员的发球区。

六、羽毛球的违例

（1）发球不合法违例，或接发球者提前移动。

（2）发球员发球时未击中球。

（3）发球时，球过网后挂在网上或停在网顶。

（4）比赛时出现以下情况：①球落在球场边线外；②球从网孔或从网下穿过；③球不过网；④球碰屋顶、天花板或四周墙壁；⑤球碰到运动员的身体或衣服；⑥球碰到场地外其他人或物体；⑦球拍或球的最初接触点不在击球者网的这一方（击球者击球后，球拍可以随球过网）。

（5）比赛进行中出现以下情况：①运动员球拍、身体或衣服触及网或网的支持物；②运动员的球拍或身体，以任何程度侵入对方场区；③妨碍对手，如阻挡对方紧靠球网的合法击球。

（6）比赛时，运动员有故意分散对方注意力的任何举动，如喊叫、故作姿态等。

（7）比赛时出现以下情况：①击球时，球夹在或停滞在拍上紧接着又被拖带；②同一队员两次挥拍连续击中球两次；③同一方两名运动员连续各击中球一次；④球碰球拍继续向后场飞行。

（8）运动员违反比赛连续性的规定。

（9）运动员行为不端。

七、重发球

（1）遇不能预见或意外的情况时，应重发球。

（2）除发球外，球挂在网上或停在网顶，应重发球。

（3）发球时，发球员和接发球员同时违例，应重发球。

（4）发球员在接发球员未做好准备时发球，应重发球。

（5）比赛进行中，球托与球的其他部分完全分离，应重发球。

（6）司线员未看清球的落点，裁判员也不能做出决定时，应重发球。

（7）重发球时，最后一次发球无效，原发球员重发球。

八、死球

（1）球撞网并挂在网上，或停在网顶上。

（2）球撞网或网柱后在击球者一方落向地面。
（3）球触及地面。
（4）违例或重发球。

九、发球区错误

（1）发球顺序错误。
（2）从错误的发球区发球。
（3）在错误的发球区准备接发球，且对方球已发出。

第十章 网 球

学习目标

知识目标：了解网球运动的起源与发展及其在中国的发展概况；熟悉网球运动基本技术与战术；了解网球运动的基本规则。

能力目标：掌握网球运动的基本技术、战术以及基本规则。

素质目标：学会欣赏网球比赛，并积极参与此项运动，体会网球运动的乐趣。

课程思政

教学内容	思政元素	教学内容与思政元素的结合
网球概述	公正意识 社会责任 道德风尚 自信与冷静	通过网球概述的学习，学会尊重规则、尊重裁判、尊重对手，培养社会责任感和公正意识；知道应在比赛中遵守比赛规则，尊重比赛结果，培养良好的道德风尚；认识到网球比赛中需要保持自信和冷静的心态，培养自信心和应对各种挑战和压力的冷静心态。
网球基本技术动作	坚持不懈 关注细节 精益求精 积极向上	通过网球基本技术动作的教、学、练，认识到网球基本技术动作的掌握需要长时间的练习和反复的训练，培养毅力和耐心以及坚持不懈、勇往直前的体育精神；认识到网球运动中的抛球、击球和随挥动作等都需要做到精确，培养注重细节、精益求精的精神；认识到网球是一项全身运动，培养反应能力和应变能力以及积极向上的精神状态。
网球的基本规则	尊重规则 安全意识 规则意识 尊重对手	通过网球的基本规则的学习，认识到比赛中要尊重裁判的判罚，培养遵守比赛规则的意识和比赛精神；在网球运动中应遵循运动规则，培养安全意识和良好的运动习惯；认识到应严格遵守网球比赛规则，尊重对手，培养良好的体育风范和宽容的心态。

第一节　网球概述

现代网球运动的历史始于1873年，这一年，英国少校温菲尔德在羽毛球运动的启示下，改进了早期网球的打法，将场地移向草坪，并于同年出版了《草地网球》一书，提出了一套接近于现代网球的打法。1874年，他又规定了球网的大小和高低，在英国创办了简易的草地网球比赛。1875年，英国板球俱乐部修订了网球比赛规则，并于1877年7月举办了第一届温布尔登草地网球锦标赛。1884年，英国伦敦玛丽博恩板球俱乐部又把球网中央的高度定为91.4 cm，至此，现代网球正式形成。

1913年3月1日，澳大利亚、比利时、法国等12个国家的网球协会代表在巴黎成立了国际网球联合会（International Tennis Federation），其简写为ITF。国际网球联合会的成立，标志着网球运动由游戏、娱乐阶段过渡到竞技、职业网球阶段。

1972年，60名男子职业网球运动员组成了世界男子职业网球协会（Association of Tennis Professional），其简称为ATP。

1973年，女子职业网球协会（Women's Tennis Association）宣布成立，其简称为WTA。

在1896年雅典举行的第一届奥运会上，网球的男子单打和双打被列为正式比赛项目，后来由于国际奥委会和国际网球联合会在“业余运动员”的定义上有分歧，已连续七届奥运会都进行的网球比赛被迫取消，直至1992年巴塞罗那奥运会上网球又重新被列为正式比赛项目。

网球运动是在19世纪后期由英、美、法等国商人、传教士和士兵作为娱乐活动传入我国的，随之在上海、广州、北京等大城市中开展，后来在教会学校中也开展起来。1980年，中国网球协会被接纳为国际网球联合会正式会员。随着我国网球运动水平的逐步提高，有多人进入过世界排名前50位，如李娜、郑洁、晏紫、易景茜、李芳、彭帅等，但我国网球运动整体水平与欧美国家还有一定的差距。不过，中国选手的每一次进步和突破都具有历史意义，并且极大地推动着我国网球运动的发展。

第二节　网球基本技术动作

一、网球运动基本技术

（一）握拍法、准备姿势与站位

1. 握拍法

（1）大陆式握拍法。大陆式握拍法现在多用于上网截击和发侧旋球。这种握拍法还被称为榔头式握拍法。

动作要领：将拇指与食指形成的V形虎口放在拍把手的上平面与左上斜面的交界线上，手掌根部贴住上平面，与拍底平面对齐。食指与其余三个手指稍分开，食指第一关节紧贴在右上斜面上，如图10–1所示。

（2）东方式正手握拍法。由于其握法非常自然，类似握手的姿势也被称为握手式握拍法。该握拍法非常适宜底线正、反拍击球，同时对各种高度的来球及各种旋转球都具有广泛的适应性。

动作要领：右手掌根与拍柄右上斜面贴紧，拇指垫握住拍柄的左垂直面，食指微离中指，食指下关节压住拍柄右垂直面。由此拇指与食指呈V形对准拍柄的右上斜面和左上斜面的上端中间，如图10–2所示。

（3）西方式握拍法。这种握拍方法起源于美国的加利福尼亚州，握拍时要求手腕自然向后弯曲。在硬式网球中，使用这种握拍法能打出很重的上旋球和很高的反弹球。

动作要领：球拍面和地面平行，手掌从上面握住拍柄。球拍与地面垂直时，拇指与食指形成V形，握于拍柄的右垂直面，食指关节位于拍柄的下面，拇指则绕过拍柄，如图10–3所示。

（4）双手反拍握拍法。右手是东方式反拍握法，握在球拍拍柄的底部，手掌根与拍柄对齐，左手握在右手的上方，采用东方式正拍握拍法。该握拍法的优点是对力量不足的运动员来说学反拍比较容易，同时这种握拍法易于对来球加上旋和进行发力，击球点可更靠后些，且动作的隐蔽性强，对方不易发现是击斜线球还是击直线球。缺点是对步法要求精确。

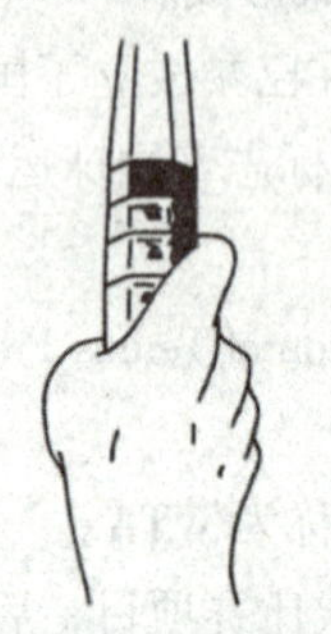

图10–1　大陆式握拍法

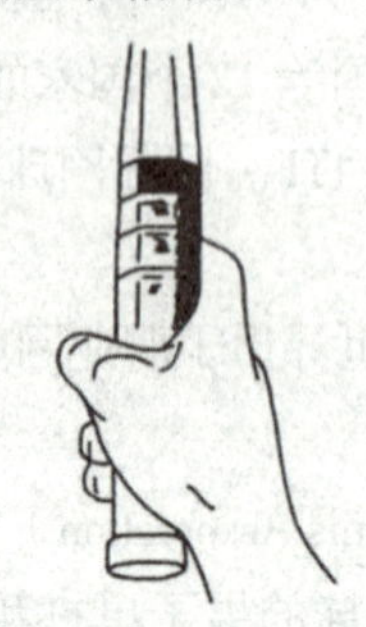

图10–2　东方式正手握拍法

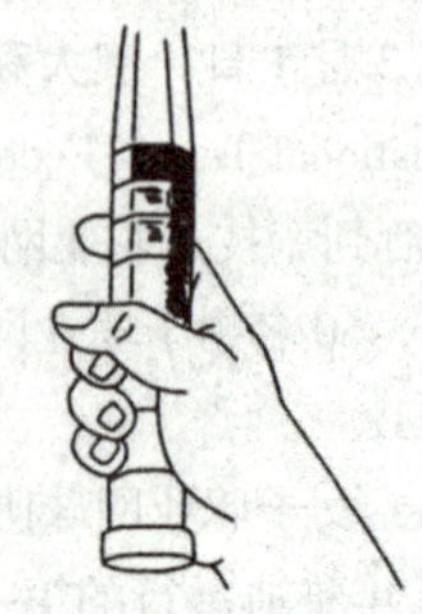

图10–3　西方式握拍法

2. 准备姿势

面对球网，双脚向前自然分开，与肩同宽，双膝微屈，腰部略向前，用非握拍手轻托拍颈，拍头与下巴齐平，双肘弯曲，将球拍舒适地伸在前面，身体前倾，重心落在双脚上。

3. 站位

（1）关闭式。在球拍做后摆动作的同时右脚向右转，约与底线平行，左脚向右斜前方45°角迈出。关闭式步法是传统网球最常见的一种步法，非常适合需要向前移动后再打的浅球。

（2）开放式。在球拍向后引做后摆动作的同时，双脚基本与底线平行，只是需要较多的转体动作相配合。

（二）发球

由于网球比赛的胜利建立在赢得对方发球局胜利的基础上，而一般来说，发球的一方占有优势，因此发球在网球比赛中至关重要。

1. 发球基本技术

（1）准备姿势。全身放松，侧对球场站立在端线的中场标记处附近，左脚与端线约呈45°角，右脚与端线基本平行，重心在左脚上。右手持拍，左手持球同时轻托球拍于腰部高度，拍头指向球场正前方。

（2）抛球。抛球的质量是关键，抛出平稳的球或者是有利于自己发球特点的球，无疑会让自己的发球发挥出更大的威力。所以学发球的第一步是学抛球、练抛球。

（3）后引。抛球与球拍后引是同步开始的。持球手与持拍手做同下运动，直至左腿出，然后持球手与持拍手做一前一后的同上运动。

（4）击球。在屈膝、背弓动作的基础上，自下而上依次蹬直踝部、膝部，反弹背弓并向出球方转体，与此同时仍以肘为轴带动手、拍头摆向击球点，最后在力的爆发点上击中抛送于空中的球。

（5）随挥。击中球时虽然挥拍击球动作已完成，但整个发球过程仍在继续。到达击球点后，球员应顺着身体及挥拍的惯性做收腹、转肩和收拍的动作，最终拍子由大臂带动收向持拍手的异侧体侧，结束发球动作，如图10–4所示。

图 10-4　发球

2. 发球种类

网球发球分为平击发球、上旋发球和侧旋发球，其比较见表 10-1 所列。

表 10-1　网球发球种类

类型	优点	缺点
平击发球	力量大、球速大、威胁大	稳定性差、角度小、身高限制比较大
上旋发球	旋转大、稳定性高、弹跳高	球速较慢
侧旋发球	角度大、稳定性较高	选择方向的余地小

（三）接发球

接发球的动作技术由握拍与站位、引拍、击球、随挥四个环节组成。

1. 握拍与站位

动作要领：双脚自然开立，与肩同宽，双膝微屈；重心前倾，拍头约与腰同高并指向对方；右手采用大陆式或东方正手式握拍，左手扶拍颈；判断来球，准备接球时迎上一两步，如正手接，握拍不变，如反手接，及时换东方反手；接一发一般站在发球区中间偏右的底线外（准备正手打），接二发一般站在中间偏左的底线内（准备打反手或侧身正手）。

2. 引拍

动作要领：判定来球决定正、反手接球，如对方发球不在左侧，则侧身对网，将球引入右侧前方，将拍引至侧身，转体的同时直线或斜线击球，引拍幅度控制不要太大，高不过肩，对方球速越快，转身引拍越快，幅度就越小。

3. 击球

动作要领：身体下蹲，重心迅速前移，击球瞬间拍面垂直于地面，手腕绷紧，保证在身前击球，后脚不要离地，保持身体稳定。

4. 随挥

动作要领：击球后持球手臂顺势向左前方向挥动，动作不要太大。双脚随即跟上，以准备下一个击球，如图 10-5 所示。

图 10-5　接发球

（四）抽击球

抽击球分为上旋球和下旋球两种。其中，上旋球是围绕球的纵轴，即从 6 点到 12 点方向，向前旋转。抽击球的特点是下落速度快、前冲速度快、弹跳高、稳定性强。下旋球是围绕球的纵轴，即从 12 点到 6 点方向，向后旋转。其特点为下落速度慢、前冲速度慢、弹跳低。

1. 正手抽击球

（1）握拍。正手抽击球时，握拍可采用东方式、混合式和西方式。

（2）准备姿势。面对球网，双脚向前自然分开，与肩同宽，双膝微屈，腰部略向前，用非握拍手轻托拍颈，拍头与下巴齐平，双肘弯曲，将球拍舒适地伸在前面，身体前倾，重心落在双脚上。

（3）球拍后引。利用髋部和双肩带动球拍向后方引动，将球拍拉至身后，拍头不下垂，拍面基本与地面垂直。球拍底部、左手和球基本呈一条直线。

（4）挥拍击球。在后引动作的基础上，重心由支撑脚移到前脚，同时蹬地、转体并带动手臂自下而上挥拍迎击来球，如图 10–6 所示。

（5）随挥。到达击球点之后，虽然球与拍面的接触已经完成，但这并不意味着整个击球过程的结束，转体及自下而上前挥球拍所形成的惯性仍然存在，随挥就是要顺应并且利用此惯性引导手臂及球拍沿出球方向继续送出，最后在其势末收住球拍，结束击球。

图 10–6　正手抽击球

正手抽击球

2. 反手抽击球

（1）握拍。反手抽击球时采用双手反拍握拍法。

反手抽击球

（2）准备姿势。面对球网，双脚向前自然分开，与肩同宽，双膝微屈，腰部略向前，用非握拍手轻托拍颈，拍头与下巴齐平，双肘弯曲，将球拍舒适地伸在前面，身体前倾，重心落在双脚上。

（3）球拍后引。侧身转肩后背朝球网，向后充分引拍，以获得必要的击球力量，右脚向前跨出，身体重心在右脚，后引动作靠近身体腰部。

（4）挥拍击球。击球时转体扭腰，球拍由后下向前上方挥出，拍面垂直，击球的中部或中部偏下，使球产生上旋，击球点在右脚的侧前方，利用双臂的伸展以增加击球力量，身体重心移向右脚。

（5）随挥。击球后面朝球网，随挥动作由后下向前上越球而过，动作在右肩膀处结束，如图 10–7 所示。

图 10–7　反手抽击球

（五）截击球

（1）握拍。正、反手截击皆采用大陆式握拍法。

（2）准备姿势。面对球网，双脚向前自然分开，与肩同宽，双膝微屈，腰部略向前，用非握拍手轻托拍颈，拍头与下巴齐平，双肘弯曲，将球拍舒适地伸在前面，身体前倾，重心落在双脚上。

（3）球拍后引。幅度越小越好，持拍手以不超出视线范围为原则，在准备姿势的基础上以大臂和肘为轴，小臂外翻拉开球拍。

（4）挥拍击球。在后摆动作的基础上，迎球上步，同时击球。以肩为轴转动，小臂和手腕保持不动。

（5）随挥动作。近网前几乎没有随挥动作，因为时间不允许。网前是分秒必争之地，没有多余的时间让球员做多余的动作，否则容易“延误战机”甚至“被动挨打”。

二、网球运动基本战术

灵活地运用战术是获取胜利的必要保障。网球战术很多，但其基本战略指导思想可归纳为以力量和速度取胜、以快取胜、抓住对方弱点取胜、以巧取胜及以稳取胜。

（一）单打战术

单打战术一般可以分为发球战术、接发球战术、上网战术和底线战术四种。

1. 发球战术

（1）发球站位。在右区发球时，多选择站在靠近中点线附近（即中线）。而左区发球的站位多是离开中点线向左边一些的地方，这个位置便于把球发向对方的反拍。尽管对于自己还击对方来球的位置有些偏左，但放大一些正手的防守区域，还击时容易上步弥补，这样进攻的作用就增强了。

（2）第一次发球。网球比赛规定有两次发球机会，第一次如失误，可以有第二次发球机会。从战术上讲，第一次发球比第二次重要得多，因为第一次可以充分运用大力发球，向对方展开猛烈的攻势，对方不得不退在稍后一点的位置接发球。发第一次时，直线球比斜线球好。打落点主要运用切削发球，把对方拉出场外去接，或者看对方站立接发球位置的破绽，发对方防守差的区域。

（3）第二次发球。第二次发球是发球的最后机会，如果失误就要输分了，所以应把准确性作为前提，第二次发球相对慢些，运用切削或上旋发球，落到对方场区，产生向反拍方向高和远地跳动，给接发球者造成困难，同样也具备进攻的意义，其次向对方接发球的位置发落点，打对方防守差的区域。

（4）发球上网。发球上网是获胜的重要手段，而得分才是最终目的，但也绝非发球就能上网，重要的是选择时机，在条件成熟时上网。

如果采用大力发球，即使没有发出 ACE 球（即对局双方中一方发球，球落在有效区内，但对方却没有触及球而使之直接得分的发球），也具有相当威力。大力发球可迫使对方还击不利，勉强还击会打浅或打慢，这是上网的良好时机。

采用急剧旋转发球，如果发得成功便可大胆上网。

当对方退到底线后接发球时，本方可以策略地发一个削击的近网球。这样可使对方意想不到，只好勉强还击，这时本方可以上网，但不要上到底。对方在这种情况下的还击多半是无力的浅球，而本方则能主动进攻。

2. 接发球战术

接发球是网球运动中较难掌握的运动技术。一次错误的回击会失去一分，相反，一个巧妙的接发球能削减发球者进攻的锐气，减少被动，甚至可以转化为主动。

（1）占据有利的位置。接发球员的站位必须从实际出发，根据临场的具体情况决定，多数站在底线前后，其左右站位应在对方可能发球区的角平分线上。如果正拍有较强的进攻性，可以把正拍防守范围放大一些，以便进攻。

（2）准备动作充分。从准备接发球开始，就要集中精力注视对方的动作，包括对方的站位、拉拍、击球，这样才能及早地预测来球情况、起动，并侧身对网、适时引拍向前迎击。准备接发球，应两手持拍置胸腹前，拍头上翘，采用东方式握拍法更灵活。这样引拍前挥动作都比较小，还击较快，从而缩短了对方的准备时间，迫使对方匆忙还击。

（3）落点及还击方法。企图用力回击对方的第一发球直接得分是绝对错误的。发球员发球后若没立即上网，我方就应打他的反手深处，或对准对方场角内附近打出有控制的稳健球。如果发球员发球后立即上网，除非我方有把握，否则不应考虑直接破网得分，而应打刚刚过网的短低球到对方脚下，或采用挑高球的方法迫使对方退后还击，当对方退后救球或防守时，我方要迅速上网截击，占据有利位置争取主动进攻。

3. 上网战术

上网一般在两种情况下进行：发球上网和抽击上网（包括接发球）。

（1）发一个深球到对方的斜角。在对手回球来到之前，我方有足够的时间进入发球区。上网后站在尽可能靠近网的地方，离网 2 m 左右。无论进攻或防守都是近网有利，但是近网需要强有力的高压球作为保证和后盾，否则很容易被对方用挑高球得分。

（2）抽击球上网。上网前的一下抽击球非常重要，好比是上网的前奏，抽击球的位置好坏决定上网的成败。首先，上网前的抽击球要准、深、有一定的角度而使球打到对方底线附近，让对方跑动救球，这样才具有攻击性；其次，也可以打在对方中央地带，这样可形成反击的最小回击角度。

（3）上网的击球。不论采用发球上网或抽击球上网，在对方击球时，先在发球线后一两步的地方稍做停步，以便判断来球的方向。然后再迅速向前，对着球去做网前第一次截击，并打低深球到对方的斜角。而第二次截击打浅斜线到另一边，就可使对方左右前后奔跑。如果对方产生预料到我方意图而提前向另一角跑去的“自以为是”心理，那么我方第二次再打一个重复球，就会使他扑空。同时，不要急于求成而击球过猛。当来球较高时，可运用高压动作将球扣下，力量和落点要适当结合，并视对方站立的防守位置而定。上网可能碰到被动情况，比如准备不及时对方把球打到我方脚下，这时可运用反弹球过渡一下，以落点为主，把球打到对方难以回击的地方，再争取第二下主动截击的机会。

4. 底线战术

（1）主动进攻的击球。底线抽击球主动进攻要做到逼重、逼深、逼角，才能使对方被动而出现防守上的漏洞，攻击对方的弱点，使对方失误，进而丧失信心导致失败；或利用突击以及不同旋转的击球，出奇制胜；或无规律地交替运用各种旋转球，使对方捉摸不透而失误。

（2）造成对方战术上的被动。每个运动员都有各自的战术特点，要针对对方的弱点进行攻击。对付上网好的运动员，就用落点深的球把他压制在底线，达到不让对方上网的目的；对于不善于上网的运动员，则要运用短球或小斜角球，引他上网或跑出中央基地，再用高球或打空隙地带的球取胜。

（3）破网球。破网技术的基础是底线技术，要熟练掌握底线正拍直线、正拍斜线、反拍直线、反拍斜线四条基本线路。破网球时，球过网越低越好，最好是带旋转的。过网之后，球弹跳不高，又朝两边斜出，给上网者造成回击位置和角度上的困难。另一种方法是大力抽击直线球，在速度上压制对方。此外，可运用挑高球破网。破网技术运用得当，同样可以由被动转化为主动。

（二）双打战术

双打和单打不同，双打要求配合默契、反应高度灵敏，掌握快速抢球、交叉位置等技术，并具有自己特定的战术。

1. 站立位置

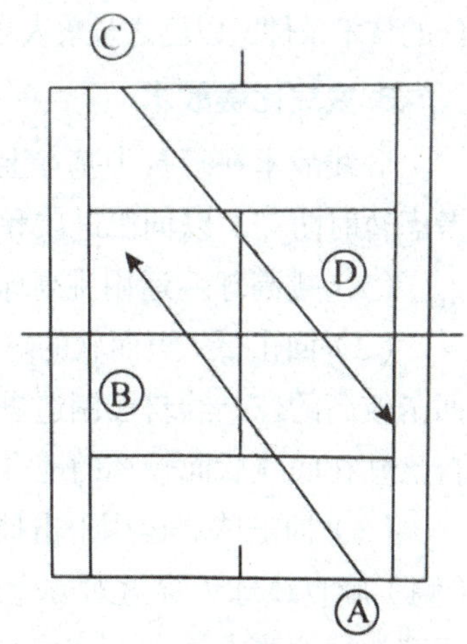

图 10–8 网球双打站立位置

双打比赛中，不论是男子双打、女子双打还是混合双打，往往能控制网前的队能得分。发球员 A 应站在中点和单打线的中间，准备好发球后直接上网。A 的同伴 B 站在发球线和球网之间，稍偏向单打线，应做到向两侧各移动一步就能封住单打与双打之间的狭道以及球场中区，如图 10–8 所示。

接球员 C 在接右区发球时，应站在端线靠近单打线处（对右手握拍而言）；在接左区发球时，则应稍靠近中间一些。接球员的首要目的是将球打回去，然后考虑上网。

接球员 D 应站在发球线旁边（脚跟刚好在发球线内）偏近中线，目的是警戒对方网前运动员打来的中路浅球。当接球员 C 击球后向前时，C 的同伴应移动到自己那半场的中间更靠近球网的位置。

2. 发球战术

如果得到选择权，先发球是有利的。让发球好的运动员首先发球，并集中精力把球发好，而不要企图以发球直接得分。要使用稳健的旋转发球，将球发到接球员的反拍区以掌握发球上网的主动权。发球员的同伴应守好半边场区，对对方的接发球进行截击或高压。

3. 接发球战术

双打接发球几乎都是有计划地向发球员回击，绝不应打给网前的对手。如知道对手发球后上网，即应用短低球回击，使对手把球从低处挑起；亦可打两侧斜线球把对手拉开，迫使对手向上回球，这样自己或同伴就可在前场扣杀得分。

在接第二发球时，积极迎上去，和同伴同时上网。

如果网前的对手抢网扑杀，可以有以下三种选择。

（1）把对角球再打得凶狠些，但这样打比较冒险且困难较大。

（2）可打直线球，但若网前的对手不抢网，就等于“自杀”。若网前的对手移位不当，抢网未成，那么直线球肯定得分。

（3）挑一个快速高球越过网前对手的头顶。

4. 网前比赛战术

双打目前较多采用的打法是四人上网的战术，即双方都在争取上网的情况下进行比赛。四人同时上网，短兵相接，距离近，速度快，要求运动员具备高超的技术水平和灵敏的反应。

（1）站位。双打上网的位置在离网 2～3 m 处，同伴两人应在各半场中间稍靠中线的位置，这样既可以前进，又便于后退。此外，由于两人比较靠近，可严密防守双打中最容易被穿过的“中间球”，不过站位要根据对方击球的方向移动。

（2）同伴之间配合的原则。双打需要高度配合和合作，除了特殊的默契和战术外，一般应该共同遵守以下原则：①如球在两人中间，应由正拍击球者回击，这样可以具有更大的进攻性；②如球在两人中间，而且是斜线球，应由距离近的运动员去迎击；③如挑过来的高球处于两人中间，应由正拍击球者进行高压；④如对方接发球回击过来中场球，应由上网队员争取截击，但发球队员也要做好准备，在同伴漏球时上前补上；⑤在情况复杂时，同伴之间要互相照应，随时呼叫“我的”或是“你的”，互相之间及早准备，不致由于双方都不动手而漏球；⑥如上网队员移动位置到左侧或右侧击球，底线的同伴应立即转移位置，弥补场区露出的空隙地带，及时站好位置，不致两人同时站在同半区内。

（3）分析双方情况制定战术。赛前要对我方和对方有足够的估计，针对对方特点和弱点并根据自己和同伴的技术条件，以己之长攻人之短。在场上比赛时，还要机动灵活地变换战术，出奇制胜。

5. 底线比赛战术

底线战术在双打中基本上是防守性质的。双打应该争取一切机会上网，但如果被压在底线，就只能考虑暂时防守，以伺机进攻和引诱对方失误为主要目的。

（1）挑高球。运用挑高球（以挑上旋高球较好）迫使上网的对方退居底线，减少进攻威胁。

（2）回击低/短而软的球。运用切削球或上旋球破网，使球过网后弹跳很低，导致对方回击落网或回击较高的球，给自己制造进攻机会。这种打法要依当时双方站立的位置而定。如果对方离网很近或者自己站在底线后面较远的地方，都不宜采用，否则容易被对方上步打死或回放短球。

（3）抽击球。运用平击抽球打直线，凭借较大的力量和较快的速度穿过对方中央场区；或者运用上（侧）旋直线球，穿过对方旁边两侧的空地，向场外方向逃逸。简言之，要找对方防守上的空隙地带进行突然性地袭击。

第三节　网球的基本规则

一、比赛场地

网球场可分为室内、室外两种，且有多种不同的球场表面类型，场地的修建应尽量为南北走向。球场按场地质地大致分为四种：草地球场、硬地式红土地球场、全天候球场以及人造球场。

一片标准网球场地的占地面积不小于 670 m^2（36.60 m × 18.30 m），这一尺寸也是一片标准网球场地四周围挡网或室内建筑内墙面的净尺寸。在这个面积内，有效双打场地的标准尺寸是 23.77 m（长）× 10.97 m（宽），有效单打场地的标准尺寸是 23.77 m（长）× 8.23 m（宽），在每条端线后应留有余地且不少于 6.40 m，在每条边线外应留有余地且不少于 3.66 m。在球场安装网柱，两柱中心测量，柱间距是 12.80 m，网柱顶端距地面是 1.07 m。主流的网球场地地面为弹性丙烯酸场地，无障碍物。网球场地地面也有塑胶、红土、人造草和木地板等。不论是采用木板地面还是合成材料地面，都必须保证运动员在比赛中不感到太滑或太黏，并有一定的弹性。要注意地面平整，以防出现伤害事故。

二、基本规则

（一）比赛项目

网球的比赛项目包括男子单打、女子单打、男子双打、女子双打、混合双打、男子团体和女子团体。男子比赛一般采用五盘三胜制，女子比赛多采用三盘二胜制。

（二）接发球选择和场区选择

网球比赛第一局开始时通过掷钱币或转球拍的方式来决定选择权。胜方如果选择发球权（发球/接发球），场区选择权就归对方；胜方如果选择场区，发球权就归对方。

在网球比赛中，每局结束以后交换发球权。此时，发球方成为接球方，接球方成为发球方。比赛双方应在每盘的第 1、3、5 等单数局结束后，以及每盘结束双方局数之和为单数时，进行场地交换。

（三）计分方法

1. 得分

本方得 1 分：发球员发出的球落地前触及接球员的身体或穿戴物。

对方得 1 分：发生下列任何一种情况，均判对方得分。

（1）在球第二次着地前，未能还击过网。

（2）还击的球触及对方场区界线以外的地面、固定物或其他物体。

（3）还击空中球失败。

（4）故意用球拍触球超过一次。

（5）运动员的身体、球拍在发球期间触及球网。

（6）过网击球。

（7）抛拍击球。

2. 胜一局

（1）每胜 1 球得 1 分，先胜 4 分者胜 1 局。

（2）双方各得 3 分时为平分，平分后，净胜 2 分为胜 1 局。

3. 胜一盘

（1）一方先胜 6 局为胜 1 盘。

（2）双方各胜 5 局时，一方净胜 2 局为胜 1 盘。

（3）在每盘的局数为 6 平时，有两种计分制：长盘制（一方净胜 2 局为胜 1 盘）和短盘制（先得 7 分者胜该局及本盘）。

（四）发球规则

1. 发球员位置

发球员应站在端线后、中点和边线的假定延长线之间的区域里。每局开始时，从场地的右半区开始发球，发出的球应落在对方场地的对方发球区有效范围内。

发球员在整个发球动作中，不得通过行走或跑动改变站立的位置，两脚只准站在规定位置且不得触及其他区域。

比赛分数为偶数时，在右区发球；分数为奇数时，要换到左区发球。

2. 发球失误

发球失误包括未击中球、发出的球在落地前触及固定物（球网、中心带和网边白布除外）、违反发球站位规定。第一次发球失误后，发球员应在原位置上进行第二次发球。

3. 发球无效

发球无效包括发球触网后，网球落到对方发球区内；接球员未做好接球准备。发球无效后需要重新发球。

（五）双打规则

在单打规则的基础上，双打还有一些特殊的规定。

1. 发球次序

每盘第一局开始时，由发球方决定由哪位球员首先发球，对方则同样地在第二局开始时决定由哪位球员首先发球。第三局由第一局中未发球的球员发球，第四局由第二局中未发球的球员发球。以下各局均按此次序轮换发球。

2. 接球次序

与发球次序一样，在每盘开始之前要决定接球次序，即先接球的一方应在第一局开始时，决定由哪位球员先接发球，并在这盘单数局继续先接发球。对方同样应在第二局开始时决定由哪位球员先接发球，并在这盘双数局继续先接发球。他们的同伴应在每局中轮流接发球。

第十一章 排舞运动

学习目标

知识目标：了解排舞的概念、起源与发展；了解排舞运动的基本术语；掌握排舞的基本步伐。

能力目标：掌握排舞运动的基本步伐及练习。

素质目标：提升对大众运动的热爱，锻炼自己的节奏感，提高艺术欣赏情趣。

课程思政

教学内容	思政元素	教学内容与思政元素的结合
排舞运动概述	公民素养 体育精神 审美教育	通过健身排舞的学习，认识到应遵循“爱国、敬业、诚信、友善”等基本道德规范，培养公民素养，增强对中华民族的自豪感、归属感；认识到健康的生活习惯和积极的生活心态的重要性，培养吃苦耐劳、勇于进取、追求卓越等体育精神；认识到健身排舞是一种艺术形式，培养审美能力和艺术修养，提升个人的综合素质。
排舞运动术语	集体精神 团队协作 意志品质 规则意识 情绪调节	通过排舞术语和基本步伐的学习，认识到健身排舞是一项集体参与的运动，培养个体的集体主义精神和团队协作能力；认识到排舞的基本步伐需要通过不断的练习才能掌握，培养意志品质和坚韧不拔的性格；自觉遵守规则和标准，培养自律能力和自我约束能力及责任感和使命感；学会调节自己的情绪和心态，提升个人的心理素质和抗压能力。

第一节 排舞运动概述

排舞 (Line dance) 是一项音乐和固定舞步融合在一起，一人或多人通过风格各异的舞步循环，来愉悦身心的国际性体育运动。具有各国民间舞蹈的多元文化魅力的排舞已经风靡世界，受到不同国籍、性别及年龄人们的喜爱和参与。目前，我国许多大中小学校已经把排舞列入学校体育教学大纲，成为学生课间操、课余体育锻炼和学校庆典表演的重要内容；许多企事业单位已经把排舞列入工间操、业余锻炼和节日庆典表演的重要内容。它对培养学生的音乐素养、提高其身体素质、增进其对世界文化的了解、培养其礼仪行为有重要的意义。

社交舞是起源于西方的一种舞蹈形式，又称舞厅舞、舞会舞或交谊舞。它来源于各国的民间舞蹈，是在古老的民间舞的基础上发展演变而成的。十一、十二世纪，欧洲一些国家将民间舞蹈加以提炼和规范，形成了流行在宫廷中的“宫廷舞”，高雅繁杂，专供贵族习跳和欣赏，是贵族的特权。法国大革命后，宫廷解体，“宫廷舞”也进入了平民社会，成为社会中人人可舞的社交舞。1768 年，在巴黎出现了第一家舞厅，从此，交谊舞在欧洲社会中流行。由于受到宫廷舞的影响，交谊舞的风格也是舞姿庄重典雅，舞步严谨规范，因而被称为欧洲学派的社交舞。

20 世纪 70 年代，随着多媒体音响技术的发明，迪斯科音乐再度在美国兴起，在迪斯科的舞台上，今天被称为“排舞”的舞蹈形式出现了。虽然现代排舞的真正诞生是在 20 世纪 80 年代早期，但在当时，一些迪斯科俱乐部中开始出现了经过改编的“迪斯科排舞”。可以说，迪斯科音乐的兴起对现代排舞的诞生起了很大的促进作用。

20 世纪 80 年代早期，随着西部乡村音乐在美国的大流行，为配合西部乡村音乐的传播，作为今天被接受的舞蹈的现代排舞真正诞生了。在 1980 年，一个叫吉姆的美国人根据西部乡村舞曲编排了一支排舞。五个身着休闲西装、头戴皮草帽、脚穿旅游鞋的四十多岁的男子重复着向前走、向后退、踏步、踢腿、转圈等简单易学的舞步组合，并配合随意的身体动作充分演绎了美国西部乡村音乐的动感、随意、休闲。由于这一时期排舞都来源于美国西部乡村舞，在当时主要是为了配合和促进乡村音乐的发展，因此很显然的带有西部乡村音乐的烙印，这些被改编为排舞的西部乡村舞蹈被证明是现代排舞的正式诞生，也正因于此，许多人认为现代排舞和乡村音乐是同义词。

排舞运动 2004 年传入我国，以舞步多元、风格创新、简单易学的运动形式深受人们的喜爱。2008 年 8 月 8 日早晨 8 点 08 分，在天安门广场，800 名排舞爱好者身着奥运五环颜色体恤组成五个方阵，伴随着奥运主题歌曲《永远的朋友》《We Are Ready》，表演了具有中国特色的“排舞”，以表达对北京奥运会的祝福。2008 年北京奥运会后，排舞在我国得到迅猛发展，全国掀起了排舞健身热。全国 30 余个省（市、自治区）都开始了排舞推广普及活动，排舞盛行于北京、江苏、上海、浙江、江西、湖北、福建、四川、云南、西藏等地。

第二节 排舞运动术语

一、排舞运动基本术语及分类

排舞术语是排舞理论和技术等方面的专门用语。它以简明、扼要的词汇，准确而又形象地反映出排舞的舞步形式和技术特征。排舞术语是在排舞的演变和发展过程中不断完善的，它来自排舞实践又指导排舞实践，是排舞教学、交流不可缺少的工具。

（一）动作方向术语

动作方向是指人体或人体某一部分运动的指向或位置。为了正确地辨别身体方向和检查动作旋转的角度，方便理解和记忆套路动作，国际排舞协会规定以时钟的方向为运动方向，如图 11-1 所示。因此，动作方向的参照体前者是时钟，后者是人体。

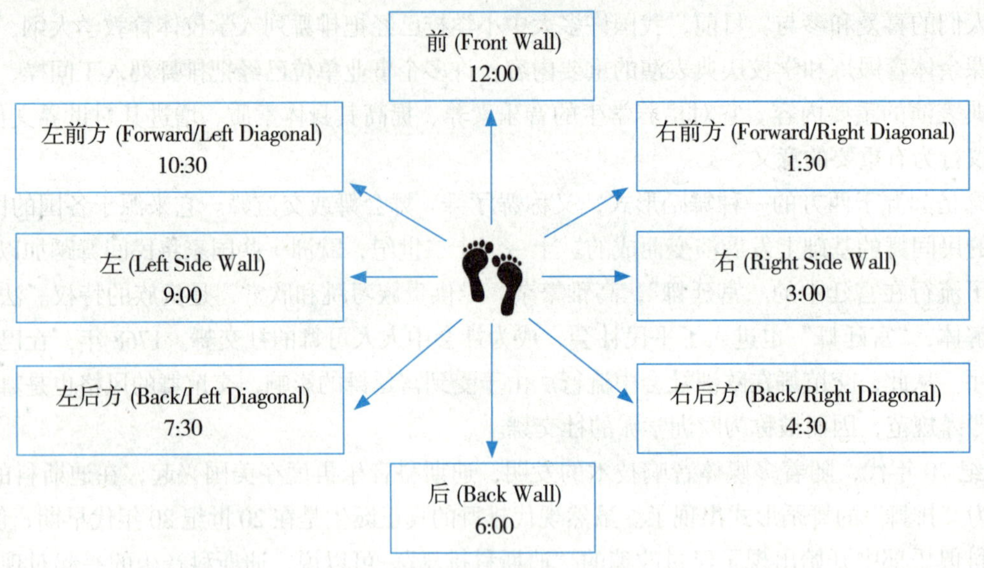

图 11-1　排舞运动方向

（二）排舞基本名词术语（中英文）

排舞基本名词术语（中英文）见表 11-1。

表 11-1　排舞基本名词术语（中英文）

术语	英文名称	术语	英文名称	术语	英文名称	术语	英文名称
排舞	Line Dance	编舞	Choreographer	音乐名	Music	演唱者	Singer
每分钟拍数	BPM	拍子	Count	方向 / 遍	Wall	舞蹈水平	Level
初级	Beginner	中级	Intermediate	高级	Advance	前奏 / 介绍	Count In/Intro
开始	Start	舞蹈顺序	Sequence	小节 / 章节	Section	段落 / 部分	Part
结束	End	间奏	Tag/Bridge	重头开始	Restart	重复	Repeat
步伐	Step	脚	Foot(Ft)	右脚	Right(Rf)	左脚	Left(Lf)
脚尖	Toe	脚跟	Heel	归位	Home	原地	In Place
前面	Front	后面	Back	侧面	Side	斜角	Diagonal
头	Head	手	Hand	面向	Face	膝盖	Knee
切分音	Syncopated	顺时针	Clockwise(CW)	逆时针	Counter-Clockwise(CCW)	造型	Styling

（三）排舞动作术语 (Standing Step)

排舞动作术语见表 11-2。

表 11–2 排舞动作术语

术语	英文名称	术语	英文名称	术语	英文名称	术语	英文名称	术语	英文名称
刷地	Brush/Scuff	退	Back	击掌	Clap	交叉	Cross	拖	Drag
扇步	Fan	进	Forward	轻弹小腿	Flick	跟弹	Heel Bounce	跟点	Heel Dig
跟磨	Heel Grind	跟开	Heel Split	跟拍	Heel Tap	顶髋	Hip Bump	抬 / 吸起	Hitch
停顿	Hold/Freeze	勾提	Hook	单足跳	Hop	跳	Jump	踢	Kick
提起	Lift	锁	Lock	弓步	Lunge	点	Point	快速（进 / 出）	Pop(In/0ut)
滚动	Roll	颤膝	Shaking Knee	抖肩	Shimmy	滑冰	Skate	滑	Slide
重踏	Stomp	摇摆	Sway	扫	Sweep	旋	Swivel	轻敲	Tap
触点	Touch	并	Together	转	Turn	扭转	Twist	跑	Run

（四）排舞步伐术语 (Traveling Step)

排舞步伐术语见表 11–3。

表 11–3 排舞步伐术语

编号	舞步名称	节拍	基本类型	舞步描述
1	跳 Jump	1	双脚跳 Jump	双脚同时起跳，双脚落地
			爵士跳 Jazz Jump	单脚起跳，双脚落地
		12	开合跳 Jump Jack	1 双脚起跳，分开落地；2 双脚起跳，并脚落地
2	扇形步 Fan	12	脚尖扇形步 Toe Fan	1 单脚尖向外（向内）平展；2 脚尖还原
				1 双脚尖向外（向内）平展；2 脚尖还原
			脚跟扇形步 Heel Fan	1 单脚跟向外（向内）平展；2 脚跟还原
				1 双脚跟向外（向内）平展；2 脚跟还原
3	摇摆 Rock	12	前摇摆 Rock Forward	1 右脚前进；2 重心回左脚
			后摇摆 Rock Back	1 右脚后退；2 重心回左脚
			左 / 右摇摆 Left/Right Rock	1 右脚向右一步；2 重心回左脚
4	旋步 Swivel	12	左 / 右旋步 Left/Right Swivel	1 左脚跟、右脚尖同时向右转动；2 左脚尖、右脚跟同时向右转动
			跟旋步 Heel Swivel	1 双脚跟一起向左（右）转动；2 双脚跟复位
			尖旋步 Toe Swivel	1 双脚尖一起向左（右）转动；2 双脚尖复位
5	抛锚 / 支撑步 Anchor Step	1&2	左 / 右抛锚 / 支撑步 Left/Right Anchor Step	1 右脚至左脚跟后成三位脚，& 左脚原地踏；2 右脚原地踏
6	恰恰步 Shuffle Chasse	1&2	左 / 右恰恰 Left/Right Chasse	1 右脚向右一步，& 左脚并步；2 右脚向右一步
7	海岸步 Coaster Step	1&2	左 / 右海岸步 Left/Right Coaster Step	1 右脚后退，& 左脚并步；2 右脚前进
			反向海岸步 Reverse Coaster	1 右脚前进，& 左脚并步；2 右脚后退
			海岸交叉步 Coaster Cross	1 右脚后退，& 左脚并步；2 右脚前交叉
8	踢换脚 Kick Ball Change	1&2	踢换脚 Kick Ball Change	1 右脚踢，& 右脚还原；2 左脚原地踏（点、侧点、前交叉等）
			踢侧开 Kick Out Out	1 右脚踢，& 右脚向右一步；2 左脚向左一步

续表

编号	舞步名称	节拍	基本类型	舞步描述
9	跟掌交叉步 Heel Ball Cross	1&2	左 / 右跟掌交叉步 Left/Right Heel Ball Cross	1 右脚跟侧点，& 右脚掌并于左脚旁；2 左脚前交叉
10	锁步 Lock	1&	前锁步 Forward Lock	1 右脚进，& 左脚锁在右脚后
			后锁步 Back Lock	1 右脚退，& 左脚锁在右脚前
11	曼波步 Mambo Step	1&2	前曼波 Forward Mambo	1 右脚前进，& 重心回左脚；2 右脚并步
			后曼波 Back Mambo	1 右脚后退，& 重心回左脚；2 右脚并步
			左 / 右曼波 Left/Right Mambo	1 右脚向右一步，& 重心回左脚；2 右脚并步
			曼波交叉步 Mambo Cross	1 右脚向右一步，& 重心回左脚；2 右脚前交叉
12	水手步 Sailor Step	1&2	左 / 右水手步 Left/Right Sailor Step	1 右脚后交叉，& 左脚左踏；2 右脚右踏
			水手交叉步 Sailor Cross	1 右脚后交叉，& 左脚左踏；2 右脚前交叉
13	桑巴步 Samba Step	1&2	左 / 右桑巴步 Left/Right Samba Step	1 右脚前交叉，& 左脚向左一步，重心留在右脚；2 右脚原地踏
			桑巴交叉步 Samba Cross	1 右脚前交叉，& 左脚向左一步；2 右脚前交叉
14	剪刀步 Scissors Step	1&2	左 / 右剪刀步 Left/Right Scissors Step	1 右脚向右一步，& 左脚并步；2 右脚前交叉
15	夜总会二步 Night Club (Basic)	12&	左 / 右夜总会二步 Left/Right Basic Step	1 右脚向右大侧步；2 左脚至右脚跟后成三位脚，& 右脚前交叉
16	桃乐茜步 Dorothy	12&	左 / 右桃乐茜步 Left/Right Dorothy	1 右脚右斜角进；2 左脚锁在右脚后，& 右脚右斜角进
17	苹果杰克 Apple Jack	1&2&	苹果杰克 Apple Jack	1 左脚尖向左同时右脚跟向右，& 还原；2 左脚跟向左同时右脚尖向右，& 还原
18	趾踵步 Strut	1&2&	尖趾步 Toe Strut	1 右脚尖前点地，& 右脚跟踏下；2 左脚尖前点地，& 左脚跟踏下
			跟趾步 Heel Strut	1 右脚跟前点地，& 右脚掌踏下；2 左脚跟前点地，& 左脚掌踏下
19	开关步 Switch	1&2&	脚尖开关步 Toe Switch	1 右脚尖前 (侧) 点地，& 右脚还原；2 左脚尖前点地，& 左脚还原
			脚跟开关步 Heel Switch	1 右脚跟前 (侧) 点地，& 右脚还原；2 左脚跟前点地，& 左脚还原
20	杂要步 Vaudeville	1&2&	左 / 右杂要步 Left/Right Vaudeville	1 左脚右前踏，& 右脚右踏；2 左脚跟左前点，& 左脚并右脚
21	闪烁步 Twinkle(Waltz)	123	左 / 右闪烁步 Left/Right Twinkle	1 右脚前交叉；2 左脚向左一步；3 右脚并左脚
22	纺织步 Weave	123	左 / 右纺织步 Left/Right Weave	1 右脚前交叉；2 左脚向左一步；3 右脚后交叉
23	糖果步 Sugar Step	123	左 / 右糖果步 Left/Right Sugar	1 右脚尖点地，右膝关节内收；2 右脚跟点地，右膝关节外展；3 右脚前交叉

续表

编号	舞步名称	节拍	基本类型	舞步描述
24	平衡步 Balance Step (Waltz)	123	左 / 右前进平衡步 Left/Right Forward Balance	1 右脚进；2 左脚并步；3 右脚原地踏
			左后 / 右后退平衡步 Left/Right Back Balance	1 右脚退；2 左脚并步；3 右脚原地踏
25	反抑制步 Contra Check	123	左 / 右反抑制步 Left/Right Contra Check	1 左脚右前踏；2 重心回右脚；3 左脚左踏
26	查尔斯顿步 Charleston	1–4	查尔斯顿步 Charleston Step	1 右脚前踏；2 左脚前点；3 左脚后踏；4 右脚后点
			查尔斯踢步 Charleston Kick	1 右脚前踏；2 左脚前踢；3 左脚后踏；4 右脚后点
27	骆驼步 Camel Step	1–4	骆驼步 Camel Step	1 右脚前进；2 左脚锁在右脚后；3 右脚前进；4 左脚锁在右脚后
28	摇椅步 Rocking Chair	1–4	左 / 右摇椅步 Left/Right Rocking Chair	1 右脚前进；2 重心回左脚；3 右脚退；4 重心回左脚
			反向摇椅步 Reverse Rocking Chair	1 右脚退；2 重心回左脚；3 右脚前进；4 重心回左脚
29	爵士盒步 Jazz Box	1–4	左 / 右爵士盒步 Left/Right Jazz Box	1 右脚前交叉；2 左脚退；3 右脚右踏；4 左脚前交叉（并步、侧点等）
30	藤步 Grapevine/Vine	1–4	左 / 右藤步 Left/Right Grapevine	1 右脚右踏；2 左脚后交叉；3 右脚右踏；4 左脚前交叉（左脚并、点、刷等）
31	伦巴盒步 Rumba Box	1–8	左 / 右伦巴盒步 Left/Right Rumba Box	1 右脚向右一步；2 左脚并步；3 右脚前进；4 停顿；5 左脚经右脚向左一步；6 右脚并步；7 左脚后退；8 停顿
32	兜风步 Cruising	1–8	1 右脚向右一步；2 左脚后交叉；3 右转 1/4 右脚进；4 左脚进；5 右转 1/2，重心放右脚；6 右转 1/4，左脚向左一步；7 右脚后交叉；8 左脚向左一步	
33	钻石步 Diamond Step	12& 34& 56& 78&	1 左脚左踏；2 右转 1/8 右脚后踏 1:30，& 左脚后踏；3 右转 1/8 右脚右踏 3:00；4 右转 1/8 左脚前踏 4:30，& 右脚前踏；5 右转 1/8 左脚左踏 6:00；6 右转 1/8 右脚后踏 7:30，& 左脚后踏；7 右转 1/8 右脚右踏 9:00；8 右转 1/8 左脚前踏 10:30，& 右脚前踏	
34	侧滑步 Sliding Step	1&	1 左脚跟向右旋转同时右脚尖右侧点地，& 左脚尖向右旋转同时吸右腿	
35	侧踹（拉） Side kick	1&	1 右脚向右踹出同时左脚向左滑动，& 右脚收回吸腿同时左脚回原位	
36	前卡 / 后卡 Forward Hold /Backward Hold	1&	前卡：右脚向前滑步同时左脚跟前点地，& 右脚回原位同时吸左腿 后卡：右脚向后一步同时左脚跟向前滑出，& 左脚回原位同时吸右腿	
37	蛇步 Snake Step	1&2&	1 右脚跟向左前方擦地前进，脚尖翘起，& 左脚并于右脚后；2 转动右脚尖向右前方，脚跟擦地前进，& 左脚并于右脚后	
38	搓步 Rub Step	1&2&	1 右脚向右后滑步同时左脚向左前点地，& 左脚回原位右转 1/4 同时右脚向后抬；2 左脚向后滑步同时右脚经左脚内侧搓向斜前方，脚跟点地，& 右脚回原位左转 1/4 同时左脚向后抬	
39	奔跑步 Running Step	&1&2	& 吸右腿同时左脚后滑，1 右脚前落同时左脚后滑，& 吸左腿同时右脚后滑；2 左脚前落同时右脚后滑	
40	飘步 Float Step	&1&2	& 吸右腿同时左脚向左滑步，1 右脚原地落下同时左脚掌向左后方滑动，& 吸左腿同时右脚向右滑步；2 左脚原地落下同时右脚掌向右后方滑动	

续表

编号	舞步名称	节拍	基本类型	舞步描述
41	蝴蝶步 Butterfly Step	&1&2 &3&4	& 两脚跟同时外旋，1 右脚向前同时两脚跟内旋 & 两脚跟同时外旋；2 左脚向前同时两脚跟内旋 & 两脚跟同时外旋；3 左脚向后同时两脚跟内旋 & 两脚跟同时外旋；4 右脚向后同时两脚跟内旋	
42	太空步 Moonwalk	&1&2 &3&4	& 左脚掌后踏地（重心在左脚），1 右脚向后滑步，& 左脚跟落地同时右脚跟离地，重心移至右脚；2 左脚向后滑动，& 右脚跟落地同时左脚跟离地，重心移至左脚；3 右脚向后滑步，& 左脚跟落地同时右脚跟离地，重心移至右脚；4 左脚向后滑动	
43	飞步 Scissors Jump	1–4	1 右脚右后方滑步同时左脚跟左前方滑动；2 两脚并回原位；3 左脚左后方滑步同时右脚跟右前方滑动；4 两脚并回原位	
44	平移步 Travel Step	1–4	1 两脚尖同时向右旋转；2 两脚跟同时向右旋转；3 两脚尖同时向右旋转；4 两脚跟同时向右旋转	
45	圆场步 Walk Step	12	左 / 右圆场步流动步伐 Left/ Right Walk Step	1 右脚向前从脚跟向脚掌滚动着地，同时左脚跟自然离地；2 右脚向前从脚跟向脚掌滚动着地，同时右脚跟自然离地
46	撩步 Lift step	12	左 / 右撩步 Left/Right lift step	1 右脚向右一步；2 左脚抬撩腿
47	踢建步 Shuttlecock Kick	12	1 右脚开膝内踢；2 右脚还原	
			1 右脚关膝外踢；2 右脚还原	
48	颤步 Shake Step	12	1 右脚颤膝踏步；2 左脚颤膝踏步	
49	摇篮步 Cradle Step	12	1 右脚前交叉，重心向右移动，左脚外侧着地；2 重心回左脚，右脚外侧着地	
50	退踏步 Back Step Push	1&2	1 右脚后踏，& 左脚原地踏步；2 右脚前踏	
51	端腿转 Hold Leg Turn	1&2	1 右脚向右一步，& 右脚内勾端腿，右旋转 360° 角；2 右脚并在左脚旁	
52	顿步 Back Lift Step	&1&2	& 右后抬腿，1 右踏步 & 左后抬腿；2 左踏步	
53	后踢步 Back Kick Step	&1&2	& 右小腿后踢，1 右脚屈膝踏步 & 左小腿后踢；2 左脚屈膝踏步	
54	踏脚步 Tread Step	&1&2	& 右脚抬腿，左脚屈膝，1 右脚旁踩踏，重心移至左脚，& 左脚抬腿，左脚屈膝；2 左脚旁踩踏，重心移至右脚	
55	花儿步 Cross Step	123	左 / 右花儿 Left/Right Cross Step	1 右脚向右一步；2 左脚前交叉；3 右脚向右一步
56	三步一抬 Three Steps Lift	1–4	右三步一抬 Three Right steps lift	1 右脚前交叉脚跟着地；2 左脚向旁一步脚掌着地；3 右脚前交叉；4 左脚向后踢起
			左三步一抬 Three Left steps lift	1 左脚前交叉脚跟着地；2 右脚向旁一步脚掌着地；3 左脚前交叉；4 右脚向后踢起
			前进三步一抬 Forward Three steps lift	1 右脚前踏；2 左脚前踏；3 右脚前踏；4 左脚向后踢起
			后退三步一抬 Back Three steps lift	1 左脚后踏；2 右脚后踏；3 左脚后踏；4 右脚向后踢起
57	旁拐步 Side Step	1–4	左 / 右旁拐步 Left/Right Side Step	1 右脚旁勾踢腿；2 右脚前踏；3 左脚前踏；4 右脚前踏
58	秧歌步 Yang Ge Step	1–4	1 右脚前交叉；2 左脚前交叉； 3 右脚右斜退步；4 左脚左斜退步，形成十字	

编号	舞步名称	节拍	基本类型	舞步描述
59	拧碾步 Twist Step	1–4		1 右脚脚跟前点地外拧，左脚前脚掌着地；2 右脚脚跟内碾，左脚全脚掌着地；3 右脚后退，左脚脚跟内跟；4 左脚脚跟外拧，右脚前脚掌着地
60	弦子步 String Step	1–4		1 右脚右踏；2 左脚前交叉；3 右脚右踏；4 左脚点（踮、靠、抬等）

注：所有排舞脚步以右脚为例。

（五）排舞转体术语 (Turning Step)

排舞转体术语见表 11–4。

表 11–4　排舞转体术语

编号	舞步名称	节拍	基本类型	舞步描述
1	定轴转 Pivot Turn	12	1/4 定轴转 Pivot 1/4 Turn	1 右脚前进；2 左转 90° 角重心移到左脚
			1/2 定轴转 Pivot 1/2 Turn	1 右脚前进；2 左转 180° 角重心移到左脚
			3/4 定轴转 Pivot 3/4 Turn	1 右脚前进；2 左转 270° 角重心移到左脚
2	交叉转 Cross Unwind Turn	12	左 / 右交叉转 L/R Cross Unwind Turn	1 右脚前交叉；2 左转 180-360° 角
3	藤转 Rolling Vine	1–4	左 / 右藤转 L/R Rolling Vine	1 右转 1/4 右脚进；2 右转 1/2 左脚退；3 右转 1/4 右脚向右一步；4 左脚并步（点、刷等）
4	蒙特利转 Monterey Turn	1–4	1/4 蒙特利转 Monterey 1/4 Turn	1 右脚侧点；2 右转 1/4 右脚并步；3 左脚侧点；4 左脚并步
			1/2 蒙特利转 Monterey 1/2 Turn	1 右脚侧点；2 右转 1/2 右脚并步；3 左脚侧点；4 左脚并步
5	划桨转 Paddle Turn	1–4	1/4 划桨转 Paddle 1/4 Turn	1 右脚掌前点地，重心在左脚；2 左转 1/8 重心放左脚；3 右脚掌前点地，重心在左脚；4 左转 1/8 重心放左脚
			1/2 划桨转 Paddle 1/2 Turn	1 右脚进；2 左转 1/4 重心放左脚；3 右脚进；4 左转 1/4 重心放左脚
6	三连步转 Triple Turn	1&2	三步转 180-360 度 Triple 180–360 Turn	根据节拍，可以用右 - 左 - 右脚或左 - 右 - 左 脚进行不同方向、不同角度的转动
7	全转 Full Turn (Half Turn X2)	12	左 / 右全转 L/R Fwd Full Turn	1 右转 180° 角左脚退；2 右转 180° 角右脚进
8	螺旋转 Spiral Turn	12	左 / 右螺旋转 L/R Spiral Turn	1 右脚前进，以右脚为轴；2 左转 360° 角重心在右脚

注：所有排舞转体以右脚为例。

第十二章 啦啦操

学习目标

知识目标：了解啦啦操的概念、起源、发展及分类；熟悉啦啦操的基本运动技术；了解啦啦操的比赛规则。

能力目标：掌握啦啦操的基本动作和练习方法。

素质目标：培养积极乐观的心态，锻炼自己的节奏感，提高艺术欣赏情趣。

课程思政

教学内容	思政元素	教学内容与思政元素的结合
啦啦操概述	集体主义 团队合作 意志品质	通过啦啦操概述的学习，认识到啦啦操是一项世界性竞技运动，培养集体主义精神和团队合作精神；认识到练好啦啦操需要付出大量的汗水和努力，培养积极向上的精神风貌和顽强拼搏的意志品质。
啦啦操运动技术	追求卓越 审美教育 艺术修养	通过啦啦操运动技术的学习，学会面对困难和挑战，培养坚韧不拔和追求卓越的精神；认识到啦啦操是一项融合了音乐、舞蹈、体操等多种元素的运动项目，培养审美能力和艺术修养，提升综合素质。
啦啦操比赛规则	规则意识 自我约束 体育精神	通过啦啦操比赛规则与裁判法简介的学习，学会遵守规则和规范，培养规则意识与自我约束能力；认识到啦啦操队员要不断提升自己的技能和表演水平，培养出积极向上、团结协作、挑战自我的体育精神。

第一节 啦啦操概述

一、啦啦操的概念

啦啦操是在音乐伴奏下，通过队员集体完成复杂、高难度的基本手位与舞蹈动作，项目特有的难度动作，以及过渡配合等，以充分展示团队的高度一致性和高超的运动技术为主要表现方式，并体现运动员的青春活力和积极向上的团队精神，努力追求团队最高荣誉感的一项体育运动。

二、啦啦操的起源与发展

啦啦操起源于美国，最早源于球迷为美式足球呐喊助威。借助美国职业篮球赛，啦啦操逐渐在全球范围内广泛传播，至今已有 100 多年的历史。

20 世纪 80 年代初，啦啦操开始向世界传播，并建立了统一的标准。

现代啦啦操以团队的形式出现，结合了舞蹈、口号、舞伴特技、技巧、叠罗汉、跳跃等动作技术，并配合音乐、服装、队形变化及标示物品（如彩球、口号板、喇叭与旗帜）等要素。

啦啦操运动于 2002 年正式引入我国。2009 年，国家体育总局正式批准开展全国啦啦操联赛官方赛事。从 2013 年起，我国啦啦操联赛开始实行 A 级赛区和 B 级赛区制度。2020 年，啦啦操被列为我国全运会竞赛项目。

三、啦啦操的分类

我国啦啦操及啦啦队的分类方式繁多，分类方法也各不相同，具体如图 12–1 所示。按活动的目的分为竞技性啦啦操、表演性啦啦操；按实施的场所分为看台啦啦操、场地啦啦操；按表演形式分为轻器械啦啦操、徒手啦啦操；按动作性质分为舞蹈啦啦操、技巧啦啦操；按发展形式分为公益性啦啦操、非公益性啦啦操；按竞赛种类分为全国锦标赛、冠军赛、系列赛、大奖赛、全国体育大会啦啦操比赛等各种赛事活动。目前，按目的分类的方法最为常用。

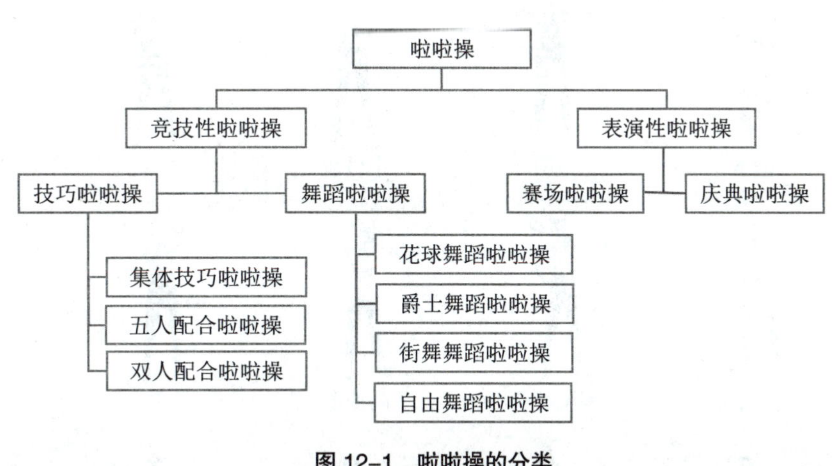

图 12–1 啦啦操的分类

第二节 啦啦操运动技术

一、啦啦操的基本动作

（一）啦啦操的基本手型

啦啦操的基本手型有 6 种。

（1）并拢式：五指伸直，相互并拢；拇指微屈，指关节贴于食指旁。

（2）分开式：五指用力伸直，充分张开。

（3）芭蕾手式：五指微屈，后三指并拢、稍内收，拇指内扣。

（4）拳式：握拳，拇指在外，指关节弯曲，紧贴于食指和中指。

（5）立掌式：五指伸直，手掌用力上翘。

（6）西班牙舞手式：五指用力，小拇指、无名指、中指自掌指关节处依次屈指，拇指稍内扣。

（二）啦啦操的手位

啦啦操共有 36 个基本手位，具体如图 12-2 所示。

下 A　上 A　上 V　下 V　加油　大 T

短 T　W　上 L　下 L　斜线　K

侧 K　弓箭　小弓箭　短剑　侧上冲拳　侧下冲拳

斜下冲拳　斜上冲拳　高冲拳　R　上 M　下 M

屈臂 X　高 X　低 X　前 X　X　上 H

下 H　小 H　屈臂 H　持烛式前 H　提桶式前 H　后 M　O

图 12-2　啦啦操 36 个基本手位

（1）下 A：双臂斜下举，分别与脊柱形成 30° 夹角，拳心紧贴相对。

（2）上 A：双臂斜上举，分别与脊柱形成 30° 夹角，拳心紧贴相对。

（3）上 V：双臂侧上举，分别与脊柱形成 45° 夹角，但不能完全张开，应置于双耳斜前方 45°，拳心朝外。

（4）下 V：双臂侧下举，分别与脊柱形成 45° 夹角，且与肩形成 45° 夹角，拳心朝下。

（5）加油：双手握拳式胸前击掌，肘关节朝下，双拳略低于下颚。

（6）大 T：双臂侧平举，但没有完全张开，分别与肩形成 30° 夹角，拳心朝下。

（7）短 T：双臂侧平举，于胸前平屈，小臂略低于肩，两拳相对，拳心朝下。

（8）W：双臂侧上举，于肩上平屈，大小臂成 90° 夹角，拳心相对。

（9）上 L：一臂前上举，与脊柱形成 30° 夹角，拳心朝内；另一臂侧平举，与肩形成 30° 夹角，拳心朝下。

（10）下 L：一臂前平举，略低于肩，拳心朝内；另一臂侧平举，与肩形成 30° 夹角，拳心朝下。

（11）斜线：一臂侧上举，与脊柱形成 45° 夹角，拳心朝外；另一臂侧下举，与脊柱形成 45° 夹角，拳心朝下。

（12）K：一臂前上举，与脊柱形成 45° 夹角，拳心朝内；另一臂前下举，与脊柱形成 45° 夹角，拳心朝内，两拳拳眼相对。

（13）侧 K：手臂动作同 K，身体向一侧转动，成后腿弯曲弓步。

（14）弓箭：一臂胸前平屈，肘关节朝外，小臂略低于肩；另一臂侧平举，与肩形成 30° 夹角，拳心朝下。

（15）小弓箭：一臂侧平举，与肩形成 30° 夹角，拳心朝下；另一臂胸前屈，肘关节朝下，拳心朝内。

（16）短剑：一手握拳叉腰，手臂与肩形成 30° 夹角，拳心朝后；另一臂胸前屈，肘关节朝下，拳心朝内。

（17）侧上冲拳：一手握拳叉腰，手臂与肩形成 30° 夹角，拳心朝后；另一臂侧上举，与脊柱形成 45° 夹角，拳心朝前。

（18）侧下冲拳：一手握拳叉腰，手臂与肩形成 30° 夹角，拳心朝后；另一臂侧下举，与脊柱形成 45° 夹角，拳心朝下。

（19）斜下冲拳：一手握拳叉腰，手臂与肩形成 30° 夹角，拳心朝后；另一臂斜下举，与脊柱形成 30° 夹角，拳心朝下。

（20）斜上冲拳：一手握拳叉腰，手臂与肩形成 30° 夹角，拳心朝后；另一臂斜上冲拳，与脊柱形成 30° 夹角，拳心朝外。

（21）高冲拳：一臂前上举，与脊柱形成 30° 夹角，拳心朝内；另一手握拳叉腰，手臂与肩形成 30° 夹角，拳心朝后。

（22）R：一臂斜下举，与脊柱形成 30° 夹角，拳心朝下；另一臂侧上举，头后屈肘，肘关节朝外，拳心紧贴后脑勺。

（23）上 M：双臂侧上举，于肩上平屈，肘关节朝外，手腕向下屈，指尖触肩。

（24）下 M：双手握拳叉腰于髋部，双臂与肩形成 30° 夹角，拳心朝后。

（25）屈臂 X：双臂屈肘交叉于胸前，拳心朝内。

（26）高 X：双臂交叉斜上举于额头前上方，分别与脊柱形成 30° 夹角，拳心朝前。

（27）低 X：双臂交叉斜下举，分别与脊柱形成 30° 夹角，拳心朝下。

（28）前 X：双臂交叉前平举，略低于肩，拳心朝下。

（29）X：双臂侧上举，于头后平屈，肘关节朝外，两拳相对，拳心紧贴后脑勺。

（30）上 H：双臂前上举与肩同宽，分别与脊柱形成 30° 夹角，拳心相对。

（31）下 H：双臂前下举，分别与脊柱形成 30° 夹角，拳心相对。

（32）小 H：一臂前上举，与脊柱形成 30°夹角，拳心朝内；另一臂胸前平屈，肘关节朝下，拳心朝内。

（33）屈臂 H：双臂屈肘平行收于胸前，拳心相对。

（34）前 H：两臂前举，握拳，拳心相对（持烛式）或拳眼相对（提桶式）。

（35）后 M：双臂屈肘平行向身后伸展，双手握拳收于腰侧，拳心相对。

（36）O：两臂上举，手臂成弧形，两手在头顶上方握拳，拳面并拢。小拳眼向前。

啦啦操运动不同于健美操，没有固定的基本步伐。在移动的过程中，步伐稳定扎实，体现踩实地面的感觉，并且身体重心不需要很大的上下起伏。

二、啦啦操的基本套路与编排

（一）啦啦操的基本套路

目前国内的啦啦操规定动作标准是《2021—2024 版全国啦啦操规定动作》。

（二）啦啦操的编排原则

（1）统一性原则。啦啦操编排的统一性原则指在动作、音乐、服装及道具等方面与啦啦操的主题风格、思想一致。

（2）安全性原则。在编排啦啦操时，必须根据每一个队员的真实水平，基于安全角度进行考虑，在队员能力范围之内组织编排适合其完成的动作，尽可能避免发生伤害事故。

（3）创新性原则。创新性原则要求啦啦操在编排过程中要标新立异，突出风格，不但要体现出前瞻性，还要表现出时代感。

（三）啦啦操的编排方法

（1）变换新颖的队形。啦啦操中常用的队形有几何图形、“十”字形、弧形、直线形及字母形等。

（2）动作与音乐配合。动作的快慢、强弱、幅度大小及不断变换的队形空间都应紧密配合音乐的节奏。

（3）创编工作要有主次。在动作编排的初级阶段，要根据队伍的真实情况及表演目标进行创编。编排要掌握主次，按照音乐的快慢、节奏进行编排。

（4）设计啦啦操口号。设计的口号内容要呼应表演目标与主题思想。

（5）服装道具的设计与选择。在对啦啦操的服装款式进行设计时，要保证服装、音乐与动作之间的一致性。

第三节　啦啦操比赛规则

一、竞赛场地

舞蹈啦啦操比赛可使用赛台，赛台高 80～100 cm，后面有背景遮挡，赛台不得小于 16 m × 16 m；技巧啦啦操比赛禁止使用赛台。

比赛场地选用专业比赛板，也可用体操板或地毯代替，并清楚地标出 14 m × 14 m 的比赛区域。标志带为 5 cm 宽的红色或白色带，标志带是场地的一部分。

二、竞赛种类及项目

（一）竞赛种类

啦啦操竞赛主要有全国锦标赛、冠军赛、系列赛、大奖赛、全国体育大会啦啦操比赛等各种赛事活动。

（二）竞赛项目

大学生可参加的啦啦操竞赛项目、性别要求、参数人数及组别见表 12-1 所列。

表 12-1 大学生可参加的啦啦操竞赛项目、性别要求、参赛人数及组别

项目类别	参赛项目	性别	参赛人数	参赛组别
技巧啦啦操	混合组技巧啦啦操	男、女	8～24 人	无级别（舞蹈），1、2、3、4、5、6、7、8、9、10 级
	全女生组技巧啦啦操	女	8～24 人	
	混合五人配合技巧啦啦操	男、女	5 人	
	全女生五人配合技巧啦啦操	女	5 人	
	双人配合技巧啦啦操	男、女	2 人	
舞蹈啦啦操	花球舞蹈啦啦操	不限	8～24 人	
	爵士舞蹈啦啦操		8～24 人	
	街舞舞蹈啦啦操		8～24 人	
	自由舞蹈啦啦操		8～24 人	

三、比赛规则简介

（一）难度动作特殊规定

1. 难度动作的分类

技巧啦啦操难度分为 4 类：翻腾、抛接、托举、金字塔。

舞蹈啦啦操难度分为 3 类：转体、跳步、平衡与柔韧。

2. 难度动作分级、分值以及难度选择范围、数量规定

难度动作分为 10 个等级：其中 1 级难度最低，10 级难度最高。参赛队必须根据参赛队员实际能力，选择适合的难度组别与数量。为了参赛队员的安全，所选择的难度级别和数量必须符合本级难度动作的规定要求。

（二）成套动作时间

1. 技巧啦啦操

口号组合时间为 30～35 秒；集体技巧啦啦操成套路时间为 2 分 15 秒至 2 分 30 秒；双人、五人配合技巧成套动作时间为 60～65 秒。

2. 舞蹈啦啦操

成套时间为 2 分 15 秒至 2 分 30 秒。

（三）比赛音乐

可以使用一首或多首乐曲混合的音乐，可以加入特殊音效；音乐必须录制在 CD 上（每张 CD 只能录有一首音乐）并填写“CD 登记卡”；自备 2 盘比赛 CD，一盘比赛时用，一盘备用，并且清楚地标明参赛单位、项目及参赛顺序。

音乐的质量应达到专业化水准，确保清晰、稳定。

音乐节奏清晰明快、热情、奔放、动感、兴奋，具有震撼力。

（四）比赛的开始和结束

所有参赛队员比赛开始时必须在比赛区域内，同时身体的某一部分必须接触比赛场地；计时开始为音乐的第一个音符或队员的第一个动作开始；计时结束为音乐的最后一个音符或队员的最后一个动作结束；附加任何有组织的退场或在成套结束后附加的多余动作，都视为成套的一部分并将计算其时间。

第十三章 武术

学习目标

知识目标：了解武术的概念、特点与作用；熟悉24式太极拳的各式练习；熟悉健身气功八段锦的基本动作；熟悉拳击与散打的基本动作。

能力目标：能够熟练完成24式太极拳、健身气功八段锦、拳击与散打的基本动作。

素质目标：提高运动协调能力、身体控制能力，以及感知能力和应对能力。

课程思政

教学内容	思政元素	教学内容与思政元素的结合
武术概述	民族精神 文化自信 尚武崇德	通过武术概述的学习，认识到武术承载了中华民族的精神特质，展现了中华文化的博大精深，树立民族自信，培养民族自豪感和归属感；知道应在武术实践中遵循道德规范，培养尚武精神和崇德精神。
24式太极拳	民族自豪感 文化自信 和谐包容	通过24式太极拳的教、学、练，体会太极拳中蕴含的深厚的文化底蕴和悠久的历史传承，培养民族自豪感和文化自信心；知道应在武术实践中遵循道德规范，树立正确的价值观和人生观，培养和谐意识和包容心态。
健身气功八段锦	民族自豪 文化自信 全面发展	通过健身气功八段锦的教、学、练，体会八段锦中的悠久的历史和深厚的文化底蕴，加深对中华优秀传统文化的理解和认同，培养民族自豪感和文化自信；掌握八段锦的动作，培养耐心和专注力，促进自身全面发展。
拳击与散打	文化自信 武德精神 职业操守 国际视野	通过拳击与散打的教、学、练，体会拳击与散打中所体现的中华文化的独特魅力和精神风貌，培养民族自豪感和文化自信；体会拳击与散打中的“武德”，培养坚韧不拔、勇敢无畏、自律自强的品质和职业操守；认识到拳击与散打是国际性的体育项目，培养国际视野，加强与其他国家和地区的交流与合作。

第一节　武术概述

武术，又称为国术或武艺，是以技击为内容，通过套路、搏斗等运动形式，来增强体质、培养意志的民族传统体育。武术具有悠久的历史传统和独特的民族风格，深受我国广大人民群众喜爱，是中华民族在长期生活与斗争实践中逐步积累和丰富起来的一项宝贵的文化遗产。它是以踢、打、摔、拿、击、刺等动作为素材，按照攻守进退、动静疾徐、刚柔虚实的相互变化规律，组成徒手的和器械的各种套路，用以增强体质、培养意志、训练搏击格斗技能的体育运动。

武术的内容丰富，流派众多，一般按其技术特点分为拳术、器械、对练、集体表演和对抗性搏击五类，各具特色，风格不同。例如：拳术中的长拳，姿势舒展大方，动作灵活快速，蹿蹦跳跃、闪展腾挪、起伏转折、勇猛有力、节奏显明、一气呵成。太极拳，是养身、养心、养气的运动，要求意识引导动作、思想集中、精神贯注、呼吸自然、姿态端正，动作要轻灵、柔和、圆活、缓慢、连贯，整个套路如行云流水，连绵不断。又如：器械中的剑术，以刺、点、崩、挑、削、截、撩、挂等剑法组成套路，动作轻快，身法矫捷，富于韵律感。刀术，以缠头裹脑为主要动作，加上劈、砍、斩、刺、撩、挂、挑、扫等刀法组成套路，动作勇猛有力、迅疾如风，身法灵活多变，步行轻快，具有强烈的动感。虽然不同拳术和不同器械有不同的特色与不同的风格，但是均以套路动作为主要运动形式，用于强身健体。而套路中的动作大多是从格斗中提炼出来的，仍具有技击性，这是区别于其他体育项目的显著特点。因为套路动作含有攻防意义，所以在运动时要手到眼到，手眼配合；手脚相随，上下协调；意领身随，以气催力；动则快速有力，静则稳如磐石；动静有韵律，节奏很明显；意识、呼吸与动作要内外合一，形神兼备。

武术的动作结构、技术要求、运动风格和套路运动量等，各有不同的特点，可以使不同年龄、性别、体质和爱好的人，根据需要选择适合自己的项目进行锻炼。因为武术运动不受时间和季节的限制，场地与器材也可以因陋就简，这为开展群众性的武术活动提供了方便条件，所以武术运动有着广泛的适应性，老少皆宜，人人都可参加。武术中除套路运动外，还包括丰富而系统的基本功。“学拳要练功，才会有收获”，说明了学习武术要练习基本功的重要性。学习基本功是学习套路运动最有效的方法，能使身体各部位得到较全面的训练，能较快地发展武术专项身体素质，并能为学习套路和提高技术水平打下良好的基础。

第二节　24 式太极拳

24 式太极拳

一、预备势

动作要领：身体自然直立，两脚并拢，两腿自然伸直；胸腹放松，两臂垂于两腿外侧，手指微屈；头颈端正，下颌微收，口闭齿扣，舌抵上腭；精神集中，表情自然，目平视前方。

二、24 式太极拳动作

（一）起势

动作要领：左脚向左迈一步，两脚平行开立至与肩同宽；两臂由身体两侧慢慢向前、向上平举至与肩同高、同宽，手心向下；两腿慢慢屈膝半蹲，重心落于两脚之间，形成马步；两掌同时轻轻下按至腹前，上体舒展、端正，目平视前方，如图 13–1 所示。

图 13–1　起势

（二）左右野马分鬃

1. 左野马分鬃

动作要领见图 13–2。

（1）上体稍右转，重心右移；右臂同时弯曲置于胸前，掌心翻转向下；左手画弧下落，曲肘置于腹前，掌心翻转向上，与右掌相对呈抱球状，两臂曲肘；左脚收至右脚内侧，脚尖点地，目视右手。

（2）上体左转，左脚向左前方迈出一步，脚跟轻轻着地，重心仍在右腿上。

（3）上体继续左转，重心前移，左脚全脚掌着地，左腿屈膝，形成左弓步；两手掌同时前后分开，左手至体前与眼同高，手心斜向上；右手按至右侧髋部旁，手心向下，指尖向前；两臂微屈，目视左掌。

图 13–2　左野马分鬃

2. 右野马分鬃

动作要领见图 13–3。

（1）重心稍后移，屈右膝，左腿伸直，左脚尖翘起外撇 45°～60°。

（2）上体左转，重心移至左腿，左脚全脚掌着地，左腿前弓，右脚收至左脚内侧，脚尖着地；左臂同时弯曲置于左胸前，掌心翻转向下；右手画弧下落，屈肘置于腹前，掌心翻转向上，与左掌相对呈抱球状；目视左手。

（3）上体稍右转，重心仍在左腿上，右脚向右前方迈出一步，脚跟轻轻着地；两掌同时开始前后分开。

（4）上体继续右转，重心前移，右脚全脚掌着地，右腿屈膝，形成右弓步；右手分至体前与眼同高，手心斜向上；左手按至左侧髋部旁，手心向下，指尖向前；两臂微屈，目视右手。

图 13–3　右野马分鬃

（三）白鹤亮翅

动作要领见图 13–4。

（1）上体稍左转，右脚向前收拢半步，前脚掌轻轻落地，与左脚相距约一脚长；同时左臂弯曲置于胸前，掌心翻转向下；右手画弧下落，屈肘置于腹前，掌心翻转向上，与左掌相对呈抱球状；目视左手。

（2）重心后移，右脚全脚掌着地，并向右转体；两手随转体交错分开，右手上举，左手下落；目视右手。

（3）上体转正，左脚稍向前移动，形成左虚步；右手上举，手心向左后方，左手按于左侧髋部旁，指尖向前；目平视前方。

图 13–4　白鹤亮翅

（四）左右搂膝拗步

1. 左搂膝拗步

动作要领见图 13–5。

（1）上体稍左转；右手向下摆至体前，手心向上；目视右手。

（2）上体右转，左脚收落于右脚内侧，脚尖点地；同时两臂交叉摆动，右手由体前经右侧髋部向右后方上举至与头同高，手心向上；左手由左胸前经头前向右画弧至右肩前，手心向下；目视右手。

（3）上体稍左转，左脚向左前方迈一步，脚跟轻轻着地；右臂同时屈肘，右手摆至右肩上，虎口对耳，掌心斜向前；左手落于腹前，掌心向下；目视前方。

（4）上体继续左转，重心前移，左脚全脚掌着地，左腿屈膝，形成左弓步；左手同时经左膝前向左搂过，按于左腿外侧，指尖向前；右手向前推出，指尖与鼻尖相对，掌心向前，指尖向上；右臂自然伸直，目视右手。

2. 右搂膝拗步

动作要领见图 13–6。

（1）上体左转，重心稍后移，左脚尖翘起外撇；两臂同时外旋，开始向左摆动；目视右手。

（2）上体继续左转；重心前移，左脚全脚掌着地，右腿收至左脚内侧，脚尖点地；同时右手经面前画弧摆至左肩前，掌心向下；左手向左上方画弧上举至与头同高，掌心向上，左臂自然伸直，肘微屈；目视左手。

（3）上体稍右转，右脚向右前方迈一步，脚跟轻轻落地；左臂同时屈肘，左手收至左肩上，虎口对耳，掌心斜向前；右手下落至腹前，掌心向下，肘微屈；目视前方。

（4）上体继续右转，重心前移，右脚全脚掌着地，右腿屈膝，形成右弓步；右手同时经右膝前上方向右搂过，按于右腿外侧，指尖向前；左手向前推出，指尖与鼻尖同高，掌心向前，指尖向上；左臂自然伸直，肘微屈；目视左手。

图 13–5　左搂膝拗步

图 13–6　右搂膝拗步

（五）手挥琵琶

动作要领见图 13–7。

（1）右脚向前收拢半步并落于左脚后，与左脚相距约一脚长，脚尖点地；右臂同时稍向前伸，腕关节放松。

（2）上体右转，重心后移，右脚全脚掌着地；左手同时向左、向上画弧摆至体前，手臂自然伸直，掌心斜向下；右臂屈肘向左下方画弧并收至胸前，掌心斜向上；目视左手。

（3）上体稍向左回转，左脚稍向前移，脚跟着地；两臂同时外旋，屈肘合抱，前后交错；左手与鼻相对，掌心向右；右手与左肘相对，掌心向左；目视左手。

（六）左右倒卷肱

1. 右倒卷肱

动作要领见图 13–8。

（1）上体稍右转；右手随转体向下经腰侧向后上方画弧至掌指与头同高，掌心翻转向上，右臂微屈；左手翻转，掌心向上停于体前；视线先随转体向右看，再转向前方看左手。

（2）上体稍左转，左脚提收经右腿内侧向后退一步，前脚掌轻轻着地；右臂同时屈肘，右手收至肩上耳侧，掌心斜向下方；左手翻转掌心向上；目视左手。

（3）上体继续左转，重心后移，左脚全脚掌着地；右脚以前脚掌为轴扭直，右腿微屈，形成右虚步；右掌同时推至体前，腕与肩同高，掌心向前；左手向后、向下收至左侧腰部，掌心向上；目视右手。

图 13–7　手挥琵琶

图 13–8　右倒卷肱

2. 左倒卷肱

动作要领见图 13–9。

（1）上体稍左转；左手随转体向左后上方画弧，掌指与头同高，掌心向上，左臂微屈；右手外翻，掌心向上停于体前；视线先随转体向左看，再转向前方看右手。

（2）上体稍右转；右脚提收向后退一步，前脚掌轻轻着地；左臂同时屈肘，左手收至肩上耳侧，掌心斜向前下方；右手翻转掌心向上；目视右手。

（3）上体继续右转，重心后移，右脚全脚掌着地；左膝微屈，形成左虚步；左掌同时推至体前，腕与肩同高，掌心向前；右手向后、向下画弧收至右侧腰部，掌心向上；目视左手。

图 13–9　左倒卷肱

（七）左揽雀尾

动作要领见图 13-10。

（1）上体微右转；右手同时由腰侧向右上方画弧至与肩同高，掌心斜向上，右臂微屈；左臂自然置于体前，腕与肩同高，手心向下；目视左手。

（2）左脚收至右脚内侧，脚尖点地；右手同时屈臂置于右胸前，掌心翻转向下；左手画弧下落，屈肘置于腹前，掌心翻转向上，与右掌相对呈抱球状；目视右手。

（3）上体微左转，左脚向左前方迈出一步，脚跟着地；两手同时前后分开；目视前方。

（4）上体继续左转，重心前移，左脚全脚掌着地，左腿屈膝，形成左弓步；左臂半屈于体前，腕与肩同高，掌心向内；右手向下画弧按于右侧髋部旁，指尖向前；目视左手。

（5）上体稍左转；左手向左前方伸出，掌心转向下，右臂同时外旋，右手经腹前向上、向前画弧至左前臂内侧，掌心向上；目视左手。

（6）上体右转，重心后移，右腿屈膝，左腿自然伸直；两手同时经腹前向下、向右后方画弧；右手举至身体侧后方与头同高，掌心向外；左臂平屈于胸前，掌心向内；头随体转，目视右手。

（7）上体左转，正对前方；右臂同时屈肘，右手收至胸前，搭于左腕内侧，掌心向前；左前臂仍屈收于胸前，掌心向内，指尖向右；目视前方。

（8）重心前移，左腿屈膝，形成左弓步；右手同时推送左前臂向体前挤出至与肩同高，两臂撑圆；目视前方。

（9）左手翻转向下，右手经左腕上方向前伸出，掌心向下；随后重心后移，右腿屈膝，左腿自然伸直，左脚尖翘起，两手同时左右分开至与肩同宽，两臂屈收，两手后引经胸前收至腹前，手心斜向下；目向前方平视。

（10）重心前移，左脚全脚掌着地，左腿屈膝，形成左弓步；两手由腹前沿弧线推至体前，两腕与肩同高，两掌心向前，指尖向上；目视前方。

图 13-10 左揽雀尾

（八）右揽雀尾

动作要领见图 13-11。

（1）重心后移，上体右转，左脚尖内扣；右手同时经头前画弧右摆，掌心向外，两手平举于身体两侧；目视右手。

（2）其余各步分别与“左揽雀尾”动作要领相仿，但方向相反。

图 13-11 右揽雀尾

（九）单鞭

动作要领见图 13-12。

（1）上体左转，重心左移，右脚尖内扣，左脚尖外展；左手同时经头前向左画弧摆至身体左侧，掌心向外；右手经腹前向左画弧摆至左肋前，掌心朝向腹部；视线随左手移动。

（2）上体右转，重心右移，右腿屈膝，左腿伸直；右手同时经头前向上、向右画弧摆至右肩前，掌心向内；左手向下、向右画弧摆至腹前，掌心转向内；视线随右手移动。

（3）左脚收至右脚内侧，脚尖点地；右手同时伸向身体右前方，五指捏拢成勾手，勾尖向下，肘微屈，腕与肩平；左手向上画弧至右肩前，掌心向内；目视勾手。

（4）上体左转，左脚向左前方迈出一步，脚跟着地；左手同时经面前向左画弧，掌心向内；目视左手。

（5）上体继续左转，重心前移，左脚全脚掌着地，左腿屈膝，形成左弓步；左手同时经头前翻转向前推出，腕与肩平，左肘与左膝上下相对；右勾手举于右后方，腕与肩平；目视左手。

图 13-12 单鞭

（十）云手

动作要领见图 13-13。

（1）上体右转，重心后移；左脚尖内扣，右腿屈蹲；左手同时经腹前向下、向右画弧摆至右肩前，掌心向内；右勾手松开变掌，掌心向外，指尖向上；目视右手。

（2）上体左转，重心左移；右脚向左并拢半步，与左脚平行相距 10～20 厘米，脚尖向前；右脚落地时，前脚掌先着地，随后过渡到全脚掌着地，两腿屈膝半蹲；左手同时经头前向上、向左画弧，掌心渐渐翻转向外至身体左侧与肩同高；右手经腹前向下、向左画弧，掌心渐渐翻转向内至左肩前；视线随左手移动。

（3）上体右转，重心右移；左脚向左横跨一步，脚掌先着地，随后过渡到全脚掌着地，脚尖向前；右手同时经头前向右画弧，掌心逐渐翻转向外至身体右侧与肩同高；左手经腹前向下、向右画弧，掌心逐渐翻转向内至右肩前；视线随右手移动。

图 13–13 云手

（十一）单鞭

动作要领见图 13–14：上体右转，重心移至右腿，左脚跟提起；右手同时经头前向右画弧，至右前方时掌心翻转成勾手；左手经腹前向下、向右画弧至右肩前，掌心转向内；目视勾手。

图 13–14 单鞭

（十二）高探马

动作要领见图 13–15。

（1）右脚向前收拢半步，距左脚约一脚长，前脚掌着地；目视左手。

（2）上体稍右转；重心后移，右脚全脚掌着地，右膝弯曲，左脚脚尖点地；右勾手同时松开，两手翻转手心向上；两臂前后平举，肘关节微屈；目视左前方。

（3）上体左转，左脚向前移动，形成左虚步；右臂同时屈收经头右侧向前推出，腕与肩平，掌心向前；左臂屈收，左手收至腹前，掌心向上；目视右手。

图 13–15 高探马

（十三）右蹬脚

动作要领见图 13–16。

（1）左脚提收至右踝内侧；同时右手稍向后收，左手经右手背向右前方穿出，两手交叉，腕关节相交，左掌心斜向上，右掌心斜向下；目视左手。

（2）上体左转；左脚向左前方迈一步，脚跟着地，脚尖略外撇；左手同时内旋，两手虎口相合举于头前，两掌心向外；目视前方。

（3）重心前移，左脚全脚掌着地，屈左膝，右腿自然蹬直；两手同时左右分开，掌心向外，两臂外撑；目视前方。

（4）右脚收至左脚内侧，脚尖点地；两手向腹前画弧相交合抱，右手在外，举至胸前；两掌心向内；目视右前方。

（5）左腿支撑，右腿屈膝上提，右脚脚尖上勾，脚跟用力慢慢向右前上方蹬出；左腿微屈，右腿伸直；两臂展于身体两侧，肘微屈，腕与肩平，两手心向外；右腿与右臂上下相对；目视右手。

图 13–16　右蹬脚

（十四）双峰贯耳

动作要领见图 13–17。

（1）右腿屈膝收回，脚尖自然下垂；左手同时经头侧向体前画弧，与右手平行落于右膝上方，两掌心向上，指尖向前；目视前方。

（2）右脚向右前方上步，脚跟着地，脚尖斜向右前方；两手同时收至两腰侧，两掌心向上。

（3）重心前移，右脚全脚掌着地，右腿屈膝，形成右弓步；两手同时握拳经两侧向上、向前画弧摆至头前，两臂半屈呈弧形，两拳平行相对呈钳形，与头同宽，两前臂内旋，两拳眼斜向下；目视前方。

（十五）转身左蹬脚

动作要领见图 13–18。

（1）上体左转，重心后移；左腿屈膝，右腿伸直，脚尖内扣；两拳同时变掌，左手经头前向左画弧，两臂微屈举于身体两侧，两掌心向外；目视左手。

（2）重心右移，右腿屈膝，左脚收至右脚内侧，脚尖着地；两手同时向下画弧，于腹前交叉合抱，举至胸前，左手在外，两掌心向内；目视左前方。

（3）右腿支撑，提左膝，左脚脚尖上勾，脚跟用力向左前上方慢慢蹬出；两臂同时内旋，两掌心向外，左手向左前方，右手向右后方画弧分开，两臂微屈举于身体两侧；左腿蹬直，与左臂上下相对；目视左手。

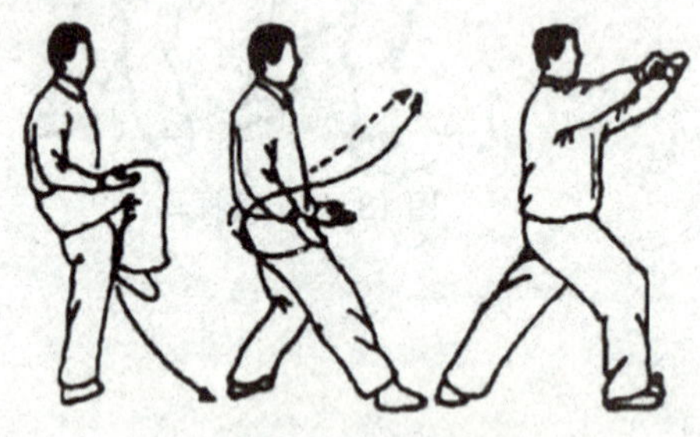

图 13–17　双峰贯耳

图 13–18　转身左蹬脚

（十六）左下势独立

动作要领见图 13–19。

（1）左腿屈膝收回，脚尖向下；上体右转，右臂稍内合，右手捏成勾手，勾尖向下；左手同时经头前画弧摆至右肩前，掌心向右，指尖向上；目视右勾手。

（2）右腿屈膝半蹲，左脚前脚掌落地，沿地面向左伸出，随即全脚掌着地，左腿伸直；左手落于右肋前；目视勾手。

（3）右腿屈膝全蹲，上体左转，形成左仆步；左手同时经腹前沿左腿内侧向左穿出，掌心向前，指尖向左；目视左手。

（4）重心移至左腿，以左脚跟为轴，脚尖尽量外撇，左腿屈膝前弓；右脚尖内扣，右腿自然蹬直，上体微向左转并向前起身；左手同时继续前穿并向上举至体前，指尖向上；右勾手内旋，背于身后，勾尖向上；目视左手。

（5）上体左转，重心前移，右腿屈膝上提，左腿微屈支撑站立，形成左独立步；左手同时下落按于左侧髋部旁，掌心向下；右勾手变掌，经体侧由后下方向前画弧，立掌前挑，掌心向左，与眼同高；右臂半屈呈弧形，肘关节与右膝上下相对；目视右手。

图 13-19 左下势独立

（十七）右下势独立

动作要领见图 13-20。

（1）右脚落于左脚右前方，前脚掌着地；上体以左脚前脚掌为轴向左转；左手同时变勾手提举于身体左前方与肩同高；右手经头前向左画弧摆至左肩前，掌心向左；目视左勾手。

（2）左腿屈膝半蹲，右脚提起至左踝内侧，前脚掌落地，沿地面向右伸出，随即全脚掌着地，右腿伸直；右手落至左肋前，目视左勾手。

其余各步分别与“左下势独立”动作要领相仿，但方向相反。

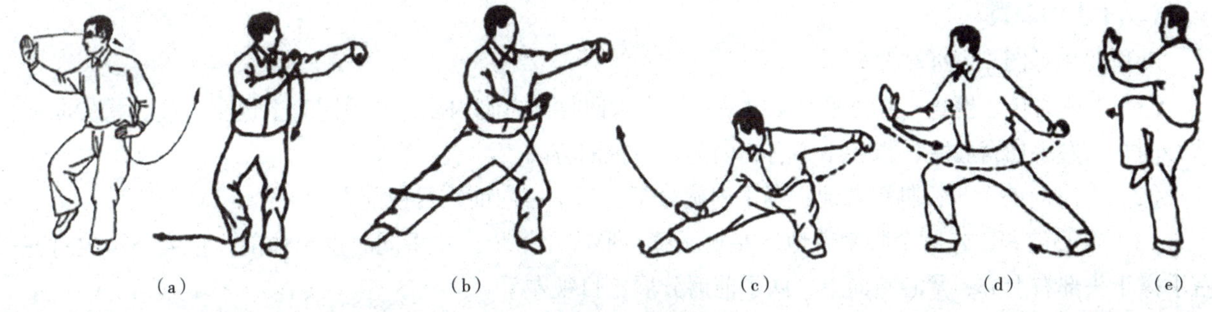

图 13-20 右下势独立

（十八）左右穿梭

1. 右穿梭

动作要领见图 13-21。

（1）左脚向左前方落步，脚跟着地，脚尖外撇，上体左转，重心随转体落步前移；左手同时内旋，手心翻转向下；目视左手。

（2）上体继续左转，左脚全脚掌着地，右脚提收于左踝内侧；两手手心相对于左胸前呈抱球状（左手在上，右手在下）；目视左手。

（3）上体右转，右脚向右前方上步，脚跟着地；右手同时向右斜前方弧形摆起，左手下落至左腰间；目视右手。

（4）上体继续右转，重心前移，右脚全脚掌着地，右腿屈膝，形成右弓步；右手同时翻转上举，驾于右额角前上方，掌心斜向上；左手推至体前，腕与肩平；目视左手。

2. 左穿梭

动作要领见图 13–22。

（1）重心稍后移，右脚脚跟着地，脚尖外撇，上体右转；右手同时下落至胸前，左手向左画弧落至腹前；目视左手。

（2）其余各步分别与“右穿梭”动作要领相仿，但方向相反。

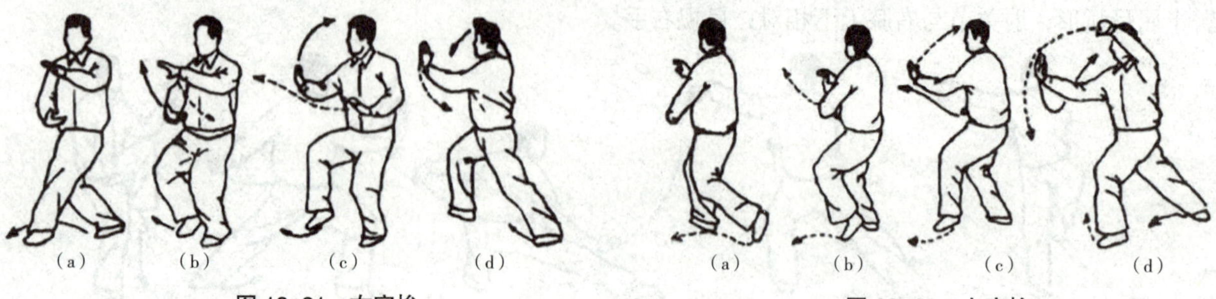

图 13–21　右穿梭　　　　图 13–22　左穿梭

（十九）海底针

动作要领见图 13–23。

（1）上体稍右转；右脚向前收拢半步，前脚掌落地，与左脚前后相距约一脚长；目视前方。

（2）上体右转，重心移至右腿，右脚全脚掌着地；右腿屈膝，左脚脚跟提起；右手同时下落经体侧屈臂向后、向上抽提至耳旁，掌心向左，指尖向前；左手向右画弧下落至腹前，掌心向下，指尖斜向右；目视前方。

（3）上体左转，稍向前倾；左脚稍前移，落地，形成左虚步；右手同时经耳侧斜向前下方插掌，掌心向左，指尖斜向下；左手经左膝前画弧搂过，按至右侧髋部旁；目视右掌。

（二十）闪通臂

动作要领见图 13–24。

（1）上体右转，挺直；右腿屈膝支撑站立，左脚回收到右脚内侧；右手同时上提至身前，指尖向前，掌心向左；左手屈臂收举，指尖贴于右腕内侧；目视前方。

（2）左脚向前上步，脚跟着地；两手内旋分开，两掌心向前；目视前方。

（3）重心前移，左脚全脚掌着地，左腿屈膝，形成左弓步；左手同时推至体前，指尖与鼻尖对齐；右手撑于头部右上方，掌心斜向上，两手前后分展；目视左手。

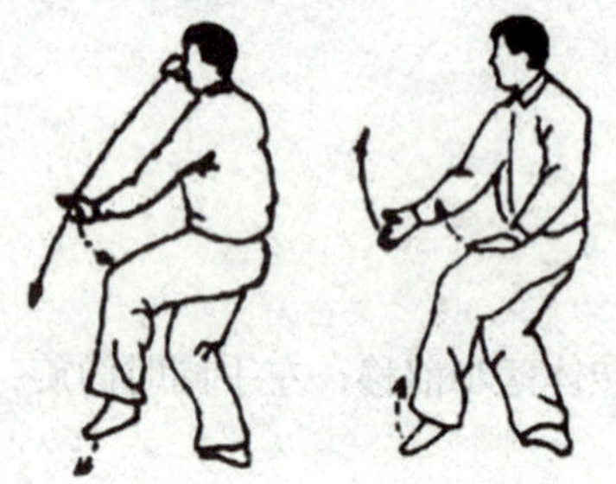

图 13–23　海底针

图 13–24　闪通臂

（二十一）转身搬拦锤

动作要领见图 13–25。

（1）重心后移，右腿屈膝，左脚尖内扣，身体右转；两手同时向右摆动，右手摆至身体右侧，左手摆至头前，两掌心向外；目视右手。

（2）重心左移，左腿屈膝，右脚以前脚掌为轴扭直；右手同时握拳向下、向左画弧收于腹前，拳心向下；左掌举于左额前上方；目向右平视。

（3）右脚提收至左脚踝内侧，随后向右前迈出，脚跟着地，脚尖外撇；右拳同时经胸前向前搬压，拳心向上，与胸同高；左手经右前臂外侧下落，按于左侧髋部旁；目视右拳。

（4）上体右转，重心前移，左脚收于右脚内侧；右臂同时内旋，右拳向右画弧至体侧，拳心向下，右臂半屈；左臂外旋，左手经左侧向体前画弧；目视右拳。

（5）右腿屈膝，左脚向前上步，脚跟着地；左掌同时拦至体前与肩同高，掌心向右，指尖斜向上；右拳翻转收至腰间，拳心向上；目视左掌。

（6）上体左转，重心前移，左脚全脚掌着地，左腿屈膝，形成左弓步；右拳同时自腰间向胸前打出，肘微屈，拳心向左，拳眼向上；左手微收，掌指附于右前臂内侧，掌心向右；目视右拳。

图 13–25　转身搬拦锤

（二十二）如封似闭

动作要领见图 13–26。

（1）左手翻转，掌心向上，从右前臂下向前穿出；同时右拳变掌也翻转向上；两手交叉伸举于体前；目视前方。

（2）右腿屈膝，重心后移，左脚尖翘起；同时两臂屈收，边分边内旋后引，两臂分开与肩同宽，两手收至胸前，掌心斜向下；目视前方。

（3）重心前移，左脚全脚掌着地，左腿屈膝，形成左弓步；同时两掌向下经腹前再向上、向前推出，腕与肩平，掌心向前，掌指向上；目视前方。

（二十三）十字手

动作要领见图 13–27。

（1）上体右转，重心右移，右腿屈膝，左腿蹬伸，脚跟着地，脚尖内扣；右手同时向右摆至头前；目视右手。

（2）上体继续右转，右腿屈弓，脚尖外撇，左脚全脚掌着地，左腿自然伸直，形成右横裆步；右手同时继续向右画弧，摆至身体右侧，两臂平举于身体两侧，两掌心向外，指尖斜向上；目视右手。

（3）上体左转，重心左移，左腿屈弓，右腿自然伸直，脚尖内扣；两手同时下落画弧交搭于腹前，向上画弧抱于胸前，两掌心向上（右手在下，左手在上）；目平视前方。

（4）上体转正；右脚向左收回，与左脚相距一肩宽，两脚平行向前站立；右脚前脚掌先着地，随后过渡到全脚掌着地，两腿慢慢直立，重心落于两脚间；两手同时交叉合抱呈斜十字并与肩同高，掌心向内；目向前平视。

图 13–26　如封似闭

图 13–27　十字手

（二十四）收势

动作要领：两臂内旋，两手翻转，掌心向下，左右分开至与肩同宽；随后两臂慢慢下落并垂于体侧；左脚轻轻提起，并拢于右脚内侧，前脚掌先着地，随后过渡到全脚掌着地，形成预备姿势，目视前方。

第三节　健身八段锦

八段锦功法是一套独立而完整的健身功法，起源于北宋，至今有八百多年的历史。古人把这套动作比喻为“锦”，意为五颜六色，美而华贵，体现其动作舒展优美，视其为“祛病健身，效果极好；编排精致；动作完美”。现代的八段锦在内容与名称上较以前均有所改变。此功法分为八段，每段一个动作，因而名为“八段锦”。该功法简单易学，作用却极其显著，适合于男女老少，可使瘦者健壮、肥者减肥。八段锦的体势有坐势和站势两种：坐势练法恬静，运动量较小；站势运动量较大，适于各种年龄、各种身体状况的人锻炼。本节介绍站势八段锦。

一、站势八段锦功法动作分解

预备式：左脚开步，与肩同宽，屈膝下蹲，掌抱腹前，中正安舒，呼吸自然，心神宁静，意守丹田。

第一式：两手托天理三焦，如图 13–28 所示。

（1）两手体前十指交叉，上举，托天。

（2）两手打开经体侧下落，还原。

八段锦

第二式：左右开弓似射雕，如图 13–29 所示。

（1）左脚开步，两臂胸前交叉。

（2）下蹲拉弓。

（3）按右掌收左脚，起身。

（4）右脚开步，两臂胸前交叉。

（5）下蹲拉弓。

（6）按左掌收右脚，起身。

图 13–28　两手托天理三焦

图 13–29　左右开弓似射雕

第三式：调理脾胃须单举，如图 13–30 所示。

（1）左手翻掌上托，右手翻掌侧按。

（2）右手翻掌上托，左手翻掌下按。

（3）松腰沉髋，重心缓缓下移，两腿微屈；同时右臂屈肘外旋，随之经面前下落于腹前，掌心向上；左臂外旋，并向上捧于腹前，两掌掌心向上，指尖相对，距离约为 10 cm；目视前方。

（4）头转正还原，屈膝按掌。

第四式：五劳七伤往后瞧，如图 13–31 所示。

（1）两腿缓缓挺膝伸直，同时双臂向两侧伸展，掌心向后，指尖向下；目视前方。

（2）两臂充分外旋，掌心向外，头向左后转，稍停；目视左斜后方。

（3）头转正还原，屈膝按掌。

图 13–30　调理脾胃须单举

图 13–31　五劳七伤往后瞧

第五式：摇头摆尾去心火，如图 13–32 所示。

（1）开步上举。

（2）下蹲按掌。

（3）起身右倾。

（4）俯身左旋。

（5）身体重心从左移向右，同时，身体由左向前、向右旋转；目视左脚。

（6）身体重心从右移向左，蹲成马步；同时，上体直立，头向后摇，下颌微收；目视前方。

（7）本式左右共做三遍，做完第三遍后，身体重心再向左移，右脚收回，双脚成开立步，距离约与肩同宽；同时，两掌向外经两侧上举，掌心相对；目视前方。

（8）松腰沉髋，重心缓慢下移，两腿微屈，两掌经面前下按至腹前，掌心向下，指尖相对；目视前方。

第六式：两手攀足固肾腰，如图 13–33 所示。

（1）两腿挺膝站立，同时两掌指尖向前，手臂向前上方举起，掌心向前，肘关节伸直；目视前方。

（2）两臂外旋，掌心相对，屈肘，两掌下按至胸前，指尖相对，掌心向下；目视前方。

（3）两臂外旋至两掌心朝上，然后两手顺腋下往后插；目视前方。

（4）两掌由内沿脊柱两侧朝下摩运至臀部，上体随之前俯，两掌继续沿腿后向下摩运，过脚两侧置于脚面，抬头，稍停；目视前下方。

（5）两掌沿地面前伸，手臂随之带动上体起立，两臂伸直向上举，掌心向前；目视前方。

（6）本式共做六遍，做完第六遍后，松腰沉髋，重心下移，两腿膝关节微微前屈；同时，两掌向前向下按至腹前，掌心向下，指尖向前；目视前方。

图 13–32　摇头摆尾去心火

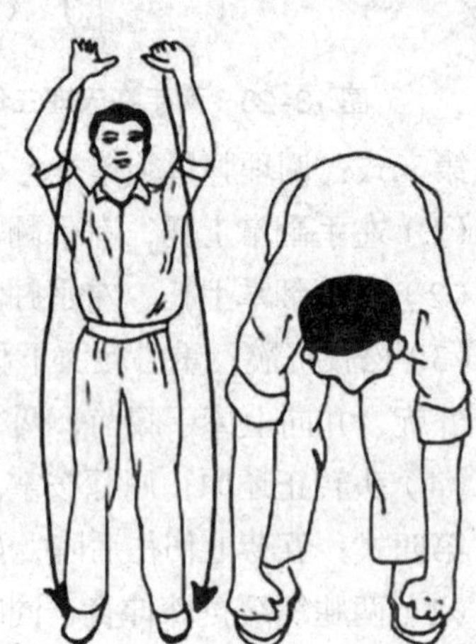

图 13–33　两手攀足固肾腰

第七式：攒拳怒目增气力，如图 13–34 所示。

（1）开步下蹲，两手握拳。

（2）左拳缓缓用力向前方击出，约与肩同高，拳眼朝上；瞪目，目视左拳击出方向。

（3）左臂内旋，左拳随之变为掌，虎口朝下；目视左掌。

（4）左臂外旋，屈肘，同时左掌向左缠绕，变掌心向上后握拳；目视左拳。

（5）屈肘，左拳内旋、回收至腰际，拳眼朝上；目视前方。

（6）右拳缓缓用力向前方击出，约与肩同高，拳眼朝上；瞪目，目视右拳击出方向。

第八式：背后七颠百病消，如图 13–35 所示。

（1）两脚提踵。

（2）双脚脚跟向下落地，轻震地面；目视前方。

收式：两掌合于腹前，体态安详，周身放松，呼吸均匀，气沉丹田。

图 13–34　攒拳怒目增气力

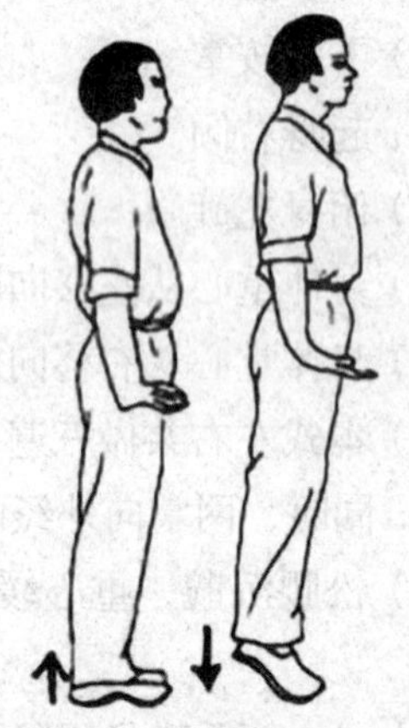

图 13–35　背后七颠百病消

二、八段锦练习要领

（一）松静自然

松静自然，是练功的基本要领，也是最根本的法则。松，是指精神与形体两方面的放松。精神的放松，主要是解除心理和生理上的紧张状态；形体上的放松，是指关节、肌肉及脏腑的放松。静，是指思想和情绪要平稳安宁，排除一切杂念。自然，是指形体、呼吸、意念都要顺其自然。

（二）准确灵活

准确，主要是指练功时的姿势与方法要正确，合乎规格。在学习的初始阶段，基本身形的锻炼最为重要。在学习各式动作时，要对动作的路线、方位、角度、虚实、松紧分辨清楚，做到姿势工整，方法准确。灵活，是指习练时对动作幅度的大小、姿势的高低、用力的大小、习练的数量、意念的运用、呼吸的调整等，都要根据自身情况灵活掌握。

（三）练养相兼

练，是指形体运动、呼吸调整与心理调节有机结合的锻炼过程。养，是通过上述练习，身体出现的轻松舒适、呼吸柔和、意守绵绵的静养状态。练习者应做到“练中有养”“养中有练”。特别要合理安排练习的时间、数量，把握好强度，处理好“意”“气”“形”三者的关系。

（四）循序渐进

在初学阶段，习练者首先要克服动作僵硬、手脚配合不协调、顾此失彼等问题。经过一段时间和数量的习练，习练者的姿势逐渐工整，方法逐步准确，动作的连贯性与控制能力得到提高，对动作要领的体会不断加深。待动作熟练后，习练者可采用练功时的常用方法——腹式呼吸，并持之以恒、循序渐进，合理安排好运动量，最后达到动作、呼吸、意念的有机结合。

第四节　拳击与散打

一、拳击

拳击运动源远流长，已有5000多年的历史。英国《大不列颠百科全书》中就有关于在幼发拉底与底格里斯两河流域发现已有数千年历史的拳击活动遗迹的记载。拳击起源于人类产生之初的生产劳动，人类不断总结战争和同自然搏斗中的经验，逐渐把原始的生产劳动技能和保护生命财产的手段发展成为一种系统的搏击技术。

（一）基本站立姿势

从立正姿势开始，左脚向左侧跨一步，两脚距离同肩宽或稍窄于肩。左脚向前一小步，上步后的左脚跟约在原来的左脚尖前3～4指宽处，左脚尖内扣约45°，右脚前脚掌着地，右脚跟翘起，左膝关节微屈（左腿近于伸直），右膝关节自然弯曲，如图13-36所示。

身体右转45°，上体稍前倾，自然地含胸收腹，臀部略向内收。身体重心在左脚上，左脚要支持大部分体重（占体重的70%～80%）。这种身体斜对着对手的姿势，有利于发挥攻防技术，又可减少受击的面积，有很大的优越性。

两臂姿势：左臂弯曲举起，上臂与前臂的夹角要小于90°，左上臂与躯干左侧的夹角约成45°，左臂的肩、拳、肘三点距离相等。左拳高度略低于左眼睛，戴拳套后，视线从左拳套上面看出去，以观察对手的动作。右臂弯曲，上臂与前臂靠拢，右上臂自然贴于右肋，右肘离开上体约 1～2 个指距。

（二）基本步法

1. 前滑步

当向前移进时，右脚用力蹬地，左脚先向前滑进一步，要整个左脚掌擦地滑进，随之身体重心平稳前移，一般以不超过一个脚掌为宜。左脚刚滑停，右脚便迅速跟上，右脚前脚掌也是擦地滑进，滑进距离和左脚上步距离相同，右脚滑进时，身体重心已在左脚上，如图 13–37 所示。

2. 后滑步

当向后移动时，左脚用力蹬地，右脚先向后滑一步，左脚跟着迅速向后滑一步，身体重心仍在左脚上。其余动作均与前滑步动作相同，参见图 13–37，但方向相反。

图 13–36　基本站立姿势

图 13–37　前滑步

3. 向左横滑步

当向左移动时，右脚前脚掌内侧用力蹬地，左脚刚向左滑停，右脚便迅速跟上，身体重心在左脚上，如图 13–38 所示。

4. 向右横滑步

当向右移动时，左脚前脚掌内侧用力蹬地，右脚刚向右滑停，左脚便迅速跟上，身体重心在左脚上，参见图 13–38，但方向相反。

5. 滑步动作要领

滑步是在进攻或防守瞬间的前后、左右移动而采取的步法。它有 3 个基本要点：靠近前进方向一侧的脚要先移动；脚要沿着地面滑动；移动后要恢复到原来的站立姿势。滑步时，身体重心要平稳，重心勿超出支撑面。脚掌尽可能不离开地面，不可做跳跃步，两腿膝关节和大腿肌群自然放松。

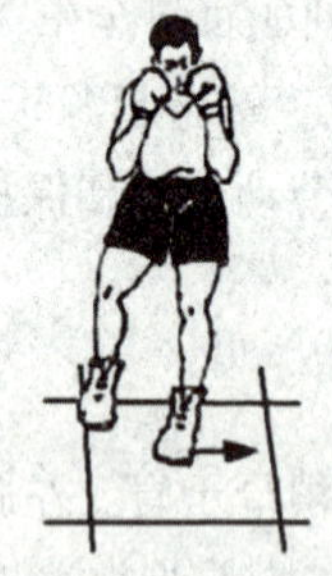

图 13–38　向左横滑步

（三）进攻方法

1. 左直拳

以拳击基本站立姿势站立。左脚快速蹬直（因左膝微屈，或者说左腿已近于伸直，故左脚蹬直动作极小），左髋关节向左前转动，左肩随左髋转动而向左前转动，并积极向前面的打击目标顶出。身体重心略前移。左臂随左肩向前转动而放松地向前直线伸直击出，在击到目标的一瞬间，左拳向内转

45° ～90°，拳头握紧，如图 13–39 所示，击打后迅速还原，右手臂保护自己的右侧。整个过程动作流畅、平稳，击打效果要有穿透性。左直拳俗称前手直拳，是离对手最近的击打拳法，其动作突然性强，不仅能够较好控制对手的距离、破坏对手进攻节奏，而且可以扰乱对手阵脚，直接进攻得点。左直拳是用重拳打倒对方的开路先锋，是完成关键动作的向导，是争取胜利的基本技术动作之一。

2. 右直拳

以拳击基本站立姿势站立。右脚快速蹬地，身体重心迅速前移，右髋关节向前转动，右肩随右髋转动而向右前转动，并积极向前面的打击目标顶出。右臂随右肩向前转动而放松地向前直线伸直击出，在击到目标的一瞬间，右拳向内转 45° ～90°，瞬间握紧拳头，左脚掌内扣，锁住由于左转带来的转动，上体呈交叉型，如图 13–40 所示，击打结束后迅速还原。整个击打过程动作流畅、速度快、击打准确，上体保持正直。右直拳又称后手拳，是主要得点拳法之一，工作距离远，击打力度大。一般情况下，后手直拳在没有时机时不能盲目出击，因为它不仅会消耗自己的体力，而且会暴露出明显的空当，给对方留下破绽。

直拳动作要点：直拳是最直接拳法，速度快、力量相对集中，属于重拳。在练习过程中，切记任何拳法的发力都来源于脚下的蹬转，并由下往上依次传递，以重心投影线为转动轴，最后通过手臂的加速击打目标，力达拳峰。击打过程中动作越流畅、协调，击打效果越明显。

图 13–39 左直拳

图 13–40 右直拳

3. 左摆拳

以拳击基本站立姿势站立。左脚蹬地发力，左肩在腿、髋发力的同时向前压肩，左拳在左肩前，按弧形路线向前击出，左臂稍弯曲，上臂与前臂的夹角小于 180°，左拳边打边转，在拳峰击到目标的一瞬间，拳头握紧，拳眼向下，左肘高于左拳，如图 13–41 所示。打击后，左肘放松下落，迅速恢复成拳击基本站立姿势。右手臂放置体侧做好防守。

4. 右摆拳

右摆拳和左摆拳的打击手型和动作路线相同，只是方向相反，动作幅度和力量更大，如图 13–42 所示。

摆拳动作要点：摆拳是专门从侧面袭击对方的一种拳法。可以说，在摆拳运用时机把握准确的情况下，可以避开对手直线进攻，以摆拳从外侧反击，其威力并不逊于直拳。但摆拳的运动轨迹呈横短半弧形，击打路线长，容易被对手发觉而留下破绽。为提高摆拳的打击效果，肩部、手臂要放松，充分地利用向前和旋转的合力，通过拳峰部位表现出来。摆拳击打时，动作幅度根据对手距离可长可短，可上步击打也可原地击打，但应避免动作幅度过大，给对

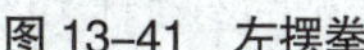

图 13–41 左摆拳

图 13–42 右摆拳

手反击或迎击的机会。摆拳击打时，要以身体中心线为击打目标，避免转动过多，失去平衡。摆拳击打时，多以直拳、摆拳及勾拳组合为宜，避免进攻单一，给对手留下可乘之机。

5. 左下平勾拳

以拳击基本站立姿势站立。身体向左扭转，右肩略超过左肩，左膝关节和左髋关节弯曲，上体前倾。左前臂下落到与地面平行，左拳拳心反转向上，虎口向外，左肘肘尖位于左肋旁，同时右脚滑上半个脚掌距离，右脚尖点地，右膝弯曲度随之增大，两肩和手臂自然放松。左脚用力蹬地，左腿积极伸直，左髋关节向前上猛力伸展，左肩积极向前转顶，左臂在左腿、左髋、左肩的发力动作之后参加击打，左肘随击打动作而离开左肋，左手握拳放松向前打出，在拳峰击到目标的一瞬间，拳头握紧，如图 13–43 所示。

6. 右下平勾拳

以拳击基本站立姿势站立。身体重心后移至右腿上，右脚跟着地，右膝关节和右髋关节弯曲，上体前倾，左脚前掌内侧点地。在身体重心后移时，肩部角度及左臂保持不变，同时右前臂下落与地面平行，右拳拳心反转向上，虎口向外，右肘肘尖位于右肋旁，两肩和手臂自然放松。以左脚前掌内侧为支撑点，右脚蹬地，右髋关节开始转向击打方向，右脚掌擦地向前上步（与右直拳上步的要求相同），上步后，右脚继续用力蹬地，右髋关节向前上猛力伸展，肩轴随髋轴而转动，右肩由侧后面转为正面，并继续向前转出，右臂向前放松打出，右肘随击打动作而离开右肋，在拳峰击到目标的一瞬间，右拳握紧，如图 13–44 所示。

图 13–43　左下平勾拳

图 13–44　右下平勾拳

7. 左侧勾拳

以拳击基本站立姿势站立。身体扭曲姿势与左下平勾拳基本相同，只是左臂的位置不同，在身体扭曲的同时，左上臂自然贴于左肋，左拳收于下颌左侧。左脚用力蹬地，左髋关节向左前转送。左脚边蹬，左髋关节边转边向前移动；左肩在腿、髋发力动作之后积极地向左前移动，同时迅速抬肘，拉开左肩肩角（左上臂与上体的夹角为左肩肩角），左上臂和左前臂的夹角略小于或等于 90°，左拳在左肩前放松地由左向右击出，拳心向下，虎口对着面部。在拳峰击到目标的一瞬间，除左拳握紧外，左肘尖略高于左拳，如图 13–45 所示。击打后，左肘放松下落，迅速恢复至拳击基本站立姿势。

图 13–45　左侧勾拳

8. 右侧勾拳

以拳击基本站立姿势站立。身体扭曲姿势与右下平勾拳基本相同，在身体重心后移时，两臂姿势保持不变；动作要领除右髋和右手击打手型与右下平勾拳不同外，其余动作基本相同。右手击打的手型参照左侧勾拳的击打手型，动作相同，方向相反，如图 13–46 所示。

勾拳动作要点：勾拳发力迅速急促，运动路线短，在近身格斗时是最常用的，也是最具威力的进攻方法。勾拳击打时，左脚蹬地，随之向右急速转体，利用整体旋转的力量带动手臂加速击打，手腕内屈，保持一定的穿透力。勾拳是近距离战中运用的拳法，勾拳击打时，积极借助身体移动时机发起进攻，可以起到事半功倍的效果。勾拳进攻时，要注意进攻对手同时的防守能力，把握攻防转换时机，且应避免盲目贴近对手，忽视对手的迎击和反击。

图 13–46 右侧勾拳

（四）防守方法

1. 阻挡

以拳击基本站立姿势站立。右手位于下颌右侧，当对手击我头部时，我右手掌心反转向前，在下颌前约一拳的距离处阻挡对手的来拳，如图 13–47 所示。阻挡时，右掌和身体适当后引，以缓冲打击力量，身体重心要稍落在右脚上，右肘不要离肋。

2. 拍击

以拳击基本站立姿势站立。右手位于下颌右侧，当对手左直拳击我头部时，我右手向左拍击对手左前臂外侧，拍击部位在手腕以上，同时右脚略向右侧或右前方滑半步，身体重心稍落在右脚上，如图 13–48 所示。拍击后，右手迅速弹回原处。右手向左拍击时，不要超过头部的范围，右肘不要离肋太远。

以拍击动作要点：准确预判是成功运用拍击防守技术的前提。首先，身体自然放松，基本姿势规范；其次，精力集中，意识明确。发力顺序依然是由下往上，拍击动作幅度小，速拍速回位。拍击后的反击才是真正防守的目的，因此反击意识要强。

图 13–47 阻挡

图 13–48 拍击

3. 躲闪

（1）向侧躲闪。对手直拳击我头部时，等拳将到下颌，我头部先向前迎着左拳，然后头和上体迅速向左（或右）前做闪躲动作，使对手拳擦过耳朵而打空，然后迅速站起还原。

（2）下潜躲闪。对手摆拳击我头部时，等拳将到头部时，我头部先顺着摆拳缓冲，然后头和上体迅速向下前方做下潜动作，使对手拳擦头皮而打空，然后迅速站起还原。

躲闪动作要点：躲闪防守是一种灵敏、高超的防守技术。熟练的躲闪在拳击防御技术体系中是上乘技术，也是现代拳击运动技术发展的趋势。高质量的躲闪动作细腻、敏捷，体现出艺术性。躲闪法使用得当，不但可消耗对方体力，还能使对方处于被动并且暴露防守上的漏洞。

躲闪的动作要细腻，判断准确，控制在不被对手击中的距离范围之内，且躲闪距离不能过远。躲闪动作要简单、敏捷，最终目的是躲闪后的反击，优秀运动员多以摆拳和勾摆组合拳反击为主，以后手交叉直拳为辅。

（五）实战中常用的战术

1. 隐蔽战术

隐蔽战术是反映拳击运动员机智灵活、足智多谋的变化莫测的格斗艺术，它是在实战中不暴露自己的企图，使对手产生错觉，做出错误的判断，从而为自己的真正进攻创造有利条件，达到取胜的目的。声东击西、忽左忽右、指下打上、指上打下、意左形右、意右形左、似真似假等，这些战术动作和意图，都是隐蔽战术。

2. 引诱战术

引诱战术也是制造假象，故意露出破绽，诱使对手先出手进攻，然后伺机反击。对那些不愿主动出拳的对手，用佯攻或引诱的方法就可以使这些难题迎刃而解。见到我方有明显的空当，很少有人会不动心的，一旦对手中了圈套，主动出拳，你就可以用有效的组合拳反击对手，打他个措手不及。若要诱使对手用左直拳或左勾拳击自己的腹部，只需稍稍抬起防守的肘部即可，然后就可以准备从对手的勾拳或直拳内侧用右直拳反击。若想引诱对手出右拳，可以把左拳稍微向下放低一些，然后准备躲开他的右拳，腾出双手反击。

3. 佯攻战术

佯攻是一种声东击西的战术。佯攻时，要充分利用手势、眼神、身体、双脚等的不同情形来迷惑对手，造成真真假假、虚虚实实、指上打下、指东打西的效果。对手如果上当，把假动作当真的动作来防守的话，就会暴露空当，给你以可乘之机。空当暴露的时间很短，所以，拳手只有反应敏捷，才能在顷刻之间抓住机会。优秀拳手知道什么样的假动作会有什么样的反应，所以在对手空当出现之前就会打出还击拳或反击组合拳。

二、散打

武术散打是中华民族的优秀文化遗产，是在中国特定的社会历史条件下逐渐演变发展形成的，它是一项具有鲜明民族特色的体育项目，深受广大人民群众的喜爱。散打又称散手，是两人按照一定的规则，并运用传统武术中的踢、打、摔等攻防技法制服对方的、徒手对抗的格斗项目，是中国武术的重要竞赛形式，分为古传散手和现代散打，是亚运会、全运会的比赛项目。

散打运动不受场地限制，简单易行，能防身自卫、强身健体，具有广泛的群众基础。同时，散打又被赋予了更多的内涵，对于提高民族自信心、增强民族凝聚力、振奋民族精神具有重要作用。

（一）基本姿态

散打姿态分为左手、左脚在前的正架和右手、右脚在前的反架两种。两脚开立，与肩同宽，上左步成正架，上右步成反架，前后脚的距离稍大于肩；前脚掌稍内扣，后脚跟抬起，脚掌撑地；两腿膝关节微屈，身体重心在两腿之间，身体侧向前方，含胸收腹，下颌回收；稍低头，两眼平视前方，与前拳在一条水平线上；合齿闭唇，前肩提耸。前臂的肘关节呈60°～90°角，拳在视线下方，肘下自然下垂，后臂的拳在脸颊旁，臂贴近胸肋部。手型要求四指卷握，拇指紧扣于中指与食指的第二指节之间。

（二）步法

（1）进（退）步：进步时，后脚蹬地，前脚先向前进半步，后脚再跟进半步；退步时，前脚蹬地，后脚先后退半步，前脚再退回半步。

（2）上步：后脚向前迈一步。右脚在前，左脚在后，成反架。

（3）垫步：后脚跟向前脚跟并拢，同时提前腿。

（4）滑步：前腿屈膝抬起，同时右脚跟内扣，脚掌向前擦地滑动。

（5）前进步：快速、连续做进步。

（6）后撤步：快速、连续做退步。

（7）跳换步：左右脚同时离地并向右转体，落地后成反架。

（8）弹跳步：两脚同时离地，前、后、左、右跳跃移动。

（三）拳法

1. 直拳

（1）左直拳：实战姿势站立，右脚前脚掌蹬地，通过右脚踝关节的弹性产生力量，传递到髋、腰、肩部，重心同时微向前脚移动，上体微右转，同时左肩由屈到伸并内旋 90°，发力于腰，力达拳面。

（2）右直拳：左架实战姿势站立，右脚微蹬地，并以前脚掌向内转，转腰送肩，上体左转，同时右拳由屈到伸并内旋 90°，直线向前冲出，力达拳面。

动作要领：

①撩拳。由于冲拳前肘先于拳而动，形成拳往下撩的错误。纠正时，强调以拳领先，勿先动肘；或由同伴帮助以一手拉拳，一手按肘，慢慢体会要领。

②只动前臂。冲拳时不是以肩催臂，而是前臂屈伸。纠正时，强调肩先动，催肘送拳。

2. 摆拳

（1）左摆拳：左架实战姿势站立，上体微向右转，同时左拳向外（约 45°）、向前、向内成平面弧形横击，臂微屈，拳心朝下。同时转腰发力，力达拳面或偏于拳眼侧。

（2）右摆拳：左架实战姿势站立，左脚微微蹬地并以前脚掌向内转，合胯并向左转。同时上体左转，腰胯发力，右拳向外（约 45°）、向前、向内成平面，力达拳面或偏于拳眼侧。

动作要领：

①左拳向外绕行。纠正时，面对镜子，不追求用力，重点体会拳的运行路线。

②摆拳发力时上体后仰、挺腹。纠正时，重点体会蹬地转腰的要领以及内力的运用。

③重心上提、歪胯。纠正时，由同伴帮助，一手按头，一手扶胯，边练习边提示改进。

3. 勾拳

①左勾拳：左架实战姿势站立，上体微左转，重心略下沉，腰迅速向右转，发力于腰，左拳由下向前上方勾击，大臂和小臂夹角在 90° ～110°，拳心朝里，力达拳面。

②右勾拳：左架实战姿势站立，右脚蹬地，扣膝合胯，腰微右转。同时右拳向下，向前、向上勾击，大臂与小臂夹角在 90° ～110°，拳心朝里，力达拳面。

动作要领：

①左拳向外绕行。纠正时，面对镜子，不追求用力，重点体会拳的运行路线。

②勾拳发力时上体后仰、挺腹。纠正时，体会蹬地转腰的要领以及内力的运用。

③重心上提、歪胯。纠正时，由同伴帮助，一手按头、一手扶胯，边练习边提示改进。

4. 转身鞭拳

左架实战姿势站立，以左脚为轴，顺时针旋转身体，同时右手以顺旋转之势向目标轮大幅度拳，用拳背击打目标，然后迅速回归实战姿势。

动作要领：

①转身要发生直线位移，也就是说转身后身体和对手直线距离减小，转身不能使身体往左右两边打

转或者偏离目标，先在原地转身走直线。

②右手出拳幅度要大，拳的路线几乎是画一个圆弧，以保证在转身背朝对手的一刻，对手不敢轻易靠近自己，加强鞭拳力量。实战证明，如果在实战中一旦转身鞭拳完全击中对手头部，致对手晕厥的概率较大。

（四）腿法

1. 鞭腿

左架实战姿势站立，腰部和髋部向右拧转大约 90°，前脚大腿前送，大小腿呈一定角度折叠，脚尖绷直，腰部和髋部通过之前的拧转形成一定的爆发力，并将力量送至大腿，然后大腿迅速弹开小腿，形成鞭打之力，力达正脚背。

动作要领：前脚离对手相对较近，所以在运用前鞭腿的时候，右脚支撑脚必须以脚掌为轴配合前脚鞭打的同时旋转，距离才能击打得远，髋部才能充分展开，使腿法力量最大化。

2. 蹬腿

左架实战姿势站立，右腿微屈支撑，左腿提膝抬起，勾脚尖，当膝稍高于髋时，以脚领先向前蹬出，髋微前送，力达脚跟。

动作要领：要挺髋，脚跟接触目标后，脚掌下压，注意直线出腿。前腿正蹬，线路短，速度快，相对后腿力量小，打迎击往往有出其不意的效果。

3. 侧踹腿

左架实战姿势站立，左脚屈膝抬起，同时身体稍右转，大小腿尽量折叠，大腿靠近腹部，迅速展髋将腰髋力量送至大腿，大腿向前推动小腿，力达脚掌后半部分，脚尖勾起，直出直收。

动作要领：身体尽量直立，髋关节、大腿、小腿形成一条直线，左脚上提展髋发力的同时，右脚有垫步跟进重心。

4. 转身侧踹腿

左架实战姿势站立，以左脚前脚掌为轴顺时针旋转，同时上身以髋腰为轴肩部头部旋转，右脚收紧小腿拍起，勾脚尖，脚掌对准目标，挺髋发力，力达脚跟。

动作要领：转身提起收腿要同时，不能分开，直线出腿，腰髋要发力，而不是只靠腿的力量。

（五）散打中的主要摔法

1. 抱膝前顶摔

双方由实战姿势开始，上左步，右腿跟进屈膝，身体下潜闪躲，然后两手抱对手双腿膝窝下部，两手用力回拉，同时用左肩前顶对手大腿根部或腹部，将对手摔倒。

动作要领：

①抱不住双腿。纠正时，注意下潜接近对手。

②摔不倒对手。纠正时，应强调两臂后拉与肩顶配合协调。

2. 夹颈过背摔

对手用左摆拳攻击头部时，立即以右手挂挡对手左拳后迅速夹握对方左前臂，同时左臂由对方右肩穿过后，屈臂夹住对方颈部。右脚向后插半部与左脚平行，两腿屈膝，臀部抵住对手小腹，然后身体右转，两腿蹬伸，弓腰，头向右转，将对手背起后摔倒。

动作要领：

①夹颈不牢。纠正时，应强调身体贴住对手，屈臂夹颈要夹紧。

②背不起对手。纠正时，应强调以背部横贴对手胸腹部，插步、转身、低头、弓腰、蹬伸要快速、协调、连贯。

3. 抱双腿过背摔

当对手用拳进攻时，我方身体下伏，向前上步，用双手抱住对手两腿，以左肩抵住其腹部，紧接着挺膝、蹬地，将对手扛起，再向后弓腰，将对手向后摔倒。

动作要领：

摔不倒对手。纠正时，应强调上步、抱腿、扛起及后摔要迅速、协调、统一，用力完整、充分。

4. 抱单腿别腿摔

对手站立或起左鞭腿时，将对手左腿抱住，向对手右腿后方上左腿，上体右转，用左腿别对手右腿，同时用肩或胸压对手左腿，重心下潜。

动作要领：

①未能抱住对手的腿，要掌握抱腿时机，注意接腿方法。

②未能摔倒对手，别腿、压腿衔接要快。

5. 接腿打腿摔

对手用拳攻击时，下俯上步，双手抱住对手左腿，将其左腿抬起后，用左腿迅猛扫击对手支撑腿（右腿）膝窝，同时将上体右转，配合发力，使对手倒地。

动作要领：未能抱住对方的腿。纠正时，抱腿、打腿及转体要迅速、协调、统一，打腿要有力。

（六）跌法技术

1. 前倒技术

动作要领：

并步站立，身体向前倒，在即将倒地时五指自然张开，以手与前臂内侧拍打地面起到缓冲作用。同时收腹、收腰、含胸并腿、抬头、身体处于紧张状态。

2. 后倒技术

动作要领：

并步站立，身体向后倒，在即将倒地时两臂向外张开，五指自然张开，掌心向地面拍打，起到缓冲作用。收腹、含胸、下颌内扣，肩背部着地，双脚脚跟提起，胯部上顶仰卧地面，亦可屈膝蹬地做腾空后倒。

3. 侧倒技术

动作要领：

侧身站立，身体向侧面倒地，在即将倒地时一手伸直，一手屈肘在胸前，双手掌心向下拍地，一腿蹬直，一腿屈膝于腹部起到缓冲用，收腹、含胸、头部侧抬。

4. 前滚翻技术

动作要领：

并步站立，双腿向前蹬地，身体向前空翻一周，收腹、收颌、肩背部先着地，两腿屈膝半蹲脚掌着地。

5. 后滚翻技术

动作要领：

并步站立，双腿向后蹬地，身体向后滚翻一周，双手打开掌心向地拍打，收腹、收颌、肩背部先着地起到缓冲作用。两腿屈膝半蹲脚掌着地。

第十四章
民族传统体育项目

学习目标

知识目标：了解蹴球运动的基本技术、方法及场地器材和竞赛方法；了解陀螺运动的基本技术、运动战术及竞赛方法和场地器材；了解舞龙的主要种类、基本技术、基本动作、比赛规则；了解舞狮的主要分类、基本技法及竞赛规则。

能力目标：掌握蹴球、陀螺、舞龙舞狮运动的基本技能；熟悉蹴球、陀螺、舞龙舞狮运动的竞赛规则。

素质目标：提高团队合作意识、运动协调能力、身体控制能力，提升感知能力，增强协调能力，培养表演艺术素养。

课程思政

教学内容	思政元素	教学内容与思政元素的结合
蹴球	团结协作 公正意识 坚持不懈	通过蹴球的教、学、练，知道应遵守比赛规则，尊重对手和裁判，形成公正意识、诚信品质和规则意识，进而培养团队合作精神和协作能力及坚持不懈的毅力和耐力。
陀螺	平衡与协调 挑战自我 精益求精	通过陀螺的教、学、练，认识到应不断挑战自我，突破自己的极限，树立自信心，激发潜能，提升身体协调性和平衡能力，培养精益求精的精神和对技艺的敬畏之心。
舞龙舞狮	文化传承 集体荣誉感 艺术审美	通过舞龙舞狮的教、学、练，认识到应更好地了解和传承民族文化，增强民族自豪感和文化自信心，提升艺术审美能力和创造力，培养集体荣誉感和责任感。

第一节 蹴 球

一、蹴球简介

蹴球，亦称“蹴鞠”“踢鞠”“踏鞠”“步打”，是我国古代蹴鞠运动的一种形式，在满族、蒙古族、回族等民族中较为流行，深受群众喜爱。

关于蹴球运动，最早流传于黄帝战胜蚩尤的传说中：“黄帝作蹴鞠之戏，以练武士，有二十五法。”在西安半坡文化遗址发掘出土的石球，据考证为蹴鞠的实物发现。战国时期，球蹴活动已在中原地区开展。《战国策・齐策一》记载：“临淄甚富而实，其民无不吹竽鼓瑟，击筑弹琴，斗鸡走犬，六博蹋鞠者。”汉代时，蹴球运动更加普及，并作为军事训练的手段受到了前所未有的重视。东汉史学家班固的《汉书・艺文志・兵家》中著录了《蹴鞠》二十五篇，列入“兵家技巧类”。刘向的《别录》记载：蹴球是一种兵势，所以用它来训练武士，选拔人才。到唐代，蹴鞠所用的球已由以前的外包皮革、中间填充毛发的实心球改进为充气的球，即外用皮制表壳，内以动物胞（动物的膀胱）充气而成，踢起来轻捷便利，随之就有了“蹴”等新的名称。鞠的改进使蹴鞠玩法发生了变化，球门也由以往的“鞠城”“鞠室”改为挂网，球门洞设在球门外边上端，网的中间为一圆孔，两队分别向洞中射球。至宋元时期，蹴鞠运动进入了一个新的历史阶段，民间出现了专事蹴鞠的行会组织叫“圆社”。在元杂曲中有大量关于蹴鞠运动的描述。到了清代，因满族擅长冰嬉，他们把踢球和滑冰结合在一起，创造了难度极高的冰上蹴鞠，导致古代蹴鞠方法大部分失传，只有在踢石球、夹包、花键等游戏中还可以看到跳蹴鞠二十五法的一些影子。

新中国成立后，在党和政府的重视下对此项运动进行了挖掘、整理和改造，根据古代蹴鞠运动的发展和演变规律，减少了激烈对抗性的打法，形成具有较高技、战术水平与较强观赏性的民族传统体育项目——蹴球。1984 年北京市民族传统体育协会开始对蹴鞠进行挖掘、整理和改进，并将蹴鞠正式命名为蹴球。在 1999 年第六届全国少数民族传统体育运动会上，蹴球被列入正式比赛项目，从此，蹴球运动逐渐在全国开展起来。由于蹴鞠悠久的历史，2004 年国际足联主席布拉特先生在第三届中国国际足球博览会上向世界正式宣布“足球起源于中国”，山东淄博被正式确认为世界足球起源地。2006 年 5 月，蹴鞠（蹴球）被列入第一批国家级非物质文化遗产名录。2009 年 10 月，蹴球被列入北京市非物质文化遗产名录。

二、蹴球基本技术与方法

蹴球是以本方球击中对方球而得分的运动，要求准确性与力量性相结合。蹴球竞赛规则对蹴球技术作了严格的规定和限制，要求蹴球用脚跟触地再用脚前掌压住球面后，向前蹴出。

（一）准备姿势

蹴球前的准备姿势是指运动员从场外步入场内本方球后 50 cm 左右面向进攻方向站立的姿势。根据场上情况及时作出判断，确定自己的战略意图和击球方向、方法，蹴球脚与支撑脚呈丁字形或平行站立，蹴球脚尖方向与本球和目标球瞄成一条直线。

（二）支撑脚站位

一旦确定了进攻战术方案，对技术应用迅速作出选择。以右脚蹴球为例，左脚前跨一步，在球侧后方 20 cm 处站定，脚尖外展，与出球方向成 45° 夹角，左膝微屈，身体重心落在左脚上，右脚跟提起，脚尖着地，收腰含胸，松腹敛臀，两臂自然下垂，全身放松，目视本方球。

（三）蹴球脚压球与瞄准

蹴球脚压球与瞄准

支撑脚站定后，蹴球脚随即提起，以脚跟在球正后方 15 cm 处着地，脚掌前部在球上方距球 2 cm 左右，脚的方向瞄准进攻方向，方向调正后，即用脚掌轻轻压球，不能使球发生任何移动，压紧球后眼睛正视进攻目标。此时，支撑腿膝关节微屈，支撑全部体重，维持身体平衡；蹴球腿膝关节自然弯曲，脚踝勾起，脚掌压在球上。

（四）蹴球

抬腿蹴击动作是蹴球技术各个环节中最重要和最关键的环节。抬腿方向直接影响出球准确性，因此，抬腿前踹方向应与进击目标方向完全一致；抬腿速度及脚掌对球面的压力直接影响出球力量和速度，因此，要根据攻击目标的距离及其在场上位置的情况蹴出不同速度和不同滚动方向的球。

一般我们将 7 m 以上的远距离称为大力球，3～7 m 的中距离称为一般球，3 m 以内的近距离称为轻球，以及超近距离最轻球和进攻边线附近的超近距离回旋球。现将一般球和回旋球的方法分述如下。

1. 蹴一般球

蹴一般球

眼视进攻目标，支撑腿使身体保持平稳，稍屈膝。蹴球腿侧的腹直肌、髂腰肌、股四头肌等用力收缩使髋关节做屈曲即大腿向前上方抬腿动作，同时，脚掌压紧球使之向前滚动，小腿顺势前伸将球蹴出。

2. 蹴回旋球

蹴回旋球

蹴回旋球时脚掌触球比蹴一般球稍偏后一些，即以脚趾部位或前脚掌前部压住球的后上方即可，目视进攻目标，脚掌用力下压。球开始滚动时突然加速压球，使球以回旋的形式向前滚出，撞击目标球后，前移的动能传给目标球，自身则以回旋的形式滚回来。

三、场地器材和竞赛方法

（一）场地

（1）场地规格：长 10 m、宽 10 m 的正方形平坦地面。见图 14–1 所示。

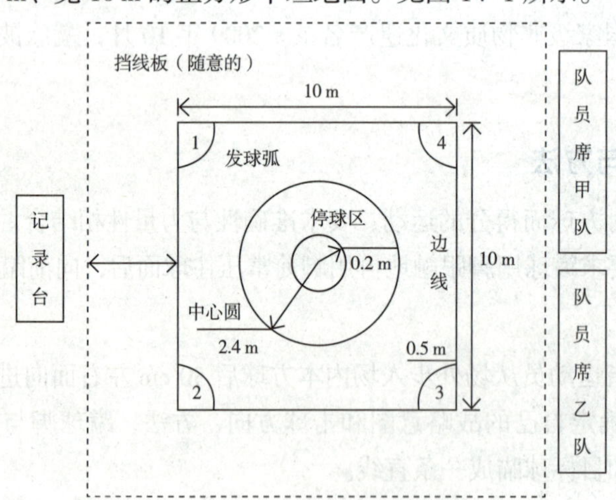

图 14–1　蹴球场地示意图

（2）画线：线宽不超过 5 cm，边线及各线段均为场内和各区内的一部分。

（3）停球区：在场地正中心，为一个半径 20 cm 的圆圈。

（4）中心圆：在场地中央，为一个半径 2.4 m 的圆圈。

（5）发球区：在场地四角，每角一个，为半径 0.5 m 的扇面，按逆时针方向编号为 1、2、3、4 区。

（二）器材

（1）比赛用球为硬塑实心球，直径 10 cm ± 0.2 cm，重量 1000 g ± 10 g。

（2）比赛用球分为两种鲜明颜色，分别标有 1、2、3、4 号。1、3 号球为同一颜色，2、4 号球为同一颜色。

（三）竞赛方法

1. 比赛项目

比赛设男、女单蹴，男、女双蹴，男女混合双蹴共五个项目。

2. 计胜方法

（1）每场比赛当一方达到 100 分或 100 分以上时，比赛结束。

（2）在每场比赛中当一方或双方达到 50 分或 50 分以上时，比赛停止。如一方有连蹴机会，比赛也不再进行，以球的止点判定比赛得分。休息 3 min。双方交换首发权，各自按休息前的比分继续比赛。

（3）当一方或双方达到 100 分或 100 分以上并有分差出现，在球停止时比赛即为结束。如无分差出现，则比赛继续，以先得分者为胜（即突然死亡法）。在达到 100 分或 100 分以上的一击出现同时得分且得分相等时，待球停止后计算得分，以得分高者为胜，循此直至分出胜负。

（4）循环赛胜一场积 2 分，负一场积 1 分，弃权为 0 分。如遇一方弃权，以对方 100∶0 计胜。

第二节 陀　螺

一、陀螺运动简介

陀螺运动是我国少数民族喜爱的传统体育活动，这项活动流传已久，而且玩法很多，各民族的陀螺及打法各有不同。云南傣族称陀螺为百跌，陀螺形状接近正规比赛用的陀螺，其打法为分队集体对抗，攻击方在 10 m 开外进行攻击，击中后以旋转时间长的为胜。同时，可用拨、赶、吹灰石等延长旋转时间，无固定场地。佤族称陀螺为布冷，其头大身细、形似鸡枞（野生食用菌类），形状奇特。广西壮族玩的陀螺像一只大盘子，瑶族玩的陀螺重者可达 2～2.5 kg。

随着社会的发展，陀螺在各地也是形态各异，玩法多样。如：在我国北方地区此项活动一般在冬春季进行，是用鞭子连续抽打陀螺，使之在冰面或平滑地面上不停地旋转或相互碰撞，以旋转的时间长短判定胜负；而在我国南方地区，是将一陀螺旋放后，其他人站在一定距离之外，用旋转着的另一陀螺去击打它，看谁打得准，并看谁的陀螺旋转的时间长。拉祜族人的打陀螺很有意义，传说拉祜族人种的棉花不结桃，先祖要他们打陀螺，把陀螺打开花，棉花也就开花结桃了，为了祈求棉花丰收，拉祜族就兴起打陀螺，每逢节假日，都要举行对抗性的打陀螺比赛。在苗族地区有两种比较特殊的陀螺：一种是大陀螺，直径 20 cm，用于比赛碰撞；另一种是两头尖的陀螺，两头都可以旋转站立。比赛时，用鞭抽陀螺，使其旋转，双方陀螺相撞，被撞倒者为负。

打陀螺运动是一项集对抗性、技巧性、趣味性为一体的综合性体育活动，它对场地器材要求不高。比赛可在平整无障碍物的平地上举行，比赛要求两队在场上必须按守、攻顺序进行互换。双方遵照规则，从守方放陀螺开始，由攻方将自己的陀螺抛掷，触击守方陀螺，将守方陀螺击出场区或与守方陀螺在场区内比赛旋转时间的长短。比赛只计攻方得分，以当场比赛的累计得分决定该场胜负，得分多的队为获胜队。经常参加打陀螺运动，能够提高各组织器官、系统的机能水平，培养健康的心理状态，树立良好的集体主义精神，促进人全面、协调的发展。通过打陀螺比赛，可以增进友谊，交流技艺，丰富人们的文化生活。

二、陀螺运动基本技术

（一）陀螺运动的进攻技术

1. 缠线技术

缠线技术是指运动员在比赛中，将有效的鞭绳合理地缠绕在陀螺上的动作方法的总称，它是运用其他攻防技术的基础。

2. 持陀技术

为了更好地发挥手指端对陀的感应能力，保持出陀前持陀的稳定性，以利于控制陀出手的力量与方向，持陀时五指都应自然分开，增大接触陀的面积，手指指端要贴在陀上，手心空出。以右手持陀为例，两脚前后开立，重心落在两脚之间，右手五指自然分开，翻腕持陀的后中部位，左手持鞭杆且放少许线，将陀举至胸前右侧位置，目视旋放区，大小臂约成 90°，肘关节内收。

3. 助跑

一般分为预跑段和攻陀步两个阶段。预跑段的任务是获得最后用力前的预先速度，为最后用力出陀创造良好的条件。预跑段的距离根据个人特点而定，初学者可先走后跑。一般 3～5 步较为适宜，方法是沿直线逐渐加速，臂、腿配合平稳协调，步点跑准、节奏好。

4. 最后用力

最后用力动作是在第三步左脚着地时，以胸带肩、以肩带臂，进行挥臂甩腕的攻击动作；陀螺离手的瞬间，手腕、手指的积极动作，能使陀螺沿着纵轴按顺时针方向自转，以保证左手抽线的延续性和稳定性，获得最佳的攻击效果。

5. 攻陀出手角度

攻陀出手角度是指攻陀时陀螺离手时与地面的高度，或者是与旋放区死陀点的角度。这一角度是否适应，对命中率有重要影响，攻陀出手角度可分为高、中、低 3 种。

6. 随前动作

由于最后力量集中到手腕、手指及抽线上，攻陀出手后，全身要随陀跟送。持陀臂自然前伸，而不要在陀出手后，马上改变持陀臂动作，以免影响陀的飞行和攻击的准确性，左腿向攻击方向跨出一步，以缓解前冲的力量来保持平衡，防止冲出攻击线而违例。

（二）陀螺运动的防守技术

防守技术是队员在防守时，将陀螺有效地放入旋放区所采取的各种专门动作的总称。

1. 缠线

由于规则规定，鞭绳长度不低于 2 m，加之陀螺的高度和直径，因此绳线一般均匀地缠在陀腰的 1～2 cm 较为适宜。根据运动员的身体素质、陀螺的周长等特点，运动员的鞭绳长度的要求也不一样，但一般要求绳长在 4 m 左右较为适宜。

2. 准备姿势

准备旋放时，应做好如下旋放前的准备姿势。

（1）下肢。两脚前后开立，约与肩同宽，两膝微屈，重心落在后脚上。

（2）躯干。上体稍前倾或接近直立（但不能后仰），两肩放松，目视旋放区。

（3）上肢。右手五指自然分开，手腕后翻，持陀的后中部，以手指最前面的关节和拇指的压力将陀控制住，大臂低于肩关节，小臂与大臂的夹角约成90°，肘关节稍外翻，左手持鞭杆需从右手下方穿过。

3. 旋放出手动作

旋放时，后脚踏地，身体重心前移，同时转体两臂前伸，手腕由后向前翻转，靠手指的弹拨将陀抛出，同时左手向右后水平方向用力抽鞭杆，它是控制陀飞行方向落点的关键。

4. 旋放后的身体姿势

由于陀螺必须在旋放区内旋转才有效，所以旋放后的身体姿势尤其重要，否则易造成死陀。抽线完毕后，身体可向后旋转，或保持抽线完动作，以保证陀螺在旋放区的稳定旋转。

三、陀螺运动战术

陀螺战术是指根据自己与对手的情况，有目的、有意识地运用技术所确定的攻、防集体配合的方法。

（一）个人战术

个人战术是指队员在比赛中为了战胜对手，合理地运用技术所采用的各种方法。个人战术分为个人进攻战术和个人防守战术。

1. 个人进攻战术

（1）“全力攻”战术。为使各种进攻达到预期的效果，必须根据比赛的实际情况，合理地运用“全力攻”战术，并掌握好出陀的方向、力量、落点，以争取有效地命中。

①攻击点：就是以陀螺为一个点进行强有力的攻击。无论运用何种攻击方法，都应以陀螺为直接攻击目标，运用合理的力量进行攻击。

②攻击面：就是在旋放区内以陀螺所旋转的点向攻击区方向所延伸的整条直线。进攻时，可根据目标确定攻击力量和落点。

（2）“巧攻”战术。在比赛中，有很多情况是始料不及的，例如旋放效果差或死陀等，这些情况在高水平比赛中是不易发生的，但又不可能完全避免。当遇到这些情况时，应运用“巧攻”战术，而不要全力攻。因为只要命中就能拿到较高的分数，所以在采用进攻方法上应尽可能以命中为主，如轻攻、吊攻等。

2. 个人防守战术

（1）四边式。四边式是指在旋放过程中为了加大攻击者的攻击难度，尽可能地将陀螺旋放在旋攻区的四个边角。这些地带是距攻区最近、最远或者最边的地带，对于攻击者来说除了直接命中以外，间接命中的概率相当小，所以不易命中。但要把陀螺有效地旋放在这些地带也不容易，这要根据场地器材，以及所掌握技术的状况合理地运用，以免造成失误。

（2）中间式。中间式是指在旋放时将陀螺有效地旋放在死陀点周围的方法，这个地带面积比较大，容易掌握、控制。对攻击者来说，中间式攻击面较广，可直接、间接命中，命中率会高一些；对防守者来说，旋放时，陀螺的转速会增大，这就提高阻碍进攻者的得分率。这就说明，虽然有不利的一面，但也有利于自己的一面。

（二）集体战术

集体战术是指为了完成整个战术任务而采用的全队配合方法。

1. 集体进攻战术

由于在陀螺比赛中无论是团体还是双人，进攻上每一次轮转顺序不变，也就是进攻六轮中，都要遇到不同的防守者。而不论哪一个队，队员的技术水平、心理素质都存在着一定的差别，这就要求在比赛中对进攻轮次上队员的配备要合理，以有利于整个进攻。

以下介绍几种方法。

（1）“二一”式。根据本队的实际情况，把三名主力队员中技术、心理素质、临场经验较好的两名队员安排在第一攻击、第二攻击上，或者安排在第一攻击、第三攻击上。一般来讲，对方在防守过程中，都会安排较好的队员担当第一防守任务，所以这样的安排可以避免弱对强在第一轮出现，有利于士气的提高。

（2）“一二”式。本队中相对只有一名队员较突出时，那么这时在轮次安排上，这名队员一般安排在第一攻击或者第二攻击上，这时可能会出现强对强、弱对弱，或者是强对弱、弱对强。无论怎样，这是为了争取一个好的开局，对下面的比赛有促进的作用。

2. 集体防守战术

在陀螺比赛中，旋放是比赛的开始，旋放得好还是坏直接关系到战术的组成及质量，因此集体防守战术在比赛中占有重要地位。集体防守战术有“1、2、3”配备、“2、3、1”配备和“3、1、2”配备等方法。

根据规则及进攻战术所采用的配备方式，一般来讲，进攻对手在轮次上的安排是好、中、差，那么要求在防守上应有相应的对阵，以争取比赛的胜利。

由于规则规定防守轮转顺序第一轮为1、2、3，第二轮为2、3、1，第三轮为3、1、2，所以为了鼓舞士气，要结合进攻的特点争取在两轮防守上阻碍对手得高分，争取在两轮进攻上拿高分，以拉开彼此间的差距，从而争取比赛的胜利。

四、竞赛方法和场地器材

（一）竞赛方法

1. 比赛项目

陀螺比赛可设置男子团体比赛、女子团体比赛、男女混合双打、男子双打、女子双打、男子个人赛、女子个人赛等。

2. 计分方法

比赛只记攻方得分，以当场比赛的累积得分决出该场胜负，得分多的队为获胜队。每次进攻可得分值为0、1、2、3、4分，即打停及击中死陀，攻方陀在场内旋转得4分，攻守双方均未出界则比旋，旋胜得3分，旋平得2分，旋负得1分，攻方出界、守方未出界得1分。攻方踩、越线：第一落点不在旋放区的间接击中、未击中；在裁判未报分之前身体（含鞭杆）触及场区内，均属无效进攻，得0分。

3. 比赛方法

比赛由裁判员鸣哨示意，攻守双方队员在各自预备区内就位。攻守双方队员须在预备区内将陀螺用鞭绳缠绕好，缠绕在陀螺上的鞭绳长度不得少于1 m。裁判员鸣哨并用明确手势示意守方队员旋放陀螺为比赛开始。守方队员可在旋放区外任何位置旋放陀螺。待守方队员旋放陀螺并退回预备区后，裁判员即鸣哨并以手势发出攻击信号，攻方队员即可对守方陀螺进行攻击。当裁判员做出判定报分，并发出捡陀信号后，该次攻守即结束，攻守双方队员方可进入比赛场区内取回陀螺。

（二）场地

陀螺比赛在平整无障碍物的地面上进行。场地包括比赛场区和无障碍区。比赛场区为长20 m、宽15 m的长方形，场地中间设置直径1.6m的旋放区，旋放区可铺设橡胶垫，男子攻击距离为6 m，女子攻击距离为5 m，四周应有2 m以上的无障碍区，如图14–2所示。

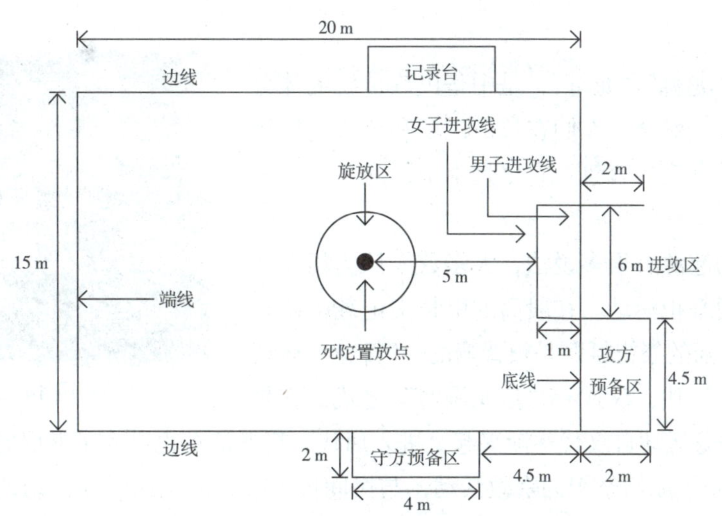

图 14–2 陀螺比赛场地示意图

比赛场区四周应有 2 m 以上的无障碍区。

守方预备区：在场地左边线距底线 4.5 m 的无障碍区内，画一 4 m × 2 m 的长方形区域为守方预备区。

攻方预备区：在进攻线左侧底线外无障碍区内画一 4.5 m × 2 m 的长方形区域为攻方预备区。

死陀置放点：由底线中点并垂直于底线，向场内 6 m 处画一半径为 5 cm 的实心圆点，为死陀置放点。

旋放区：以死陀置放点中心为圆心，画一半径为 0.75 m 的圆，为旋放区（可铺设橡胶垫）。

进攻线：以底线中点向两侧延伸 3 m 所构成的线为男子进攻线。与男子进攻线同宽，平行向场内移 1 m 设女子进攻线。进攻线全长 6 m，线宽 5 cm（以内沿计算）。

进攻区：以底线中点沿两侧 3 米处向场外各画一条与底线垂直的平行线，线长 2 m。比赛场区底线（以外沿计算）与两垂直线之间的区域为男子进攻区（以内沿计算）。以女子进攻线两端点向场外方向各画一条与底线垂直的平行线，线长 1 m（同男子进攻区的两条垂直线相连）。进攻线与两垂直线之间的区域（含男子进攻区）为女子进攻区（以内沿计算）。

（三）器材

陀螺：比赛一般采用非金属平头陀螺，陀螺不得上色，除锥尖可装置直径不超过 4 mm 的铁钉外，不得填充、装饰金属或其他材料。陀螺直径为 9～10 cm，高度（含铁钉高度）为 10～12 cm，陀螺圆柱体高度为 5～6 cm，重量不得超过 900 g。比赛前陀螺应经过检验，检验合格并做标记，攻守陀螺应区别标记。

鞭：由鞭杆和鞭绳组成。鞭绳不得用金属材料制作，其粗细不限，长度不得少于 2 m。一般情况下，鞭绳长度男子为 6 m，女子为 5 m，鞭杆可有可无，如有，长度不得超过 0.6 m。

第三节　舞龙与舞狮

一、舞龙运动

舞龙亦称“龙舞”“玩龙灯”，是最具中华民族特色的传统体育运动项目之一。龙以竹、木、纸、布等扎成，有龙珠、龙头、龙身、龙尾之分，在每个部位下面都装有木杆，供舞龙者手持，如图 14–3 所示。舞龙时，一人持龙珠戏弄逗引，其他数人手持木杆，带动龙头、龙身、龙尾进行游弋、起伏、翻滚、腾越、缠绞、穿插动作以及做出各种造型等，以展现龙的神韵。舞龙以其古老的文化积淀和浓郁的民族风格展现于世，堪称中华民族文化的标志，已成为中华民族精神的象征。

（一）舞龙简介

图 14–3　舞龙运动

“舞龙”，又称“龙舞”“龙灯”，是中华民族传统的体育娱乐活动。每逢佳节、盛会，人们在长街广场和街头巷尾舞起龙灯，以增添欢乐喜庆的气氛。它也是中华民间文化的重要组成部分。

关于舞龙运动的起源有很多说法，大多数人认为舞龙运动起源于原始的求雨祭祀活动。在殷商的甲骨文记载中便有向龙卜雨的甲片，求雨的祭祀舞蹈是很普遍的。“舞龙”运动的产生，可以说是在汉代，汉代有“鱼龙漫衍”之戏，它是舞龙运动的前身，舞龙运动自汉代逐渐兴起。进入唐代，舞龙活动也进入了发展时期。这一时期的“舞龙”，已经基本上摆脱了原始祭祀的宗教活动，与民间传统节日的庆典活动密切地结合起来，成为中华民族节日文化的重要组成部分。到了宋代，舞龙运动已经基本定型，不仅体现在龙的形态的基本固定，还体现在其他方面的趋于完备。从宋开始，直到元、明、清，龙的形态几乎没有什么变化，主要特点是蜿蜒多姿，通体华美。这一时期，舞龙运动的其他方面也趋于完备。从宋元至明清，舞龙运动不断改进、完善，处在不断的发展之中。

中国的舞龙与中华民族几千年的文化紧密相连。舞龙运动按地域的风格，大致可以分为长江流域及以南地区、黄河流域及东北地区的南、北两大民间舞龙体系，总体上呈现出一种“北刚南柔”的特征。1995 年，国家体育总局将舞龙列入全国正式比赛项目，同年中国龙狮运动协会正式成立，将舞龙舞狮从民间表演逐步规范成为一种群众性的体育运动；同年还在香港正式注册成立了国际龙狮总会。1997 年，国际龙狮总会在马来西亚召开执委会和代表大会，正式决定将国际龙狮总会执委会秘书处迁至中国北京。自中国龙狮运动协会、国际龙狮总会成立以来，已举办过多次舞龙比赛，如国际邀请赛、全国舞龙锦标赛、精英赛、农运会舞龙比赛等，将中国传统的舞龙运动推向了新的高潮，对国际舞龙的发展也产生了积极的影响，使舞龙运动得到了迅速发展。2002 年，由国际龙狮协会审定，国家体育总局批准、公布实施《国际舞龙舞狮竞赛规则、裁判法》，成为中国龙狮运动实现科学化的重要标志，也是竞技舞龙科学化、规范化的起点。

目前，舞龙在世界上推广普及得很快，特别在西方，把舞龙看作集中国的历史、文化和体育于一体的运动。舞龙已成为居住在世界各地的华人在节日期间必定举行的活动之一，并逐渐为外国人所接受和喜爱。

舞龙的主要种类

舞龙表演可谓种类繁多，各具特色。例如：根据龙体制作材料的不同，可把龙舞分为布龙舞、草龙舞、纸龙舞、百叶龙舞等；根据龙体制作方法的不同，龙舞可分为香火龙、段龙、板凳龙、人龙等；根据龙头形象的不同，龙舞又可分为凤凰龙、虾公龙、青蛙龙、鸭头龙等；根据舞法的不同，有鱼化龙、狮龙舞、龙虎斗、水龙船、旱龙船、滚地龙、游龙等；根据颜色命名的有青龙、白龙、黄龙等；根据表演效果命名的有火星龙、夜光龙、子母龙等。

（二）舞龙的基本技术

1. 基本握法

（1）正常位。双手持龙具把，左（或右）臂肘微屈，手握于龙具把位末端，与胸同高；右（或左）臂伸直，手握把的上端。

（2）滑把。一手握龙具把端不动，另一手握龙具把上下滑动。

（3）换把。结合滑把动作，当滑动手接近固定手位时，双手转换，滑动手握把成固定手，固定手变成滑动手。

2. 基本步型和步法

基本步型和步法，见表 14–1～表14–2 所列。

表 14–1 舞龙的基本步型

步型	说明
正步	两脚靠拢，脚尖对前方；重心在双膝上
小“八”字步	两脚跟靠拢，脚尖分开，对左、右前角
大“八”字步	两脚跟间相距一脚半，其他同小“八”字步
丁字步	右（左）脚跟靠拢左（右）脚足弓处，脚尖方向同小“八”字步
虚丁步	（前点步）站丁字步，右（左）脚顺脚尖方向伸出，绷脚点地，大腿外旋
虚步	站虚丁步，左（右）腿半蹲
弓箭步	右（左）脚向前迈出，屈膝，小腿垂直，脚尖朝前，左腿（或右腿）挺直，脚尖稍内扣；重心在两腿中间，上身与右（左）脚尖在同一方向
横弓步	将弓步的上身左（右）转成与左（右）脚尖在同一方向

表 14–2 舞龙的基本步法

步法	说明
圆场步	沿圆线行进，左脚上一步，脚跟靠在右脚尖前，脚跟先着地，再移至前脚掌，同时右脚跟提起。右脚做法同左脚，两脚动作保持在一条线上
矮步	两腿半屈，勾脚尖，迅速、连续地以脚跟到脚尖滚动向前行进；每步长短约为运动本人的一脚长
弧形步	两腿微屈，两脚迅速、连续向前行进；每步大小略比肩宽，走弧形路线；眼注视龙体
单碾步	预备势脚站小“八”字步，手握把位呈上举姿势，右脚以脚掌为轴，脚跟微提起，左脚以脚跟为轴，脚掌微提起，两脚同时向右碾动，由正小“八”字步碾成反小“八”字步，然后右脚以脚跟为轴，左脚以脚掌为轴，同时向右碾动，成正小“八”字步，反复按此进行
双碾步	预备势站正步，以双脚跟为轴，双脚尖同时向右（左）碾动，然后再以双脚尖为轴，双脚跟同时向右（左）碾动，反复按此进行
腾空箭弹	右脚向前上步，膝关节伸直，脚后跟着地；右臂前摆，持龙珠后摆；眼视前方；接着右脚踏实蹬地向上跳起，左脚随之向前、向上摆起，同时右脚蹬地向上跳起，使身体腾起；右腿迅速挺膝向前上方弹踢，脚面绷平，左腿屈膝回收

（三）舞龙基本动作

舞龙所用龙具有 5 把一珠和 9 把一珠之分，以下以 9 把一珠用龙为例。执龙珠者为 0 号队员，执龙头者为 1 号队员，龙身队员按序向龙尾依次为 2、3、4、5、6、7、8 号队员，执龙尾者为 9 号队员。

舞龙的基本动作包括“8”字舞龙动作、游龙动作、穿腾动作、翻滚动作、组图造型动作，见表 14–3 至表14–7 所列。

表 14–3 “8”字舞龙动作

动作	动作要领	要求
跪步舞龙	全体队员大“8”字步前后一臂距离成一列纵队站立，龙体在队员两侧做“8”字形环绕舞龙一次后，除龙头队员外，其他队员降低重心，单膝着地成跪步，龙体不停，继续在队员两侧做“8”字形环绕舞龙 4 次以上	跪步要整齐，跪步舞龙时队员挺胸立腰，加大向上和左右的舞动幅度
靠背舞龙	全体队员大“8”字步前后一臂距离成一列纵队站立，3、5、7、9 号队员向后 180 度转身分别与 2、4、6、8 号队员背对背成“人”字形造型，同时龙体不停，继续在队员身体两侧做“8”字舞龙 4 次以上	队员转身动作连贯顺畅，龙形饱满，不停顿

续表

动作	动作要领	要求
“8”字形舞龙磨转	全体队员大“8”字步前后一臂距离成一列纵队站立，做“8”字形舞龙动作不停，同时以5号队员为圆心，逆时针方向磨转一周	磨转过程中全体队员要始终保持前后一臂距离的直线队形不变，磨转一周完成6～8次的“8”字形舞龙动作
站腿舞龙	站腿舞龙时，双数号队员马步站立，上体前倾，双臂尽力前伸，在以手为中心的大立圆内做“8”字形舞龙，双手以拧把为主，龙杆运行前后的幅度一定要小；单数号队员双脚紧扣其下队员的腰腿部，屈膝内扣贴紧其肩背部，上体尽力弯曲前倾	“8”字形舞龙的上下幅度要大。队员站腿要稳，马步与站腿队员舞龙动作配合要顺畅，不塌肚，不扯龙，完成4次“8”字形舞龙动作

表 14–4 游龙动作

动作	动作要领	要求
单侧起伏跑小圆场	“龙珠”引龙体逆时针方向走小圆场，同时龙体在队员右侧快速大幅度上下起伏	队员靠近，身体重心随龙形变化而变化，龙体上下起伏如波浪般流畅，不塌肚，不扯龙
快速跑斜圆场	“龙头”起伏一次后正向跑斜圆场。动作的掌握可以先分两步进行。第一步，龙体成圆，“龙头”要内扣咬住“龙尾”，为保持龙形饱满，各节要尽量将龙杆向外撑开。第二步，成一斜圆。要达到此目的，首先要把握好一个最低点和最高点，在最低点每把都要放到最低，同时身体重心也要降到最低；在最高点，每把都要将龙杆上滑，双手持龙杆举至最高点，同时脚尖起，身体重心升至最高点。在最高点和最低点之间的转化要匀速，每把龙杆在两点之间的转化始终处在上升和下降的运动过程中，不可出现“拖龙”现象	“龙头”“龙珠”“龙尾”相接成斜圆盘，斜圆场跑动时圆心要相对固定，尽量减少前后和左右的偏移
“S”形游龙	“龙珠”引龙体快速左右曲线起伏，成“S”形行进，改变3次以上方向	龙体圆顺，队员改变方向时要沿切线向外走，不要向内切，以保持龙形饱满，不塌肚
骑肩双杆起伏行进	“龙珠”引龙体行进成圆后向内聚拢，3、5、7、9号队员分别接2、4、6、8号队员龙把后，持双杆骑在2、4、6、8号队员肩上，在“龙珠”引导下，“龙头”带领龙体上下起伏行进	聚拢成形动作要快，一气呵成，不拖沓，双杆舞龙配合协调，龙体运行才能流畅

表 14–5 穿腾动作

动作	动作要领	要求
龙穿身	“龙头”沿弧线由右侧穿第5节龙身，在穿过之前，6号队员引身后龙体左右摆动，保持龙形活跃；在龙头穿过之后，6号队员顺龙体向下运行之势下滑龙把，7、8、9号队员换把，矮步依次从6号队员身前穿过	6号队员和龙头配合协调，穿过与滑把衔接要紧凑
2号穿越第8、5节龙身	“龙珠”引龙体逆时针跑圆场，成圆后，“龙头”带龙身穿越“龙尾”，之后换把反向顺时针跑弧线，依次穿越第8、5节龙身，当3号队员穿过第8节龙身后，6、7、8号队员分别腾越第1、2、3节龙身，随龙头行进	“龙头”穿越后内扣行进，使龙体向中心聚合，不松散
快腾进	“龙珠”引龙体弧线行进成半圆后，“龙头”左右急转弯走直线穿越第5节龙身，6、7、8、9号队员分别腾越第1、2、3、4节龙身后随“龙头”弧线行进成半圆，反复3次	龙体一环扣一环，始终保持一个半环

续表

动作	动作要领	要求
慢腾进	“龙珠”引龙体弧线行进成半圆，“龙珠”左后急转弯举珠带领“龙头”腾越第4节龙身，“龙头”腾越第5节龙身随珠而行，2、3、4号队员分别交叉越过第6、7、8节龙身。“龙珠”右转弯引龙体反复重复以上腾越动作	龙体一环扣一环，始终保持一个半环

表14-6 翻滚动作

动作	动作要领	要求
快速逆向跳龙行进	“龙头”带领龙身在“龙珠”的引导下举龙快速行进，逆时针方向连续做2次立圆行进。各龙节迅速依次跳跃，龙身随“龙头”行进	队员在跳龙时要高举龙把至最高点。为了进一步加大立圆的饱满度，队员在跳龙时做“S”形曲线行进，跳龙后恢复直线行进
大立圆螺旋行进	“龙头”在内侧，身体重心随龙体起伏，顺时针方向舞大立圆3次，使龙体连续螺旋状翻滚行进	龙形旋转立圆一致，队员腾越龙身轻松利索，不碰踩龙体，不拖地
360度斜圆盘跳龙	“龙头”引龙体做原地“8”字形舞龙2次后，高抛龙头逆时针转体360度舞斜圆扫2号队员脚下，当龙杆运行到2号队员脚下的时候，2号队员起跳空中转体180度，从第1节龙杆上跳过，随即下蹲将龙杆扫向第3节，落地后不停，顺势转回原来方向……以此类推，不同的是，以后每节是从龙身上跳过，而不是从龙杆上跳过	龙体运行连贯顺畅，不打地
连续螺旋跳龙	“龙头”逆时针方向舞立圆，队员迅速从龙身上依次跳过，如此反复4次以上，使龙体连续螺旋翻转	连续跳龙动作要圆顺，速度要均匀，幅度要统一

表14-7 组图造型动作

动作	动作要领	要求
龙门造型	“8”字形舞龙，高抛龙头从5号队员前穿过，然后自打一结，同时龙尾从5号队员后穿过再从8号队员前穿过打一结。第4、5、6节成一直线。接着4、6号队员跪步扶龙杆撑地，5号队员蹲下放龙身时第4、5、6节龙体成一“V”字形造型。7、9号队员靠拢弓步相对，8号立于其腿上，1、2、3号队员动作同7、8、9号队员动作。然后，“龙珠”空翻从第5节跳进，呈龙门造型	龙门造型要规范，左右对称
蝴蝶盘花造型	高抛龙头换把，端龙内扣，龙头、龙尾相接成一圆场，高擎龙之后，9号队员换把下滑龙杆端，龙反向内扣走弧线，5号队员不动，然后4、6号队员与5号队员靠拢成一直线，单跪步龙杆撑地，龙头、龙尾队员高擎龙相接，其余各节向内“龙珠”靠拢，成一团身龙舟造型。然后“龙珠”从内跳出，1号队员骑3号队员肩，9号队员骑7号队员肩，2、8号队员将龙杆向外撑出，其余各节动作基本不变。接着1、9号队员跳出龙身，同时其余各节内扣靠拢，成蝴蝶盘花造型	造型要规范，左右对称，形象逼真
高塔盘造型	龙体在“龙珠”引导下走圆，向内两周螺旋收缩，到位后“龙头”迅速站上2号队员肩膀，组成高塔盘螺旋造型，接着顺时针方向自转一周	螺旋造型要协调、稳定，“龙头”站肩迅速、稳定
大横“8”字花造型	“龙珠”引龙体左右上下起伏缓慢行进，整个龙体组成明显的大横“8”字花造型，重复4次以上	首尾相连成一完整“8”字形，两边对称，行进过程慢而不断，柔中带刚

（四）舞龙运动的竞赛规则

1. 竞赛人员及其有关规定

参加人员包括领队、教练员、运动员。为确保比赛顺利，须遵守以下规定。

（1）每支运动队人数不超过 16 人，其中领队 1 人，教练 1 人，运动员 14 人（包括替换队员兼鼓手 4 人）。

（2）每名运动员每次只能代表一支队伍参赛，违者取消比赛资格。

（3）比赛套路完成时间为 7～8 分钟。

（4）比赛时，运动员应穿具有特色的表演服装。要求穿戴整洁，服饰的款式、色彩须与舞龙器材相协调，执龙珠队员的服饰与其他队员应有区别。运动员上场比赛须佩戴号码牌，执龙珠者为“0”号，执龙头者为“1”号，其余依次顺延，替换队员、伴奏队员均应佩戴号码牌。

2. 竞赛场地要求

竞赛场地为边长 20 m 的正方形场地（特殊情况除外），要求是边长不得小于 18 m 的正方形，并要求地面平整、清洁，场地边线宽 0.05 m，边线内沿为比赛场地。边线周围至少有 1 m 宽的无障碍区。上空从地面量起，至少有 8 m 的无障碍空间。

3. 比赛器材要求

（1）龙珠：球体直径不小于 0.33 m，杆高（含珠）不低于 1.7 m。

（2）龙头：重量不得小于 2.5 kg，杆高（含龙头）不低于 1.85 m。

（3）龙身：以九节布龙参赛，龙身为封闭式圆筒形，直径不小于 0.33 m，全长不小于 18 m，龙身杆高（含龙身直径）不低于 1.6 m，两杆间距大致相等。

（4）龙体、龙尾、龙珠的重量不受限制。

（5）凡器材不符合规定者，不允许参加比赛。

知识拓展

彩带龙

“彩带龙”也叫“彩绸龙”“甩龙舞”“绸龙舞”等，是群众文化健身运动中的新生事物。因其喜庆、欢快，大众化又具有趣味性、观赏性，受到群众喜爱。舞龙对人体肌肉、韧带、关节能起到较好的锻炼作用，能促进身心健康，进一步提升参与兴趣。彩带龙运动所用器具是一条绸质彩绘龙（也有彩绘凤的），有 4 m 长的，还有 6 m、8 m、10 m 长的，像一条龙，所以称为“彩带龙”。彩带龙有的用杆甩，有的用龙头加绳甩，熟练后加上各种舞蹈动作。“彩带龙”通常由一段粗绳、一个“龙头”、细长的彩绸组成。使用者用粗绳拴住龙头，通过手臂的摆动、脚步的移动、腰部的扭动等身体多部位协调配合，牵绳舞动，让彩绸随着“龙头”的摆动腾起，如图 14-4 所示。

图 14-4　丝带龙运动

健身者通过手臂的摆动、脚步的移动、腰部的扭动等身体多部位的动作协调配合，让彩绸随着龙头的摆动腾起，如龙飞九天，是适宜大众参与、有益于身心健康的一种单人舞龙运动形式。

伴随着音乐欢快的节奏，一条条彩绸龙在表演者们手中不断变化着形态，时而像温柔的水波一圈圈

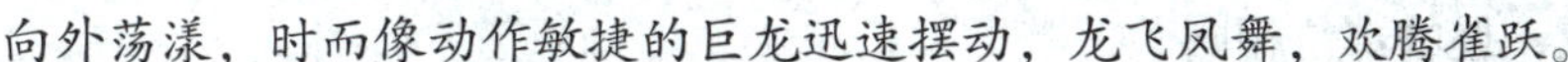

续表

向外荡漾，时而像动作敏捷的巨龙迅速摆动，龙飞凤舞，欢腾雀跃。

二、舞狮运动

（一）舞狮的简介

舞狮亦称“狮舞”，是由人扮演成狮子进行表演的极具中华民族特色的传统体育活动之一。每头狮子一般由两人扮成，一人披戴“狮头”，另一人穿戴“狮被”，表演时两人配合，在动态和静态造型变化中将力度、幅度、速度等融入舞狮技巧中，表现狮子的勇猛剽悍、顽皮活泼等习性。狮子有南狮和北狮之分。南狮以采青为主，在高桩上进行；北狮以嬉戏、娱乐为主，在高台上进行。舞狮运动流传至今，已从以自发性、娱乐性和随意性为特点的民间传统文化活动发展成为以健身、娱乐、休闲和庆祝功能为主导的体育运动。

舞狮是较早得到政府重视与支持的一个民族传统体育项目。1934 年，在河南省第一届民俗运动会上开始有舞狮表演和竞赛。1978 年，在全国第一届农民运动会上，舞狮作为特邀表演参加了这次赛事。1995 年，中国龙狮运动协会正式成立，标志着舞龙舞狮从民间表演开始逐步成为一项群众性的体育运动。为了更好地弘扬这一民族文化瑰宝，中国龙狮协会还组织有关专家编创了南狮、北狮竞赛规定套路，制定了《国际舞龙舞狮竞赛规则、裁判法》。如今，舞狮已广泛开展于珠江三角洲及东南亚一带，并随着华人在世界范围内的迁移而遍布全球。

知识拓展

舞狮运动的主要分类

1. 北派狮舞

北派狮舞以表演“武狮”为主，即魏武帝钦定的北魏“瑞狮”。小狮由一人舞；大狮由双人舞，一人站立舞狮头，一人弯腰舞狮身和狮尾。舞狮人全身披包狮被，下穿和狮身相同毛色的绿狮裤和金爪蹄靴，人们无法辨认舞狮人的形体。舞狮人装扮的狮子的外形和真狮极为相似。引狮人做古代武士装扮，手握旋转绣球，配以京锣、鼓钹逗引瑞狮。狮子在“狮子郎”的引导下，表演腾翻、扑跌、跳跃、登高、朝拜等技巧，并有走梅花桩、蹿桌子、踩滚球等高难度动作。北派舞狮以北京的太狮和河北的双狮最为有名。北派舞狮侧重动态姿势的惟妙惟肖，极力模仿狮子的摔、跌、扒、跃等动态。

2. 南派狮舞

南派狮舞以表演“文狮”为主，表演时注重表情，有搔痒、抖毛、舔毛等动作，惟妙惟肖，逗人喜爱，也有难度较大的吐球等技巧，侧重神似，同武术相结合，摆脱具体形态的局限，塑造了一个夸张、威猛的形象，具有独特的艺术风格。南狮以广东为中心，并风行于港澳和东南亚侨乡。南狮是双人舞，舞狮人下穿灯笼裤，上面仅仅披着一块彩色的狮被而舞。和北狮不同的是，南狮的“狮子郎”头戴大头佛面具，身穿长袍，腰束彩带，手握葵扇而逗引狮子，以此舞出各种优美的招式，动作滑稽风趣。南狮流派众多，有清远、英德的“鸡公狮”，广州、佛山的“大头狮”，高鹤、中山的“鸭嘴狮”，东莞的“麒麟狮”等。

（二）舞狮基本技术

1. 狮头的握法

（1）单阴手。单手握狮头，手背朝上，拇指托狮舌，其余四指握在狮舌上方。

（2）单阳手。动作与单阴手相反，手心朝上。

（3）双阴手。动作与单阴手相同，两手握于狮舌两侧头角处。

（4）双阳手。握法与双阴手相反，握的部位相同。

另外，根据要表演狮子神态的需要，还有开口式、闭口式等握法。

2. 狮尾的握法

（1）单手握法。舞狮尾者一手用拇指插入舞狮头者的腰带，与四指轻抓腰带，另一手可做摆尾等动作。

（2）双手握法。双手拇指插入舞狮头者的腰带，做各种动作时应紧握。

3. 基本步法

（1）上步和退步。两脚平行站立，左（或右）脚向前进步，另一脚跟上，即为上步，反之为退步。

（2）侧步。包括左侧步和右侧步。两脚平行站立，左脚向左侧进一大步，另一脚跟上，即为左侧步，反之为右侧步。

（3）交叉步。分为左、右交叉步。移动方向的异侧脚向运动方向一侧跨出一大步（经两腿交叉），另一脚随即向运动方向一侧跨出一步成平行站立。

（4）跳步。跳步有具体严格的要求，可随着舞狮的方向任意跳跃，可单脚跳，也可双脚跳。

除以上方法外，还有跨跳步、击步、碎步、并脚直立跳、双飞脚、打转身等。

4. 基本动作

（1）摇头摆尾。两人在原地，舞狮头者不断地将狮头东摆西摇，舞狮尾者随着狮头的摆动协调地进行摆尾。

（2）叩首。两人一组，舞狮头者将狮头持于头上，用小碎步快速向前跑动，在跑动过程中将狮头举起，并不停地左右摇头和眨眼，舞狮尾者低头塌腰，双手搂住前者腰部，用小碎步或左右摆尾跟着前者行进运动，然后，用同样的碎步动作退回，两者配合做狮子叩拜动作。动作方向为先左后右，最后向中间叩拜，叩拜时下肢伴随做小跳步动作。

（3）翻滚。两人一组，后面队员抓住前面队员腰的两侧，身体重心下降，屈腿半蹲，一脚用力蹬地，向一侧滚动，滚身时前者需将狮头举高。

（4）叠罗汉。舞狮尾者站马步，舞狮头者两脚站于舞狮尾者的膝盖上，舞狮尾者扶住舞狮头者的腰，使其平衡、稳定，舞狮头者持狮头做各种动作。

5. 引狮员基本动作

引狮员的动作分静态动作和动态动作。静态动作是指引狮员静态亮相的动作，如弓步抱球、高虚步举球、弓步戏球等。动态动作是指引狮员在运动过程中完成的动作，如行步、跳跃、翻腾等。

舞狮子的技术动作有许多，舞动时，可根据舞狮者的身体素质、能力素质、训练水平和表演条件，以及各地的传统习俗，有选择地进行组合而编排成套路。

（三）舞狮运动竞赛规则

1. 参赛人员及其规定

参赛人员包括运动队的领队、教练、运动员。为确保比赛的顺利进行，须遵守下列规定。

（1）每支运动队人员限定为 10 人，其中领队 1 人、教练 1 人、运动员 8 人。以上包括替换队员、伴奏队员（出场人数最少 6 人，不包括保护人员），违例者扣分。

（2）参赛人员必须身体健康，并经医院体检合格。

（3）各运动队必须按规程规定办理报名手续，填写“舞狮创新动作难度等级申报表”。必须在赛前 24 小时内呈交“舞狮自选套路登记表”“器材配置平面示意图”等。

2. 比赛套路时间

比赛套路的时间为 10～15 min，布置器材的时间不超过 5 min。

3. 鼓乐与计时

（1）鼓乐。舞狮鼓乐是烘托气氛、转换节奏、激励队员情绪的重要方式。音乐旋律、节奏快慢等要与舞狮动作协调一致，鼓、钹、锣节拍明朗准确，轻、重、快、慢有序。以打击乐演奏为主，亦可采用吹打乐。

（2）计时。①运动员候场完毕，鼓乐起开表；②运动员摘狮头、狮被并步行礼停表；③计时以临场裁判组计时表为准。

（四）场地、器材、服饰、保护措施

1. 场地

（1）竞赛场地为边长 20 m 的正方形（特殊情况下，面积不得少于边长 18 m 的正方形），要求地面平整、清洁，场地边线宽为 0.05 m，边线内沿以内为比赛场地。边线周围至少有 1 m 宽的无障碍区。

（2）比赛场地应铺设木板或地毯。

（3）竞赛场地上空从地面量起，至少有 8 m 的无障碍空间。

2. 器材

（1）桩阵中桩的高度最高不得超过 3m，最低不低于 0.5 m，其中半数桩必须达到 2 m，桩顶脚踏圆盘直径不超过 0.38 m（含保护圈垫），桩阵最长不得超过 15 m，最短不少于 10 m（含曲线计算），宽度不得超过 1.5 m，不得少于 0.5 m。

（2）大会提供公用比赛器材，也可以在规定的公用器材中更换一组自备的器材，但必须保证安全并符合规则的要求，经大会批准后使用。

3. 服饰

运动员应穿具有特色的比赛服装，要求穿戴整洁。舞狮队员服饰款式色彩与狮头狮身相协调，伴奏队员、保护人员都必须统一服装。

4. 保护措施

（1）为避免伤害事故，运动员必须在桩阵、桥、索等器械下面设置海绵垫；否则，不得参赛。

（2）比赛中，允许有 2～4 人进场保护，但不得影响或接触比赛的运动员。

（3）赛场保卫人员应在赛前宣布禁止使用闪光灯拍摄，并在比赛时实施。

第十五章 户外运动

学习目标

知识目标：了解定向越野的技巧；了解攀岩的种类与装备；掌握攀岩的基本方法；掌握冰雪运动的基本技术。

能力目标：掌握定向越野、攀岩及冰雪运动的基本技能；熟悉越野与攀岩的常见装备。

素质目标：培养对自然的亲近与热爱之心，增强挑战自我的信心，培养勇敢顽强的意志品质。

课程思政

教学内容	思政元素	教学内容与思政元素的结合
定向越野	意志品质 独立思考 健康意识 探索精神	通过定向越野的学习，学会利用地图和指北针等工具，快速找到目标点并完成任务，培养坚定的意志品质和顽强的毅力；学会根据地图和实际情况做出分析和决策，培养独立思考能力和决策能力；积极参与越野活动，培养健康意识和探索精神。
攀岩	挑战自我 独立思考 安全意识 环保意识等	通过攀岩运动的学习，学会克服内心的恐惧和身体的极限，不断挑战自我，培养勇气、毅力和自信心；学会处理攀岩过程中遇到的问题和困难，培养独立思考与解决问题的能力；学会遵循安全规范，尊重自然、保护环境，时刻保持警惕，避免发生意外，培养安全意识、环保意识与责任感。
冰雪运动	民族精神 挑战精神 团队合作 环保意识	通过冰雪运动的学习，了解中国冰雪文化的历史渊源和发展脉络，增强民族自豪感和文化自信；学会面对困难和挑战，培养顽强拼搏、坚持不懈的精神；认识到冰雪运动中的很多项目都需要团队协作，培养团队合作精神与集体荣誉感；认识到冰雪运动对自然环境的依赖性，培养环保意识。

第一节 定向越野

一、定向越野概述

定向越野是一种借助地图、指北针或其他导航工具，穿越未知地带，通过各种障碍，最终到达目的地的运动。

定向越野作为一种新兴的、利用地图和指北针导航的运动，正吸引着越来越多的人参与并为之狂热。它既是一种户外休闲、娱乐的运动方式，也是一种竞技运动。参加定向越野除需要指北针和地图外，不需要特殊的设备，是一种较为经济的运动项目。定向越野通常在森林中举行，也可以在公园、校园，甚至城市街头举行；而且定向越野容易设计出满足不同年龄、性别、体能和定向技能水平参赛者需要的比赛路线，因此参与定向越野很少受到条件限制。它不但考验人的体能、智能和定向技能，还考验人在环境压力下迅速做出正确判断和果断决策的应变能力。从目前来看，定向越野主要还是在森林和公园中进行，不论是现场观赏，还是电视转播都受到很多限制，因此除了亲身体验，观众很难体会到其中的挑战、刺激和乐趣。

二、定向越野的技巧

（一）标定地图

标定地图是为了使越野图的方位与现地的方向一致。这是使用越野图的最重要的前提。

1. 概略标定

越野图上的方位是上北、下南、左西、右东。当我们在现地正确地辨别了方向之后，只要将越野图的上方对向现地的北方，地图即已标定。这种方法简便迅速，是定向越野比赛中最常用的方法。

2. 利用磁北线（MN 线）标定

先使透明式指北针圆盒内的定向箭头“↑”朝向地图上方，并使箭头两侧的平行线与越野图上的磁北线重合（或平行），然后转动地图，使磁针北端对正磁北方向，地图即已标定。

3. 利用直长地物标定

利用直长地物（如道路、土垣、沟渠、高压线等）标定地图，首先应在图上找到这段直长地物，对照两侧地形，使图与现地各地形点的关系位置概略相符，然后转动地图，使图上的直长地物与现地的直长地物方向一致，地图即已标定。

4. 利用明显地形点标定地图

当位于明显地形点上，并已从图上找到该地形点的位置（自己所在的站立点）时，可以利用明显地形点标定地图。先选择一个图上与现地都有的远方明显地形点（目标），然后转动地图，使图上的站立点至目标的连线与现地的站立点至目标的连线相重合，此时地图即已标定。

（二）对照地形

对照地形，就是要通过仔细的观察，使图上和现地的各种地物、地貌一一“对号入座”，即相互对应。对照地形一般应先标定地图，然后根据不同的需要采用不同的对照方法。

1. 在站立点确定前

首先应概略地标定地图，然后迅速地观察一下周围，记清最大或最有特征的地物、地貌的大概方位与距离，并从图上找到它们，此时站立点的位置即可概略地确定。

2. 在站立点已经确定之后

同样，首先应概略地标定地图，然后从图上查明自己选定的运动路线上近前方两侧的特征物，同时记清它们的大概方位与距离，并将它们在现地辨别并标记出来，然后再前进。如果因为地形太复杂，如山丘重叠、形状相似等，不易进行对照，可以先采用较精确的方法标定地图，然后用带刻度尺的指北针的长边切站立点和特征物，并沿这条直长边向前瞄准，则特征物一定在此方向线上。若用此方法还不能解决问题，应变换对照位置，或者登高观察和对照。在这里需要特别强调的是，无论在什么情况下进行现地对照地形，都必须特别注意观察和对照地形的顺序与步骤问题。现地对照地形的顺序一般是先对照大而明显的地形，后对照一般地形；由近及远，由左至右；由点及线，由线及面；逐段分片，有规律地进行对照。在步骤方面，首要的，也是必不可少的是保持地图方位与现地方位的一致，然后再根据不同需要进行下面的步骤。

（三）确定站立点

熟练地掌握在图上确定站立点的各种方法是学习使用地图的关键。对于这些方法，除了要记住它们各自的步骤、要领，尤其重要的是，要学会根据不同情况，对它们进行选择使用和结合使用。

1. 直接确定

当自己所处位置是在明显地形点上时，只要从图上找出该地形点，站立点即可确定。这是一种在行进中，特别是奔跑中最常用的方法。

可以称得上是明显地形点的主要地物如下：①单个的地物；②现状地物的拐弯点、交叉点（呈“十”字形）、交汇点（呈“丁”字形）和端点；③面状地物的中心或者有特征的边缘。

可以称得上是明显地形点的主要地貌如下：①山地、鞍部、洼地；②特殊的地貌形态，如陡崖、冲沟等；③谷地的拐弯、交叉和交汇点；④山脊、山背线上的转折点、坡度变换点。

2. 利用位置关系确定

当站立点位于明显地形点附近时，可以采用位置关系法确定站立点。利用位置关系法确定站立点主要依据两个要素：一是站立点至明显点的方向，二是站立点至明显点的距离。在地形起伏明显的地方，还可以结合高低差情况进行判定。

3. 利用“交会法”确定

当站立点附近无明显地形点时，可以利用“交会法”确定站立点。按不同情况，它又可以具体分为90°法、截线法、连线法、后方交会法和磁方位角交会法。

（1）90°法。当待测点位于线状地形（包括道路、沟渠、山背线、谷底线、坡度变换线等）上时，如果在与运动方向相垂直的方向上能够找出一个明显地形点，那么确定站立点就简单得多：线状地形符号与垂直方向线的交点即为站立点。

（2）截线法。当待测点位于线状地形上，但在其与运动方向相垂直的方向上没有明显的地形点时，可以采用此法。其步骤如下：标定地图；在线状地形的侧方选择一个图上与现地都有的明显地形点；利用指北针的直长边缘（也可用三棱尺、铅笔等）切于图上明显地形点的定位点上（为便于操作可插一细针），然后转动指北针，使其直长边照准该地形点；沿指北针的直长边向后画方向线，该方向线与线状地形符号的交点，就是站立点在图上的位置。

（3）连线法。当待测点位于线状地形上，同时待测的位置恰好是在某两个明显地形点的连线上时，可以利用这种方法确定站立点。

（4）后方交会法和磁方位角交会法。这两种方法只在下述情况下使用，即在待测点上无线状地形可利用，而且地图与现地相应地都有两个以上的明显地形点。

①后方交会法通常要求地形较开阔，通视良好。其步骤如下：在图上找到选定的方位物之后，标定地图；然后按照截线法的步骤分别向各个方位物瞄准并画方向线，图上方向线的交点就是站立点。

②磁方位角交会法既可以在地形开阔时使用，也可以在丛林中使用。但是，在丛林中使用这种方法需要攀爬到便于向远方观察的树上或其他物体上。其步骤如下：选择图上和现地都有的两个明显地形点，并用指北针分别测出至两处地形点的磁方位角；标定地图，将所测磁方位角图解在地图上。图解磁方位角时，要先转动指北针的分度盘，让指标分别对正所测的方位角值，再将指北针的直长边分别切于图上被照准的两个地形点符号并转动指北针；待磁针与定向箭头重合后分别沿直长边描画方向线。两方向线的交点，就是站立点在图上的位置。

利用地图行进是定向越野的基本运动方式，它有赖于运动员对前面所述各种专项技能的综合运用。学习辨别方向，识别越野图以及标定地图，对照地形确定站立点，都是为了能够熟练地利用地图行进。因此，在实践中要根据地形情况、个人特点，选择最适合自己的一两种方法，反复练习，融会贯通，以便在比赛时不降低或少降低运动速度的情况下，始终正确地行进在自己选定的路线上，顺利到达目的地。

（四）迷失方向时的方法

1. 沿道路行进时

标定地图，对照地形，判断是从哪里开始发生错误以及偏差有多大，然后根据情况另选合适的道路前进。如果错得不多，可返回原路再行进。

2. 越野行进时

应尽早停止行进，标定地图后选择最适用的方法确定站立点，然后尽量取捷径插到原来的正确路线上去，不得已时再返回原路。

3. 在山林地中行进时

根据错过的基本方向、大概距离，找出最近的开始发生偏差的地点，并以此为基础，确定站立点的概略位置。如果错得太远，确定不了站立点，又不能返回原路，就要在图上看一看，迷失地区附近是否有较大型或较突出的明显地形（最好是线状的）。如果有，就要果断地放弃原行进方向，向明显地形靠拢，并利用它确定站立点。如果没有这个条件，就继续按原定方向前进，待途中遇到能够确定站立点的地形后，再迅速取捷径插向目的地。在山林地中行进，最忌讳在尚未查明差错程度和正确的行进方向不清楚的情况下，匆忙而轻易地取“捷径”斜插，这样很可能导致在原地兜圈子。

（五）基本定向技术

1. 地图正置及拇指辅行法

先将地图正置，把拇指放在地图上自己的位置。这样要前进的方向便在地图前面，能清楚地观察四周的环境及地理特征。前进时，拇指随着移动；改变前进方向时，地图也要随着转移，即保持地图北向正北方。这样就可以在任何时候都能立即指出自己在地图中的位置，省下不少时间和精力。

2. 利用指南针

利用指南针，准确地找出目标的方向，每次前往目标前，可先观察目标周围的地势，加深印象，务求快速及准确地到达目的地。

3. 扶手法

利用明显地理或人为特征引导，使前进时更具信心。如小径、围栅、小溪涧、山丘等，皆是有用的扶手。

4. 搜集途中所遇特征

辨别前往目标的途中所遇到的地理特征，确保前进方向及路线正确。切勿将相似的特征误认。

5. 借点法

先找出目标点附近特别明显的特征，然后利用指北针，从地形点准确及迅速地前往目标。地形点必须容易辨认，如电塔架、小路交点等。

6. 数步测距

在地图上量度两点间的距离，然后利用步幅准确地测量要走的路程。方法如下：先量度 100 米所需步行的步数（设 120 步），当在地图上发觉由 A 点到 B 点的距离是 150 米，便可计算出应走 180 步。为了减少数步的数目，利用“双步数”，只数右脚落地的一步，便可把步数减半。按上面的例子，双步数为 90 步。

7. 目标偏测

利用指北针前进，把目标偏移，当到达目标附近时，才沿着明显的地理特征或标志物“扶手”进入目标。

第二节　攀　岩

一、攀岩的概念与分类

攀岩运动是从登山运动中衍生出来的竞技运动项目。

攀岩运动也属于登山运动的一种，攀登对象主要是岩石、峭壁或人造岩墙。攀登时不用工具，仅靠手脚和身体的平衡向上运动，手和手臂要根据支点的不同，采用各种用力方法，如抓、握、挂、抠、撑、推、压等。攀岩时要系上安全带和保护绳，配备绳索等，以免发生危险。攀登根据不同的分类标准可以划分为多种类型，见表 15-1 所列。

表 15-1　攀登分类

分类标准	类型	定义
按地点分类	自然岩壁攀登	自然岩壁攀登是指在野外攀爬天然生成的岩壁，通常是提前开发和清理过的攀登路线
	人工岩壁攀登	人工岩壁攀登是指在人工制造的攀岩墙上攀登，包括室内攀岩馆和室外人工岩壁
按攀登形式分类	自由攀登	自由攀登是指不借助任何保护器械（主绳、快挂、铁锁等）的力量，只靠自身力量攀爬
	器械攀登	器械攀登是指借助器械的力量攀登
	顶绳攀登	顶绳攀登是指在岩壁上端预先设置好保护点，主绳通过保护点进行保护，攀登者在攀登过程中不需进行器械操作
	先锋攀登	先锋攀登是指在路线上预先打上数个膨胀钉和挂片，攀登过程中将快挂扣进挂片成为保护点并扣入主绳保护自己，攀登者需要边攀登边进行操作
按比赛形式分类	难度攀岩	难度攀岩是以攀岩路线的难度来区分选手成绩优劣的攀岩比赛。难度攀岩的比赛结果是以在规定时间内选手到达的岩壁高度来判定的。在比赛中，队员下方系绳保护，带绳向上攀登，并按照比赛规定，有次序地挂上中间保护挂索。比赛岩壁高度一般为 15 米，线路由定线员根据参赛选手水平设定，通常屋檐类型难度较大
	速度攀岩	速度攀岩如同田径比赛里的百米比赛，充满韵律感和跃动感，按照指定的路线，以时间快慢区分优劣
	抱石比赛	抱石比赛线路短小，难度较大，需要较好的爆发力和柔韧性。比赛设置结束点和得分点，抓住得分点并做出一个有效动作得分，双手抱住结束点 3 秒得分。比赛一般设 4～6 条线路，一条线路用时 5 分钟时间。判定名次首先看结束点的多少，如果结束点同样多，则看得分点数量，最后看攀爬次数
	室内攀岩	室内攀岩是在一个高而大的房间内设置不同角度、不同难度的人工岩壁，在上面装有许多大小不一的岩石点，供人用四肢借助岩点的位置，手攀脚蹬

二、攀岩的基本方法

（一）身体姿势

攀登岩石、峭壁时身体要自然放松，以三个支点稳定身体重心，而重心要随攀登动作的转换而移动，这是攀岩稳定、平衡、省力的关键。要想身体放松，就要根据岩壁陡缓程度，使身体和岩壁保持一定距离，靠得太近，会影响观察攀岩路线和选择支点。但在攀登人工岩壁时，要尽量与岩壁贴近。在自然岩壁攀登时，上、下肢要协调舒展，攀爬要有节奏，上拉、下蹬要同时用力，身体重心一定要落在脚上，保持面向岩壁、三点固定支撑的攀登姿势。

（二）手臂的动作

手在攀登中是抓住支点、维持身体平衡的关键，手臂力量的大小直接影响攀登的质量和效果的好坏。因此，一个优秀的攀岩运动员必须具备足够的指力、腕力和臂力。对初学者来说，在不善于充分利用下肢力量的情况下，手臂的动作就显得更为重要。手臂如何用力，在人工岩壁攀登和自然岩壁攀登时情况不同。前者要求在第一指关节用力抠紧支点的同时，手腕要紧张，手掌要贴在岩壁上，小臂也要随手掌紧贴岩壁而下垂，在引体时，手指（握点）有下压抬臂动作，其动作规律是重心活动轨迹变化不大，节奏更为明显。但攀登自然岩壁时，其动作就变化很大，要根据支点的不同采用各种用力方法，如抓、握、挂、抠、扒、捏、拉、推、压、撑等。

（三）脚的动作

一个优秀攀岩运动员的攀登技术发挥得好坏，关键是看两腿的力量是否能被充分利用。只靠手臂力量攀登不可能持久。脚的动作要领是两腿外旋，大脚趾内侧贴近岩面，两腿微屈，以脚踩支点维持身体重心，在自然岩壁支点大小不一和方向不同的情况下，要灵活运用。但要切记，膝部不要接触岩石面，否则会影响到脚的支撑和身体平衡，甚至会造成滑脱而使膝部受伤。另外，在用脚踩支点时，切忌用力过猛，并要掌握用力的方向。

（四）手脚配合

凡是优秀攀岩运动员都能协调运用上、下肢力量。对初学者或技术还不熟练的运动员来说，上肢力量显得更为重要，攀登时往往是上肢引体，下肢蹬压抬腿来移动身体。如果上肢力量差，攀登时就容易疲劳，表现为手臂无力，酸疼麻木，逐渐失去抓握能力。失去抓握能力后，即使有好的下肢力量，也难以继续维持身体平衡。因此学习攀岩，首先要练好上肢力量，上肢又要以手指和手腕、手臂力量为主，再配合以脚腕、脚趾以及腿部的力量，使身体重心随着用力方向的不同而协调地移动，手脚动作的配合也就自如了。

三、攀岩的装备

攀岩的装备是攀岩运动的一部分，尤其在自然岩壁的攀登中，是攀岩者的安全保证。因此，攀岩者平时要爱护装备并妥善保管。攀岩装备分为个人装备和攀登装备。

（一）个人装备

个人装备是指安全带、下降器、安全铁锁和绳套、安全头盔、攀岩鞋、镁粉和粉袋等。

1. 安全带

攀岩安全带与登山安全带有所不同，属于攀岩专用，并不适合登山，但登山安全带可在攀岩时使用。我国大部分攀岩者多使用登山安全带，这是因为国内没有攀岩安全带生产厂家，而攀岩爱好者又常是登山人，于是两种安全带也就混用了。

2. 下降器

“8”字环下降器是使用最普遍的下降器。

3. 安全铁锁和绳套

攀登过程中，安全铁锁和绳套可在休息或进行其他操作时起到自我保护之用。

4. 安全头盔

一块小小的石块落下来，砸在头上可能造成极大的生命危险，因此，头盔是攀岩的必备装备。

5. 攀岩鞋

攀岩鞋是一种摩擦力很大的专用鞋，穿起来可以节省很多体力。

6. 镁粉和粉袋

出汗时，抹一点粉袋中装着的镁粉，手立刻就不会滑了。

（二）攀登装备

攀登装备指绳子、铁锁和绳套、岩石锥、岩石锤、岩石楔，有时还要准备悬挂式帐篷。

1. 绳子

攀岩一般使用直径为 9～11 mm 的主绳，最好是使用 11 mm 的主绳。

2. 铁锁和绳套

铁锁和绳套是连接保护点，下方保护攀登法必备的器械。

3. 岩石锥

岩石锥是固定于岩壁上的各种锥状、钉状、板状金属材料做成的保护器械，可根据裂缝的不同使用不同形状的岩石锥。

4. 岩石锤

岩石锤是钉岩石锥时使用的工具。

5. 岩石楔

岩石楔与岩石锥的作用相同，是可以随时放取的固定保护工具。

6. 悬挂式帐篷

悬挂式帐篷是当准备在岩壁上过夜时使用的夜间休息帐篷，须通过固定点用绳子固定保护起来悬挂于岩壁。

其他装备包括背包、睡具、炊具、炉具、小刀、打火机等用具，视活动规模、时间长短和个人需要而携带。

第三节　冰雪运动

一、冰雪运动概述

冰雪运动是指在冰上和雪地举行的体育运动，一般分为冰上运动和雪上运动两个大类。冰上运动主要包括速度滑冰、短道速滑、花样滑冰、冰球和冰壶等。雪上运动主要包括高山滑雪、单板滑雪、越野滑雪、跳台滑雪、自由式滑雪、冬季两项、北欧两项、有舵雪橇、无舵雪橇、俯式冰橇等。

冰上运动和雪上运动的区别首先在于场地的不同，前者在天然或人工冰场上进行，后者则在雪场

上进行。

由于开展运动的场地不同，冰上运动和雪上运动所需的器具自然也不同。冰上运动借助专用冰刀，而雪上运动则借助滑雪板、雪橇、雪车等器材在雪地上滑行。

二、冰雪运动的基本技术

（一）滑冰的基本技术

滑冰是一项集力量、耐力、速度、协调、柔韧、灵活、平衡、优美、稳定于一身的运动项目。滑冰不仅能够增强人体的平衡能力、协调能力以及身体的柔韧性，还可增强人的心肺功能，提高有氧运动能力。青少年练习滑冰，还可以使下肢骨骼的骨骺得到刺激，促进下肢骨骼生长。

1. 站立与平衡

一般情况下，滑冰者要在穿好滑冰鞋后，先在陆地上感受，后在冰上练习。练习要领：手扶栏杆或在同伴的扶持下，慢慢站直身体，使身体重心尽量落在两脚的冰刀之间。保持两脚不左右扭动，做好站立姿势，然后放开栏杆，逐渐体会身体重心在两脚的冰刀上，维持好平衡的感觉，再做一些原地提踵和原地踏步练习。

2. 向前滑行

在学习和掌握了冰上站立与踏步之后，就可以进一步学习向前滑行了。为了尽快掌握正确蹬冰、滑行的方法，要做以下练习。

（1）小步走。冰上站立，两脚分开比肩稍窄，向前迈步。以脚上的冰刀内刃向侧后方蹬冰向前行，步子开始要小一点，慢点走，然后逐渐加快速度前行。小步走时，眼向前看，两臂稍分开放在体前侧，上体稍左右晃动，练习移动重心，并体会维持身体平衡的感觉。

（2）助力下双脚平行滑动。在同伴帮助下（练习者两脚平行站在冰上、不做任何用力动作），双脚平行前滑，体会在冰面上滑动的感觉和滑动状态下的身体平衡的感觉。如果双脚能借助惯性前滑，说明身体已经逐渐适应了滑行状态，初步具有了在冰上滑行条件下控制自身平衡的能力。当这种能力逐步提高后，即可进行下面的滑冰技术练习。

（3）双脚滑行。冰上站立，用右脚内刃向侧后方蹬冰（开始用力要小一点），身体重心移至左脚上，蹬冰后的右脚迅速收回与左脚平行成双脚向前滑行。当向前滑行将要停止时，用左脚内刃向侧后方蹬冰，身体重心在右脚上，蹬冰后的左脚迅速收回与右脚平行成双脚前滑。两脚依次交替蹬冰连续前滑。

（4）前葫芦步。开始以双脚内刃站立，前滑时上体稍向前倾，两膝弯曲用力，两脚尖向外，两臂左右伸开，帮助维持身体平衡。当双脚向前外滑出至最大弧线时（两脚间距离稍宽于肩），两脚尖迅速内收靠拢，恢复至开始姿势。连续做双脚的分开与靠拢动作，就能不断向前滑行，并在冰面上留下葫芦状的线痕。

（5）前双曲线滑行。两脚平行站立，左脚以内刃向侧后蹬冰，身体重心在右脚下，向右滑双脚曲线，然后右脚用内刃向侧后方蹬冰，重心移至左脚，向左滑双脚曲线，依次做双脚不离冰的连续曲线滑行。

（6）单脚向前直线滑行。开始时，两脚在原地呈“T”形站立，左脚在前，右脚在后，两腿稍弯曲。用右脚内刃蹬冰，重心移至左腿，右腿蹬冰后伸直脚离开冰面，成左脚单脚向前滑行，然后收右脚在滑足侧面成开始姿势放在冰面上。左脚开始用内刃向侧后方蹬冰重复上述动作，成右脚单脚向前滑行。两脚交替向前做直线滑行。滑行中，两手向两侧分开，帮助维持身体平衡。

3. 向后滑行

向后滑行是在掌握向前滑行技术的基础上进行的，初学者一般都是先学习向后葫芦滑行，再学习向后蛇行滑行，然后过渡到单脚向后滑行。

（1）向后葫芦滑行。两脚稍分开平行站在冰面上，开始脚尖稍向内，两腿弯曲。用两脚内刃向前蹬冰，同时两脚跟向两边分开，向后外滑至最大弧线（两脚间距稍宽于肩）时，两脚跟向内收拢，两膝用力伸直，恢复开始姿势，随后重复开始滑行动作，连续后滑在冰面上留下葫芦状线痕。

（2）向后蛇行滑行。从站立开始，两脚分开约一脚距离，两腿弯曲，脚尖稍向内转，用右脚内刃蹬冰，身体重心移至左侧，成左脚向后滑行。右腿在体前伸直，随即右脚放在左脚侧面，恢复开始姿势，然后再用左脚内刃蹬冰，身体重心移向右侧，成右脚向后滑行。左腿在体前伸直，随即左脚放在右脚的侧面。依次重复上述动作。做蛇行后滑时，要注意在滑行中上体始终保持前倾姿势，两膝保持弯曲，两手向体侧分开侧举。

4. 停止法

在掌握了一定的滑行方法，获得一定的滑行速度后，就要着手学习停止滑行的动作。停止方法多种多样，这里仅介绍内八字停止法、"T" 形停止法、双脚急停法和向后滑行停止法。

（1）内八字停止法。在获得一定的向前滑行速度后，两脚平行分开滑冰，随后脚尖内转，两脚以内刃柔和地压紧冰面，同时两腿弯曲，上体稍向前倾，臀部后坐，两臂前伸，维持身体平衡，这样就会逐渐减速至停止。

（2）"T" 形停止法。单脚向前滑行开始，浮足在滑行脚的后跟处呈 "T" 形放好后，用浮足内刃放在冰面上柔和地压紧冰面，减缓滑行速度至停止。

（3）双脚急停法。在向前滑行时，两脚同时做顺时针（或逆时针）方向急转，左脚以内刃、右脚以外刃与滑行方向成 90° 角压紧冰面，同时身体向右急转，重心移至右腿上两膝弯曲，两臂前侧伸，即可使身体停止下来。

（4）向后滑行停止法。由于花样滑冰鞋底的冰刀前缘有刀齿，所以在向后滑行的过程中，只要抬起脚跟做提踵动作，冰刀的刀齿就会起制动性摩擦冰面的作用，从而达到降低滑行速度停下来的目的。做刀齿摩擦冰面动作的同时，注意身体要稍向前倾，两臂侧举维持平衡。

（二）滑雪的基本技术

1. 平地滑雪技术

（1）基本站姿。由于垂直于滚落线的位置是阻力最大的位置，所以基本站姿是站在垂直于滚落线的位置上，身体姿势是基本放松站立，两脚平行，即双滑雪板平行，两腿微弯曲压靠滑雪靴，两手位于体侧，滑雪杖插入雪地，两眼平视前方。

（2）雪上行走。这里所说的雪上行走是指如同走路一样，但雪板不离雪而是用板底擦雪面向前滑走，给人的感觉应是边走边滑，用雪杖支撑着前进。雪上行走时上体直立稍前倾，重心适当前移。雪板底不离雪面，边支撑、边滑、边走，滑雪运动用雪杖支撑时不是双杖同时推进，而是如同摆臂动作用杖支撑推动。杖尖支撑雪面的位置应是在平行于对侧脚的后跟部位，向前迈脚时重心要随之前移。

（3）推进滑行。推进滑行可在平地也可在缓坡上进行。推进滑行时双板平行稍分开，稍屈膝，用双雪杖同时支撑前进。

动作要领：①保持微屈膝，上体前倾，双雪杖同时向前摆动，雪杖尖在体前方着雪；②膝与上体加大前倾幅度，双臂用力向后用杖支撑；③雪杖充分后撑，肘臂伸直，重心下降，保持滑行姿势滑进；④收雪杖时重心升起，准备第二次撑杖。

（4）蹬冰式滑行。通过雪上行走和推进滑行的练习，对雪上行动有了一定的了解和感受后，就可以学习蹬冰式滑行技术。

动作要领：①上体稍前倾，膝关节微屈，双板平行与肩同宽，两臂自然弯曲，杖尖在身体侧后方；②左侧板与前进方向成 45° 角，大腿用力向侧后方蹬出；③左脚蹬伸结束后，雪板抬离雪面，重心落在右侧腿上向前方滑行，同时将左脚收回；④右侧脚蹬伸时，动作与左侧脚相同。

注意：练习该技术时，重心一定要落在蹬动脚上，然后随着向侧后方的蹬伸，重心逐渐移到另一侧腿上。

2. 登坡技术

登坡是指滑雪者穿着滑雪板登上山坡的技术动作。在高山滑雪中，一般把雪坡分为 5 种：极缓坡（坡度为 5° 以下）、缓坡（坡度为 5° ～10°）、中坡（坡度为 10° ～20°）、陡坡（坡度为 20° ～30°）、综合坡（含有多种不同坡度）。因技术水平、雪质、坡度的大小和滑雪者自身情况的不同，采用不同的登坡方法。从雪痕上可以分为直登坡、斜登坡和之字形登坡。从雪板的形状上又可分为双板平行登坡（阶梯式登坡）和雪板呈八字形登坡（开脚登坡）。

（1）双板平行登坡。双板平行登坡可适用于各种坡面，登坡者侧对垂直落下线，一边用雪杖协助，一边蹬坡。双板平行登坡可用于直登坡也可用于斜登坡。

动作要领：①向上迈出的步幅不要太大。迈动时保持双板平行，重心随之向上移动，可用雪杖协助支撑；②用山上侧板外刃刻住雪面后重心全部移到山上侧腿上，接着山下侧腿向山上侧腿靠拢，并用内刃刻住雪面；③山下侧板内刃刻住雪面后，再进行第二步的登行。

（2）雪板呈八字形登坡。雪板呈八字形登坡一般用于缓坡、中坡，登坡者面对登坡方向，垂直向上登行。面对山坡，用两板内刃刻住雪面，身体前倾，向前上方依次迈出雪板。步子不宜过大，防止板尾交叉。迈出侧雪板的雪杖协助支撑，可用手握住雪杖握把的头。手脚及重心配合一致。在向上登坡时重要的是板内刃刻住雪面和重心的移动。

3. 原地变向技术

初学者只有掌握了原地改变方向的方法之后，才能比较自如地进行各种练习。原地改变方向的方法很多，既有板尾、板尖依次移动展开，逐步改变方向的方法，也有一次能完成较大角度的变向的方法，还有原地跳跃变向等的方法。

（1）板尖、板尾展开变向。板尖展开变向和板尾展开变向运用于较平坦的雪面。这两种变向方法很相似，也称为原地踏步变向。变向时要注意雪杖的位置，板尖展开变向时雪杖支撑位置应在体后，而板尾展开变向时雪杖支撑位置应在体前。雪板展开距离不宜过大，随着对雪板的适应再逐渐加大展开的距离。在展开雪板时，身体重心要明显地放在支撑腿上，移动要快。

（2）180° 变向。180° 变向多用于中坡、陡坡，具有相当高的实用价值，其特点是变向速度快。180° 变向还可分为前转 180° 变向和后转 180° 变向。前转 180° 变向时，双板平行站立，两杖在体前支撑。右腿支撑体重左板向前抬起直立，双杖在体侧支撑。上体左转的同时直立的左板以板尾为中心向左侧下方转并着地。在放左板的同时，左雪杖移至右板外侧支撑。重心移至左腿，右板和右雪杖抬起移向与左板平行同一方向，随后两雪杖在体前侧支撑。把前转 180° 变向动作由结束部分依次向开始部分相反进行，即后转 180° 变向。

4. 停止滑行技术

从山上向下滑的关键是保持平衡，停止的方法实际是通过增大雪板与雪的摩擦力来控制速度，直至停止。减速或停止是使板与前进方向成一定的角度或完全横对前进方向的同时，通过增大立刃的程度来加大摩擦力而完成的。

停止的方法有很多，下面介绍一种非常简单的犁式停止法。犁式停止法是指在滑降中使雪板成犁式状态；重心稍向后移，形成稍后坐姿势的同时两板尾蹬开，加大立刃，两板内刃逐渐加大刮雪力量；逐渐加大板尾向外侧的立刃和蹬出力量直至停止。

参考文献

[1] 于炳德 . 高校民族传统体育教学改革 [M]. 哈尔滨：哈尔滨出版社，2020.
[2] 周国霞，周斌，刘喜山 . 游泳健身与球类训练研究 [M]. 广州：广东旅游出版社，2018.
[3] 周丽云，刘朝猛，王献升 . 高校体育教育理论与项目实践教程 [M]. 北京：中国书籍出版社，2022.
[4] 丁红娜，陈超，王勇 . 大学体育与健康教程 [M]. 北京：中国纺织出版社，2023.
[5] 李红学 . 大学体育与健康 [M]. 延吉：延边大学出版社，2020.
[6] 仵美阳 . 大学体育与健康 [M]. 武汉：华中科技大学出版社，2021.
[7] 马健勋 . 高校体育教学与科学训练 [M]. 北京：北京工业大学出版社，2023.
[8] 孙贵芳，杜旭，于海强 . 体育健康教程 [M]. 北京：中国纺织出版社，2022.
[9] 姜振捷，徐云鹏 . 体育与健康 [M]. 重庆：重庆大学出版社，2021.
[10] 王有东，孙茂奎，张力 . 大学生体育与健康 [M]. 长春：东北师范大学出版社，2020.
[11] 李大新，许凤英，李明霞 . 体育与健康 [M]. 济南：山东人民出版社，2022.
[12] 杜志锋 . 体育与健康 [M]. 北京：北京理工大学出版社，2019.
[13] 胡启林 . 大学体育与健康 [M]. 武汉：武汉理工大学出版社，2021.
[14] 李健兵 . 体育与健康教程 [M]. 西安：西北大学出版社，2020.
[15] 伞洪光，矫祯玉 . 高职体育与健康教程 [M]. 北京：中国言实出版社，2020.
[16] 刘生彦 . 大学体育与健康教育教程 [M]. 西安：西安交通大学出版社，2019.
[17] 康丹丹，施悦，马烨军 . 高校体育文化建设与大学生体育健康 [M]. 长春：吉林人民出版社，2020.
[18] 蒋国强，柯谷鑫 . 大学体育与健康 [M]. 武汉：武汉大学出版社，2018.
[19] 陈正江，华景梅，杨添朝 . 大学体育教育理论与运动实践指导教程 [M]. 北京：北京工业大学出版社，2020.
[20] 王庆军 . 大学体育与健康 [M]. 南京：南京师范大学出版社，2021.
[21] 李敬敬 . 健身排舞教学理论与实践研究 [M]. 北京：现代教育出版社，2018.
[22] 王庆贤，东芬 . 大学体育教程 [M]. 苏州：苏州大学出版社，2018.
[23] 王德平，黄朕 . 大学体育与健康教程 [M]. 西安：西安电子科技大学出版社，2020.
[24] 陈瑞琴，林峻先 . 健美操、啦啦操运动教程 [M]. 苏州：苏州大学出版社，2022.
[25] 崔萃 . 大学体育与健康 [M]. 北京：北京理工大学出版社，2022.
[26] 陈善平 . 现代搏击运动 [M]. 西安：西安交通大学出版社，2021.